本丛书得到韬奋基金会资金资助

"十一五"国家重点图书出版规划项目

书 林 守 望 丛 书

编辑阅读与校对阅读之比较研究

周 奇 著

首都师范大学出版社

图书在版编目(CIP)数据

编辑阅读与校对阅读之比较研究 / 周奇著 . 一北京:首都师范大学出版社,2009.9

(书林守望丛书 / 吴道弘主编)

ISBN 978-7-81119-757-0

Ⅰ. 编… Ⅱ. 周… Ⅲ.①编辑工作-研究②校对-研究 Ⅳ.G232

中国版本图书馆 CIP 数据核字(2009)第 164193 号

书林守望丛书

BIANJI YUEDU YU JIAODUI YUEDU ZHI BIJIAO YANJIU

编辑阅读与校对阅读之比较研究

周 奇 著

项目统筹:张 巍

责任编辑:于胭梅 责任设计:张 朋

责任校对:王亚利 责任印制:沈 露

首都师范大学出版社出版发行

地 址 北京西三环北路 105 号

邮 编 100048

电 话 68418523(总编室) 68982468(发行部)

网 址 www.cnupn.com.cn

北京嘉实印刷有限公司印刷

全国新华书店发行

版 次 2009 年 9 月第 1 版

印 次 2009 年 9 月第 1 次印刷

开 本 787mm×1 092mm 1/16

印 张 14.5

字 数 218 千

定 价 32.00 元

做文化的守望者

——《书林守望丛书》总序

柳斌杰

　　文化是每一个民族赖以生存的根基和灵魂，而出版事业和出版物，是民族文化的结晶，是民族精神的物质承载者，是衡量一个国家和民族文明程度的重要标志。从事这项伟大事业的出版人，不仅是出版活动的实践者，而且是人类文化创造、积累、交流、传播的组织者和参与者，是文化产品的生产者、民族精神的护卫者和时代精神的弘扬者。任何时代，治书修史者都肩负着神圣的历史责任、文化责任、社会责任，在我国，这种传统一直延续了几千年。但是，目前受名利诱导和网络快餐文化的影响，出版界跟风炒作、追求市场效应一夜成名而不顾文化品位等现象时有耳闻。在种种浮躁的背后，反映出来的是出版从业者文化品格的缺失。唯其如此，为繁荣学术和民族文化而坚守文化天职、恪守社会责任的职业精神和文化追求，尤其值得在出版界大力弘扬。

　　出版人是文化薪火的传承者，具有坚守文化自信的历史责任。众所周知，出版是人类文明薪火相传的重要依托，一个国家民族科学文化的传播和传承，有赖于它的出版事业。中华文明之所以历经五千年而一脉不绝，就在于中国历代政治家、著作家、出版家、藏书家接续几千年文明发展进程中形成的尊崇历史、珍惜古籍、编修文献、善待图书、重视典藏的优良传统，他们将中华文化的精髓融入历代出版物之中，一代一代地传之后世，肩负起了将一个时代的科学文化及思想智慧真实地记录下来、传承下去的历史责任，使中华民族的文化根基与时俱丰、愈加巩固。作为新时期文化创新和文化传播的主体，当代出版工作者更加需要继承传统、关注时代，一方面自觉承担起对民族文化传统的保存、整理、批判、传承的责任，保持中华文化的统一性、延续性；另一方面推动文化创新和发展，弘扬和培育符合时代要求的民族精神，在增强民族的凝聚力、创造力以及同世界其他文明进行对话的文化自信力方面作出贡献，使中华民族独立于世界民族之林的文化根基更加坚韧。

出版人是文化创新的推动者，具有坚守文化本性的特殊责任。作为一种文化生产的基本业态，出版既有产业的属性，又有意识形态的属性，必须通过创新来保持文化的独特品质和内容的先进性。从这个意义上说，创新是出版工作者的不竭动力和显著特征，不仅是文化积累和产品制造的组织者，而且也是文化内容的选择者和把关者，当然应当是新知识领域的开拓者和新成果的发现者、催生者。一方面，知识的保存、生产和应用，文化和技术的传承、生产和原创，都是以出版活动为基础的。历史上重要的思想创新、科学发现和技术进步主要是通过出版物得以传承和发展的。另一方面，从造纸术、印刷术到当代激光照排系统、计算机王码汉字处理系统以及数字技术的应用，出版人率先将新成果引进出版业，引发出版形式和内容的不断创新。在文化传播过程中，出版人通过传承优秀民族文化、吸收外国文化精华、把握时代需要，促进着社会文化的不断进步。而现代出版史上鲁迅发现大批文学青年、叶圣陶对巴金处女作的慧眼识珠、巴金对曹禺作品的琢璞为玉的佳话，也反映了出版人所必备的发现新人新作的创新品质。在当前的创新型时代、创新型国家建设的过程中，人民群众的伟大创造，已然成为文化创新取之不尽、用之不竭的源泉，迫切需要出版工作者发现、认识、扶持、推广，进而铺垫中华民族元气深厚的文化创新的阶石，培育中华民族根深叶茂、神韵独具的文化创新的活力。

出版人是时代思潮的引领者，具有坚守文化领土与文化阵地的社会责任。出版的本质不仅在于积累文化、创造新知，不断推出更优秀的文明成果，而且还在于按照一定的价值目标对社会现实文化作出评价，通过选择、把关实现对社会风气、学术思潮、文化倾向的引导。古代中国知识分子正是借助"竹帛长存"所构成的社会认知体系和社会规范体系，才唤起了"见贤而思齐"的文化自觉和道德自律。"五四"时期以《新青年》为中心凝聚的一大批知识青年的出版传播活动，将"科学"与"民主"汇聚成了思想解放的伟大潮流。在当今政治多极化、经济全球化、文化多元化、新技术日新月异的国际背景下，在经济社会急剧转型、社会文化事业和文化产业发展不平衡的国内背景下，承担着建构社会主义和谐社会及传播先进文化的神圣使命的出版工作者，其选择、把关进而引导大众的责任更加重大，需要通过对精神生产加以规划与组织，对精神产品进行鉴别与加工，对文化遗产作出选择和整理，对社会信息予以筛选和传递，打造传承主流文化和主流价值观的精品力作，不断巩固主流文化阵地。这就要求当代出版工作者必须深深植根于中国特色社会主义伟大实践，敏锐把握时代变革的风气之先，不随波逐流，不跟风炒作，不断提高辨别真善美和引导大众文化、传播主流文化和主流价值观的能力，致力于弘扬民族精神和时代精神，为中国的改革开放和现代化建设事业提供有力的思想保证、精神动力和智力支持。

历史已经证明，出版业作为文化传承和文化创新的核心，如果没有文化理想和文化追求，便失去了发展的根基。而出版工作者的文化价值取向、人文素养、文化责任、文化运作能力和学术品评能力，又直接影响到出版物的文化含量。从这个意义上说，对于文化的坚守，不仅是一种出版理念，也是一项出版实践。在竞争日益激烈的世界文化市场中，能否坚持文化本位，能否坚守文化责任，对新时期的出版从业者来说，无疑是一种严峻的考验。《书林守望丛书》的问世，为我们提供了一部关于新中国出版人的精神文化启示录。其中反映出的经过沉淀而彰显的文化品格，尤其应该成为新时期出版工作者的精神支柱。这套丛书的作者，是一群深深地钟情于出版事业的文化守望者，他们在"书荒"时代辛勤耕耘，在"书海"时代坚持方向，恪守文化的尊严，组织、规划、策划、编辑、出版过一大批反映时代精神、民族精神及具有学术价值、文化品位的标志性工程，主持、主编过一大批科学、人文、经济、教育等方面为广大读者喜闻乐见的知识读物，为全社会提供优秀的精神食粮作出过重要贡献。在他们身上体现出来的勇于开拓、后启来者的创新精神和坚守精神家园、淡泊名利的文化风骨，堪称典范。希望通过这套丛书的出版，使新时期的出版工作者形成一种更加清醒的文化自觉，在文化与产业协调发展的道路上走得更加坚定，产生更多让世界为之惊喜的拥有自主知识产权的民族文化品牌，再现中华民族宏大的文化气魄。

当前，出版业的发展同政治、经济、社会、文化的发展一样，要在

003

世界范围内的大对话、大交流、大竞争、大角逐中，把握机遇，迎接挑战，创造新的辉煌，需要一大批具有真才实学且能开阔视野、崇尚科学、追求真理、尊重创造、包容多样的新型复合型出版人才，来担当中国特色社会主义文化建设的推动者。《书林守望丛书》汇集的新中国成立六十年来成长起来的十几位出版家在长期为人作嫁的职业生涯中的思想火花、书坛掌故，集中反映了新时期出版工作者的精神风貌，不仅抓住了时代的新变化，也深刻把握了出版职业的新要求。这套丛书的作者，或者长于出版规划，或者长于鉴赏加工，或者长于经营管理，但都有将丰富的实践经验升华为理论的深沉思考。将这些经过实践检验的理论总结汇集起来，转化为鲜活的历史智慧和生命依托，对于未来的新型出版人才，无疑具有深远的精神哺育作用。我希望这套丛书的出版，能够吸引更多才华横溢、富有创造力的新军投身我们的出版事业，使中国出版人的文化守望薪火相传，为推动社会主义文化大发展大繁荣建功立业。

2009 年 7 月

目 录

编辑阅读

与校对阅读之比较研究

导　语

编辑阅读与校对阅读之比较研究，是中国出版工作者协会学术委员会给我出的题目。学术委员会为了抢救建国以来几代老编辑的丰富编辑工作经验，策划出版《书林守望丛书》，《编辑阅读与校对阅读之比较研究》是丛书中的一种。

我是建国初期开始做编辑工作的，整整干了四十年，自然算得上"老编辑"。但是，学术委员会交给我的写作任务，却不是编辑工作的经验，而是要我把阅读作为切入点，通过编辑阅读与校对阅读的比较，阐述现代校对的理论与实践。这使我很为难。学术委员会的主任吴道弘、秘书长郑一奇两位先生都说："你做了四十年编辑，又研究了十几年校对，对编辑工作和校对工作都有深切感受，有条件写这个'比较研究'。"他们还说："现在出版界对校对的认识存在误区，而且这种认识误区已经并且还在影响校对工作，影响图书的编校质量，有必要从理论和实践的结合上，对编辑工作与校对工作进行比较，帮助人们走出误区，认识校对工作的重要作用，了解校对的独特学问。"

1994 年 8 月，我从编辑工作岗位退下来，就受中国出版工作者协会之命，主持组建校对研究委员会，至今已经十四年了，也应该向版协、向社会交一份研究成果。我理解学术委员会对图书质量的忧虑，深知他们策划《书林守望丛书》的用心，更欣赏他们这个命题的新颖和独特。从阅读切入主题，通过两种阅读的比较，能够更实际、更深入地阐述校对在图书出版系统工程中的独特地位和作用，以及校对专业化的历史必然性和现实必要性。考虑及此，我欣然接受了写作任务，着手把阅读作为

003

切入点，重新梳理我对现代校对理论与实践的认识。

我在中国青年出版社做过 30 年编辑，特别佩服社里的一位资深校对。我自认为是一个很认真、很细心的编辑，然而，我编发的书稿到了他的手里，总能挑出一些错误来。为什么那些从我眼皮底下蹓走的错误，却逃不脱他的"火眼金睛"？直到退休我也没有解开这个谜。研究了十几年校对后，终于明白了个中的奥秘：校对的阅读与编辑的阅读，有着本质的区别，正是校对采用不同于编辑阅读的阅读方式，使他们能从密密麻麻的字里行间，敏锐地捕捉各种差错。当然，还有他们在长期校对实践中积累的经验，娴熟的校对操作技术，以及对文字使用出错规律的了然于心，在阅读过程中也发挥着特殊的作用。

1982 年 1 月，主持创办《青年文摘》，图为创刊号审稿会。

阅读，是编辑工作的基本方式，也是校对工作的基本方式。编辑阅读叫做审读，校对阅读叫做校读。审读和校读，表面看都是阅读，但由于阅读的对象不同、目的不同，阅读的方式和方法也不相同，由此带来思维方式、心理素质、绩效评价以及职业训练等等，都不尽相同。正如韩愈在《师说》里所说的，"术业有专攻"，编辑阅读和校对阅读是两门不同的学问。

因此，我的比较虽然从"阅读"切入，但不是单纯的"阅读比较"，而是全方位的比较，其内容包括：阅读对象、目的之比较，阅读制度和程序之比较，阅读方式和方法之比较，阅读主体思维方式和心理素质之比较，编校工作绩效评价之比较，等等。比较的侧重方当然是校对，即通过比较来阐述现代校对理论与实践。

第一章 编校分流的历史必然性

第一节 由合一到分流

中国图书编校工作源远流长，有文字可考的，可以上溯到西周宣王时代，距今 2 800 多年。《国语》记载："昔正考父校商之名颂十二篇于周太师，以《那》为首，归以祀先王。"正考父，西周宋国的大夫。宋是商后裔的封国，保存有商代祭祀活动配曲的歌辞，这种歌辞叫做"颂"。正考父搜集并选编了"商之名颂"，共十二篇，以《那》作为开篇，用以祭祀先王。他恐其存在讹误，遂请朝廷掌管礼乐、精通音律的太师帮助校正。唐代学者孔颖达经过考证，认为历史上确有其事。他在《商颂谱疏》中论证说："然言'校'者，宋之礼乐虽则亡散，犹有此诗之本。考父恐其舛谬，故就太师校之也。"应当说，正考父的编校"商之名颂"，虽然规模很小，却开创了我国编校活动之先河。

正考父之后，最著名的编校家，是正考父的七世孙孔子。孔子所处时代，周室衰，礼乐废，诗书缺，纲纪散乱。孔子晚年，毅然以传道后世为己任，编校整理了被后世尊为"六经"的《诗》、《书》、《易》、《礼》、《乐》、《春秋》。《史记》作者司马迁这样表述孔子的编校活动：辑《书》，定《礼》，正《乐》，删《诗》，述《易》，作《春秋》。辑、定、正、删、述，都属于编校活动，只有"作"似乎属于著述。但是孔子说自己是"述而不作"，后世学者也认为，孔子"作《春秋》"，是"据《鲁》而成书"，即依据鲁国史官所编《春秋》加以整理修订，编纂成一部编年体史书。由此可见，孔子做的还是编校而不是著述。后代学者把孔子的编校活动，称作我国

005

两千多年校雠史的"发轫"，在华夏文化的发展史上，起着承前启后的重要作用。

我国最初的出版活动，主要是文献资料的选编和校勘，即选择已有的文献典籍，经过比勘订正和增删整理而成书。至战国，百家争鸣，才出现个人著述。那时的出版方式是传抄，图书的基本形态是简牍和帛书。出版方式原始，不能形成规模复制，因而出版活动是学者的个人行为，不但编校合一，编著也是合一的。那时的编校活动，包括搜集、选编、校订、删削、整理、编次，而以校订(比勘订正)为主，"校"成了当时图书出版活动的主要方式。

随着出版生产力的不断发展，图书出版中的编辑工作含量逐渐增加，并最终导致编校由合一走向分流。

编校由合一到分流，经历了两千多年的演变，演变的动力是出版生产力的发展。

孔子之后，有规模的图书编校活动出现在西汉。

春秋之后，经历了五百年的战乱，秦始皇统一中国后，又推行"焚书坑儒"的错误政策，收缴焚烧民间藏书，先秦的古籍连遭浩劫。汉朝建立后，面临文化断绝的危机。朝廷用了一百多年的时间，从民间搜集残存古籍，搜集上来的古籍虽然数量不少，但残缺不全，错乱相糅。到汉成帝河平三年(公元前 26 年)，朝廷命光禄大夫刘向校正整理经传诸子诗赋，步兵校尉任宏校兵书，太史令尹咸校数术，侍医李柱国校方技。刘向的使命有别于孔子，因为他面对的是残存古籍，需"备众本，辨异同，订脱误，删复重，条篇目，定书名，准经义，究得失，述疑似，存别义，辨章学术、考镜源流"。比勘订正涵盖不了如此繁复的内容。他创造性地提出"校雠"这个新概念。他这样给"校雠"定义：

一人读书，校其上下得缪误，为校；一人持本，一人读书，若怨家相对，故曰雠也。

雠，会意字，左右两个隹字，隹是短尾鸟的象形字，两隹中间夹个言，会意为"对鸣"。引申为对答、对比、对头、仇敌。刘向用"雠"表示"比勘订正"，同时赋予"校"新的功能：校其上下得谬误。这个"校"实际上蕴含了编辑工作。所以，后代学者将刘向的"校雠"称作"治书之学"。

南北朝时，出现了广义校雠和狭义校雠的新概念。广义校雠涵盖比勘、版本、目录、典藏，即所谓"治书之学"，狭义校雠则专指文字比勘订正。这狭义校雠后来定名为"校勘"。勘，会意字，从甚从力，会意为"覆定"，即再三推察而后定。

汉代发明了纸，至隋唐，又发明了雕版印刷术，使书籍批量复制成为可能，出版生产力发生了重大革命。汉以前，古籍出版程序是：搜集不同版本，通过比勘而改错补漏、删重增佚，再抄在竹简、木牍或缣帛上，这就是简牍和帛书。隋唐以后，由于雕版取代抄写，校勘定稿后，须先写样，再将校定本与写样对校，改错补漏后，再反贴在木板上雕版印制。这样，古籍出版程序变了：校勘定稿——写样——校对——雕版——印制。前期的校勘与后期的校对，成了相互衔接的两道工序。至宋，发明了活字排版印刷术，排版后的校对，就成为不可或缺的工序。沿袭了两千年的编校合一体制终于松动了，出现了最早的编校分工。宋版书分署编者和校者姓名，就是编校开始分工的证明。

到了近代，引进铅活字排版和机器印刷术，催生了出版企业，出版逐渐从手工作坊走向集约化，编校分离成为两道独立工序，从而产生了编辑专业和校对专业。校对成了编辑工作完成之后、图书印制之前的一道重要工序，成了图书出版系统工程的一个重要环节。1897年诞生的我国最早的出版企业商务印书馆，在建馆伊始就设置了中文校对部和西文校对部，独立承担全馆的校对任务。

由校而校雠而校勘而校对，不是简单的名称变更，它反映的是出版生产力的发展。编辑和校对，由合一到分流，正是出版生产力发展的必然结果。现代校对的特征是同编辑工作分离，成为前承编辑、后启印制的独立工序。现代的编校分工合作，是出版生产现代化的产物，是历史的进步。

认识编校由合一而分流是历史的进步这篇大道理，对于做好现代出版工作至关重要。毛泽东在《实践论》中指出："人们要想得到工作的胜利即得到预想的结果，一定要使自己的思想合于客观外界的规律，如果不合，就会在实践中失败。"[①]要组织现代出版生产，必须按照现代出版生产的客观规律办事，其中就包括编校分流，分工协作。当前的"无错不成

---

① 《毛泽东选集》（合订一卷本），273页，北京，人民出版社，1964。

书"，在一定程度上就是违背客观规律，盲目推行编校合一、削弱校对工作的必然苦果。

第二节　两道工序　两个专业

现代企业经营方式的特征是"集约化"。集约化的重要内容，就是分工协作，资源优化配置，生产流程工序化。现代出版企业的经营方式，当然不能例外，也应该集约化，根据出版生产的客观需要，安排图书出版生产工序，设置各种职能部门，各司其职，分工协作。大型出版社的职能部门，还要进行更加明细的分工，例如分设各种专业编辑室，设置策划编辑、审稿编辑、文字编辑、技术编辑，校对部门内部的专业分工和校次分工，以及校对和质检的分工等。在出版生产现代化条件下，编辑和校对已经成为图书出版生产流程的两道关键工序，形成图书质量保障体系的两道防线。

编辑工序和校对工序，处在图书出版生产流程的不同环节，承担着图书质量保障的不同任务，并在实践中逐渐发展成为两个不同的专业。

《图书质量保障体系》（以下简称《体系》）把图书质量保障体系分为三个环节：前期保障，中期保障，后期保障。

前期保障的责任主体是编辑，其首要职责是选题策划和组稿。《体系》第六条指出："图书质量的提高，首先取决于选题的优化，优化的第一步要搞好选题的策划工作。""选题质量的优劣，直接影响图书质量，也影响出版社的集体出版水平。"选题策划是编辑的第一职责，因此，《体系》要求全体编辑"积极参与选题的策划工作"，"广泛收集、积累、研究与本社出书范围有关的信息"，"加强与有关学术、科研、教学、创作等部门和专家、学者的联系，倾听他们的意见，提高策划水平"。《体系》第七条强调：要"充分运用各方面的信息资源和群体的知识资源，进行深入的调查研究"，"使选题的确定建立在准确、可靠、科学的基础上"。选题确定后，还要物色合适的作者，这是实现选题策划目标的重要保证。

中期保障分为前后两个阶段：前阶段的责任主体仍是编辑，任务是审读加工；后阶段的责任主体则是校对员，任务是做好排版过程中的校对。因此，《体系》提出坚持两个制度："三审"和责任编辑制度，"三校一读"和责任校对制度。这两个制度，在中期保障机制中，表现为两道工序：审读加工工序，校对工序。

两道工序犹如接力赛，前后衔接，分工协作，共同实现图书质量保障目标。《体系》第八条指出："审稿是编辑工作的中心环节，是一种从出版专业角度，对书稿进行科学分析判断的理性活动。"接着，《体系》第十一条指出："专业校对是出版流程中不可或缺的环节，直接影响图书的质量。"要求出版社"配备足够的具有专业技术职称的专职校对人员，负责专业校对工作"，"每出一种书都要指定一名具有专业技术职称的专职校对人员为责任校对"，"一般图书的专业校对应不低于三个校次"。

编校工作完成后，才进入"后期"的装帧印制，这时图书质量保障的责任主体转移到出版部门和印制单位。

《体系》以行政法规形式，明确地规范了图书出版生产的流程，规范了编辑、校对、设计、印制在图书出版生产流程中的地位和作用，以及他们的职责分工和相互关系。

图书出版的实现，是集约化生产的成果。作者的创造性劳动无疑为图书出版的实现打造了基础，编辑的创造性劳动为图书出版的实现创造了条件。但是，经过审读加工的编辑发排文本还不具有出版的完备条件，还必须经过版式设计、排版和校对活动，将编辑文本准确而完整地转换为印刷文本，并且在转换过程中，发现和改正编辑发排文本可能存在的错讹，以及版面格式可能存在的缺陷，才具有出版的完备条件。然后，通过印刷装订，使图书具有精美的包装。四个环节，前后衔接，和谐合作，从而保证图书以完善的内容和精美的包装问世。

编辑和校对，处在图书出版生产流程的两个环节，形成前后衔接的两道工序。两道工序，工作对象不同，任务职责不同，工作方式不同，必然地发展成为两个专业，从而使编辑和校对成为两种社会职业。职业编辑和职业校对，都是现代出版必需的专业人才。

编辑工作和校对工作，对人才素质的要求是不同的，因而需要具备相应专业学识和才能的人才。所以，美国普林斯顿大学出版社社长贝利说："出版社不单是一个组织，而是一个由不同的人为了共同目标组织在一起的集体。这个集体聚集着各种人才，他们具有各自的个性、能力和目的，出版社管理者的主要职责就是让每个人各尽其能，为实现出版社

009

的共同目标而共同努力。"①

实行专业分工，形成生产流程，将图书出版生产过程，按照出版生产的客观规律，划分为若干环节、若干工序，在不同环节、不同工序里，让具有不同专业知识和才能的人才充当责任主体，从而保证每个环节都做得最好。这种分工合作，使出版社的人力资源得到优化配置和整合，会收到整体大于部分总和的效果。曾经在出版界流行的"编校印发一条龙"，现在仍在部分出版社实行的"编校合一"，都是"作坊式"小生产方式，都是违背现代图书出版生产客观规律的，都是应当拒绝的。

第三节　两种实践　两门学问

编辑和校对，分处于两个不同的工序，各自在实践中积累经验、探索规律，逐渐形成两种专门学问：编辑学，校对学。"编辑无学"的观点是错误的，"校对无学"的观点也是错误的。

何谓"学"？"学"就是毛泽东在《实践论》里说的"论理的认识"，即对客观事物的全面的、本质的规律性认识。认识来源于实践。毛泽东在《实践论》里指出："认识的真正任务在于经过感觉而到达于思维，到达于逐步了解客观事物的内在矛盾，了解它的规律性，了解这一过程和那一过程的内部联系，即到达于论理的认识。"编辑活动和校对活动，是两种内涵不同的实践，自然存在着不同的客观规律性，形成两门不同的学问。

编辑学产生于编辑实践，是编辑实践经验的理论表现。编辑学的基本范畴，包括出版物、编辑、作者、读者和编辑过程，它揭示的是编辑主体与客体矛盾运动的客观规律。

校对学产生于校对实践，是校对实践经验的理论表现。校对学作为一门学科，其独有的研究对象是校对活动。校对活动包括校对的外部活动和内部活动。校对的外部活动，指校对工序在出版生产流程中与编辑、排版、装帧等工序的分工和合作。校对的内部活动，指校对过程中的各种矛盾运动，如主体与客体的矛盾运动、主体之间的矛盾运动、不同校次的矛盾运动、校对质疑与编辑排疑的矛盾运动。

---

① 〔美〕小赫伯特·贝利：《图书出版的艺术和科学》，北京，中国书籍出版社，1995。

总结校对实践的经验，研究校对活动的矛盾运动，研究校对活动的客观规律，形成"现代校对学"，例如关于校对功能，校对价值，校对方法，校对心理，校对思维，校对阅读，校对与编辑、校对与排版的联系与矛盾，书面材料出错的规律，以及校对工作制度、校对管理机制等的理性认识。

《现代校对学概论》这样为现代校对定位：

校对工作是编辑工作的重要组成部分，是出版生产流程中的独立工序，处在编辑后、印制前图书内在质量的把关环节，其作用是将文字差错和其他差错消灭在图书出版之前，从而保证它的传播价值和传承价值。校对工作同编辑工作一样，是文字性、学识性的创造性劳动，是编辑工作的必要延续，是对编辑工作的补充和完善，因而是最重要的出版条件。[①]

这段文字，是对现代校对的本质的阐述。

首先，它阐明了现代校对与现代编辑的关系。现代校对与现代编辑本源都是古代的校雠，由于出版生产现代化的需要，由合一而分流，但本质上都是在做图书质量的保障工作，终极目的都是保证图书的传播价值和传承价值，因而都是文字性、学识性的创造性的劳动。

其次，校对工作又是与编辑工作有区别的，它处在编辑工作完成之后，以独特的方式和方法纠错补漏，使编辑发排文本得以完善，从而为书稿的出版创造完备条件。正是从这个意义上讲，校对工作是编辑工作的必要延续，是对编辑工作的补充和完善。

再次，校对在图书出版生产流程中，处于编辑后、印制前的图书内在质量的把关环节，负有将一切差错消灭在图书出版之前的使命，所以列宁说最重要的出版条件是做好校对工作。

编辑工作和校对工作，各自的对象不同，目的不同，实现目的的方式方法也不同，相互不能取代。只有各自发挥优势，都把工作做得最好，从而优势互补，形成合力，才能确保图书的内在质量。现在出版界有两种错误做法：一种是"编校合一"，让编辑取代校对，承担校对的职能；另一种是"校编合一"，让校对取代文字编辑，承担书稿文字加工的职能。

011

---

① 周奇：《现代校对学概论》，23页，苏州，苏州大学出版社，2005。

这两种做法之所以都不正确，是因为都违背了编校工作的客观规律。主张"编校合一"，源于"校对是字对字，是简单劳动"的错误认识，不承认校对是一门独特的学问。主张"校读合一"，源于对"校是非"的片面理解，表面看是"提升校对"，实质上是取消校对。所以，认识"编校是两门学问"，对于做好编校工作，提高编校质量，是有重要意义的。

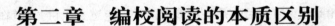

第二章 编校阅读的本质区别

第一节 对象、目的、绩效评价标准不同

首先，编辑阅读的对象和校对阅读的对象不相同。

编辑阅读的对象只有一个，即作者的原创作品。这里说的原创作品，泛指各种形式的书稿，包括著作、译作、古籍校订本、辞书、文选以及其他类型书稿。

校对阅读的对象有两个：一个是编辑发排文本，通称"原稿"，一个是依据原稿和版式设计排版打印的样张，通称"校样"。书稿电子化后，作者交给编辑的不再是手写书稿，而是电子稿(磁盘、光盘、电子邮件等)及其打印样，编辑通常是阅读打印样，并在打印样上加工。修改定稿后，排版部门无须重新排字，只须打开电子文本，依据编辑在打印样上的修改，在电脑上修改，然后根据版式设计要求，进行版式转换，再打出校样。这个校样除编辑修改的部分外，同电子稿并无二致，已无传统意义上原稿与校样的差别，所以校对界认为，书稿电子化后，已将原稿与校样"合一"了。尽管如此，校对的阅读对象仍然有两个：编辑修改过的打印样，版式转换后的校样。因为，两者存在差异：一是内容不完全相同，校样反映了编辑的加工修改；二是版式(包括版面格式、字体字号等)完全不同。编辑修改过的打印样，通称编辑发排文本，是达到齐、清、定发稿要求的书稿，在性质上与传统原稿是相同的，实质上是"原稿"，因而是校对改错补漏的直接依据。

其次，编辑阅读的具体目的和校对阅读的具体目的也不相同。

编辑阅读，首要目的是决定取舍。从一定意义上讲，编辑的阅读活动是一种文化选择活动。编辑通过阅读，了解作品的内容和写作形式，然后对作品做出全面评价，并且决定取舍。因此，阅读过程就是了解、评价、选择和决策的过程。对于决定接受出版的书稿，编辑还要通过再阅读，提出具体的修改意见。这个再阅读过程，则是提升书稿水平的设计过程。到了加工阶段，编辑还要一边阅读一边加工，这个阅读过程则是编辑再创造的过程。

编辑阅读的取舍决定，其依据是全方位的，例如出版方针任务，社会文化价值取向，读者的精神需求，作品本身的水平和价值，与同类图书的比较，出版社的出书方向和实际利益，等等。他既要对作者负责，对作品做出客观评价，为优秀作品争取出生权；又要对读者负责，为读者提供优质精神食粮；还要对社会负责，要有益于经济发展、社会进步和文化积累；最后，还要对出版社负责，要考虑出版社的长远的和现实的利益。所以，编辑审读既是了解作品的过程，评价作品的过程，又是全方位综合各种因素，进行文化选择的过程。

校对阅读的具体目的相对要单纯一些，即发现和消灭校样和原稿上的差错。他无须对书稿做出评价，因为已经三审定稿，具备了出版的基本条件。在校对过程发现重大错误因而取消出版的书稿，是极个别的例外。但是，摆在校对员面前的校样，还不具备付印出版的完备条件，因为还存在错漏，既存在排版错漏(电子书稿版式转换过程还可能发生错乱和内容丢失)，也可能存在原稿错误(包括作者写作错误和编辑错改)，两种错误都隐藏在校样上的字里行间。此外，还可能存在版面格式缺陷或差错，例如书名页内容缺项，正文规格、体例不统一，封面、书名页、目录的相关项目不一致，文与图、文与表不配套不衔接，正文注码与注文注码不对应，版面格式不规范，等等。由于校对处在编辑后、印制前的关键环节，必须把一切差错消灭在图书印制之前。所以，校读过程是猎错查漏、纠错补漏的过程，补充和完善编辑工作的过程，为书稿印制出版创造完备条件的过程。

由于编辑阅读和校对阅读的对象不同、具体目的不同，两种阅读绩效的评价标准自然也不相同。

编辑阅读的绩效评价标准，首先是书稿取舍决定的正误。评价书稿取舍决定的正误，取决于图书的内在价值，包括思想内容和表现形式。而图书的内在价值最终要由读者的阅读实践来检验。正如伏尔泰所说的，图书价值的一半是读者创造的，没有读者的读书活动，图书的价值是实现不了的。所以，编辑阅读绩效的标价标准是比较抽象的，而且需要一定时间的检验，不可能进行量化的检测。

校对阅读绩效的评价标准，是图书成品的差错率。图书成品的差错率，就是校对的留错率。所以，留错率越低，校对阅读的绩效就越高。相对来说，这个评价标准要具象得多，可以用数字来量化。新闻出版总署 2004 年颁布的《图书质量管理规定》，为这个标准做出量化的规定：图书差错率在 1/10000 以内(含 1/10000)为合格品。在此以前，还有个成文规定：图书差错率在 0.5/10000 以下、0.25/10000 以上为良好品，差错率在 0.25/10000 以下为优秀品。这里说的合格品、良好品和优秀品，都不是对图书内容质量的评价标准，而是校对质量的评价标准，叫做"编校质量"。

书稿取舍决定，是图书出版最重要的决定。如果决定失误，或者扼杀了优秀图书，或者让平庸、劣质图书出笼，都会对社会造成损害。所以，编辑阅读对于图书质量具有决定性作用。

015

校对作为图书质量保障的最后防线，负有将一切差错消灭在图书出版之前的使命。校对处在前承编辑工作、后启印制出版这样的特殊环节，编辑工作的疏漏，可以由校对来弥补，而校对工作的失检，则无可挽回地成了图书成品中的差错。有些内容优秀的图书，由于差错率超过合格标准，不但失去参评优秀图书的资格，还必须从市场全部收回，造成出版社的信誉损害和经济损失。从一定意义上说，这个合格标准就是图书市场准入标准。这就是说，编辑对书稿取舍的决定的正确性，还需要通过校对改错补漏才能得以实现。所以说，编辑阅读和校对阅读，相辅相成，缺一不可。

第二节 制度不同 程序不同

编辑阅读和校对阅读，对象和目的的差异，直接影响着他们的阅读制度和程序。

编辑阅读强调"慎",要求全面考察,综合评价,审慎取舍。

校对阅读强调"细",要求"一字不略过","细辨乎一字之微"。

因为强调"慎",编辑审读书稿,要坚持"三审制"。"三审"是三级审读,即责任编辑初审、编辑室主任复审、总编辑终审的三级审读。其程序是:初审后,要对书稿做出全面评价,并提出取舍建议,写出初审报告,提交复审;复审要对初审的判断和建议做出分析,表明复审的取舍意见,写出复审报告,提交终审;终审要对初审、复审的意见表态,并做出最终取舍决定。三级审读,是为了保证对书稿价值判断和取舍决定的正确。

校对阅读强调"细",所以要坚持"三校一读"制度。"三校"跟"三审"不一样,不是三级校对,而是三个校次。这是因为书稿和校样出错的多样性和隐蔽性,"校书如扫落叶",不可能"毕其功于一役",必须经过多次改版和校对。一读即三校后进行一次通读检查。校对阅读实际上要进行四次,每校一次还要进行文字技术整理,其程序是:一校—整理—退改—出样→核红(将一校样上标改的字符与二校样核对,检查有无漏改和错改)—二校—整理—退改—出样→核红(将二校样上标改的字符与三校样核对,检查有无漏改和错改)—三校—全面文字技术整理—退改—出样→核红(将三校样上标改的字符与新出校样核对,检查有无漏改和错改)—通读检查。通读检查如未发现错漏,即可签字付印,这份校样就成了"付印清样"。如果还有少量错漏,则签批"改后付印",改后再打出付印清样。如果通读检查发现错误很多,则须增加校次,重新进入校对程序,直至消灭全部差错,才能签字付印。这一套相当严格的程序,是校对工作特有的,是确保校对质量必需的。

016

"三审"阅读,是逐级负责的制度,书稿取舍的最终决策权,是负责终审的总编辑(或副总编)。初审者对终审决定有不同意见,可以提出书面保留意见,存入该书档案,但依照组织原则必须服从终审的决定。

"三校一读"阅读,是分次校读的制度,不同校次由不同的校对人员承担,有不同的灭错指标、灭错重点和校读方法。一校、二校的重点,是比照原稿核核校样,重点在于消灭排版(包括版式转换)错漏,而且要求一校消灭排版错漏的75%,二校再消灭一校留错的75%。三校不再比照原稿对校,而是通读校样,发现了疑点才去查对原稿。三校的任务是:

消灭全部排版错漏，并且在这个基础上发现和协助编辑改正原稿可能存在的错误。经过三次校改，排版错漏已经很少了，所以，通读检查的重点是发现并改正原稿错误，从而做到把一切差错消灭在图书出版之前，为图书出版创造完备条件。

根据编辑校对的职责分工，校对发现了原稿的错误，应分别情况进行处理。《图书校对工作基本规程》是这样规定的："对于明显的错字、别字、多字、漏字、错简字、错繁字、互倒、异体字、旧字形，非规范的异形词，专名错误，不符合国家规范标准的标点符号用法、数字用法、量和单位名称及符号书写，不符合设计要求和规范的版面格式，校对员应当予以改正，但改后须经责任编辑过目认定。发现了语法错误、逻辑错误以及事实性、知识性、政治性错误，校对员无权修改，只能用灰色铅笔标注表示质疑，并且提出修改建议，填写'校对质疑表'，连同校样由责任校对送给责任编辑排疑。"[①]

第三节　两种阅读基本特征的比较

编辑的阅读叫做"审读"，其基本特征就是"审"。《书籍编辑学概论》这样解释"审"的含义：

"审"字古文作"寀"，《说文解字》："悉也。本作寀，从宀从釆。""悉"是"详尽"的意思。据北宋徐铉的解释："宀，覆也；釆，别也。能包覆而深别之也。"即全面的考察和深入的分析。[②]

编辑的阅读责任重大。《书籍编辑学概论》指出："审稿的失误，即选择不当，让坏作品获得通过，好作品被埋没，这是编辑工作的最大失误。对出版社甚至对社会都可能造成严重后果。"

《书籍编辑学概论》这样描述编辑的阅读：

"初审是三审的基础，必须逐字逐句地认真审读全稿。复审和终审用到每部书稿的时间可能只有初审的几分之一甚至几十分之一。审者在全面了解稿件内容的基础上，从更高的角度审核初审意见，表明自己的意

---

① 《图书校对工作基本规程》，中国出版工作者协会 2004 年 10 月 12 日发布。
② 阙道隆等：《书籍编辑学概论》，297 页，沈阳，辽海出版社，1996。

见。终审在充分了解初、复审意见和重点抽查稿件内容的基础上，做出最后取舍决定。"

"审读（指初审）的第一步——初读，是粗略的阅读，目的在于摸清书稿的大致内容，对书稿的总体水平做出初步判断。在初读过程中感觉有问题需要进一步研究的地方，要作笔记或标注。审读的第二步——评价性阅读，须一读到底，再回过头来对重要内容或有疑问之处反复研读，直到得出结论为止。"①

这两段描述告诉我们：第一，"三审"中，初审必须通读全稿，务求全面了解书稿内容；复审只须浏览全稿，了解书稿大致内容，以便对初审意见做出判断；终审则只须抽查部分章节，但须认真分析初审、复审的意见和建议。第二，初审通常要阅读两次：第一次粗读，是**了解性**阅读，全面了解书稿的内容，形成初步的印象；第二次精读，是**评价性**阅读，做出全面评价，提出取舍建议。有些自由投稿的书稿，基础很差，与出版要求相距甚远，粗读一次就可以做出取舍决定，所以无须再次审读。初审、复审、终审三级审读，重点都是了解书稿内容，做出评价，决定取舍。

018

校对的阅读，不同于编辑的阅读，校对阅读的基本特征是"校"。关于"校"字的含义，古代学者有三种说法。其一说认为：校，本义"木囚"，即木制的桎和枷，此说有《说文解字》和《易》为证。《说文解字》云："校，木囚也。"《易》曰："屦校灭趾，何校灭耳。"屦，古代用葛和麻制作的鞋，在此诗句中指代"脚"，屦校即锁住双脚的桎；何，通荷，何校即套在脖子上的枷。桎和枷都是两片对合囚人的，先秦的学者们借用它的"对合"义，表示古籍整理时的比勘订正，所以将"校"定义为：比勘篇籍文字同异而求其正。也有人认为，"校"有"就范"之义，从而引申出"考核"。《荀子·君道》云："知虑取舍，稽之以成；日月积久，校之以功。"这个"校"含义就是"考核"。后来又引申为专用于文字的考核。② 其二说认为：校，本义"横木"，即门闩。后作为"榷"的假借字。榷，本义"敲击"，引申为

---

① 阙道隆等：《书籍编辑学概论》，297页，沈阳，辽海出版社，1996。
② 程千帆、徐有富：《校雠广义·校勘编》，济南，齐鲁书社，1998。

推敲、商讨。古代学者用"校"的"推敲"义表示比勘订正。[①] 其三说，明末以后，不少学者用"挍"代"校"，释义为"比较"。三说的共同点："校"用于古籍校理，含义是"比勘订正"。由此可知，校对的阅读重在"比勘订正"。

　　因此，第一，无论是一校、二校、三校，还是通读检查，既不能"粗略"地"浏览"，更不能抽查部分章节，都必须逐字逐句细读全稿，做到"一字不略过"。第二，校读的重点在于从字里行间发现错漏，尤其是将原稿同校样比照对校时，阅读的注意力不在"得意"（文意）而在"得形"（字形、符形），在大量的"同"中猎获少量的"异"。综上所述可知：编辑审读和校对阅读，性质、方式和方法都是不同的。

019

---

① 蒋元卿：《校仇学史》，5 页，上海，上海书店，1991。

第三章　校对阅读的特殊性

第一节　校对阅读注视的是"点"

本书第二章第一节分析过，编辑阅读和校对阅读的本质区别，一是阅读的对象不同，二是阅读的目的不同。不同的阅读目的，必然直接影响阅读的方式和方法。比如：为了获取知识，阅读时的注重点必然是知识，而对知识以外的文字往往会忽略；为了获取特定的信息，阅读时对无关的信息往往会忽略；为了消遣而阅读，关注的是情节、故事、奇闻。

编辑初审书稿，阅读的目的在于全面了解书稿内容，其阅读方式是"了解性阅读"，阅读重在"得意"，即从总体上了解书稿的内容。因此，必须集中一段时间，比较快速地阅读，不必注意字词细节。初审之后，对书稿有了基本的了解，接下来就要做出评价，为此必须再次审读。这时的阅读是带着问题和标准的，是一种主观意识很强烈的阅读。比如，经过初读，会产生主观感觉：发现有些章节很精彩，有些章节存在不足，重读时对这些章节就得仔细阅读，印证初读时的感觉。又比如，书稿的取舍有个通行的标准，即独创性、思想性、科学性、稳定性、艺术性、可读性等，重读时必然将这些标准作为评价的尺子。这种带着标准去审视书稿的阅读，有点类似获取特定信息的阅读，对无关信息往往会忽略。这种阅读是"评价性阅读"。

校对的阅读目的是为猎错查漏，对校样和原稿做改错补漏的工作。这种阅读目的，决定着校对阅读的方式。校对阅读是"同"中猎"异"、"是"中搜"非"，搜捕隐藏在字里行间个体字符的错漏和局部错误。因而必须以字词、符号、公式等为阅读单位，做到"一字不略过"，"细辨乎一字之微"。

　　将两种阅读方式进行比较，不难发现：编辑的阅读重心在于"得意"，以求整体感知书稿内容，无须一字、一符地细读详察，通常是把句子作为阅读单位，快速扫视甚至跳跃式阅读。编辑的这种阅读方式，我们称之为"线性阅读"。校对的阅读重心在于"得形"，以求猎获字里行间的错漏，因而必须把字、词、词组、公式、数码组、标点符号等作为阅读单位，逐字逐符地阅读。校对的这种阅读方式，我们称之为"点性阅读"，其特征是"切割式"，即将句子切割成词、词组、公式、数码组、标点符号。举两个典型例子：

　　例1

　　A. 古代有一位学问家叫元好向。

　　B. 他竭尽讽刺挖苦之能事。

　　C. 无辜百姓惨遭屠戳。

　　D. 张华把枣红马栓在马拴上。

　　这4个句子里，都隐藏着别字，因为跟正字形体相似，浏览式阅读往往视而不见。但是把句子切割成词和词组，别字就暴露出来了：

　　A. 古代｜有｜一位｜学问家｜叫｜元好向。
　　　　　　　　　　　　　　　　　　　　　问

　　B. 他｜竭尽｜讽刺｜挖苦｜之｜能事。
　　　　　　　　　　刺

　　C. 无辜｜百姓｜惨遭｜屠戳。
　　　　　　　　　　　　　　戮

　　D. 张华｜把｜枣红马｜栓在｜马拴上。
　　　　　　　　　　　　拴　　　栓

　　A句中的"向"是别字，正字是"问"；B句中的"剌"是别字，正字是"刺"；C句中的"戳"是别字，正字是"戮"；D句中"栓"和"拴"都是别字，两字位置应该互易。

　　例2

　　太子曰："善。然则涛何气哉?"客曰："不记也。然闻于师曰，似神而非者三：疾雷闻百里；江水逆流；海水上潮；山出内云，日夜不止。"

浏览式地阅读，"得意忘形"，往往看不出这段引文中的错误。而采取切割式阅读，引文的内在矛盾就暴露出来了：

太子曰｜：｜"｜善｜。｜然则｜涛何气哉｜？｜"｜客曰｜：｜"不记也。｜然｜闻于师曰｜，｜似神｜而｜非｜者｜三｜：｜疾雷｜闻百里｜；｜江水｜逆流｜；｜海水｜上潮｜；｜山｜出｜内云｜，｜日夜｜不止。"

前句说江涛的气势"似神而非者""三"，而后面列出的江涛的气势却变成四种现象。切割开来，不难发现错在"江水逆流"后的分号用错了，因为"江水逆流，海水上潮"本是同一现象，由于海水上潮，把江水顶了回去，造成"江水逆流"，错用了一个分号，一种现象变成了两种现象。这段文字引自枚乘的名作《七发》，原文没有标点，说的是江涛的三种气势：(1)声音(疾雷闻百里)；(2)水势(江水逆流，海水上潮)；(3)云气(山出内云，日夜不止)。作者引用时加标了现代标点符号，由于错用了一个分号，导致内容改变原意。

第二节　校对阅读重在"得形"

心理学告诉我们：人的感觉总是趋向于将来自多方面的、零散的、不规范的乃至不确定的表象，经过智化过滤，在视觉中形成较为明显而完整的图形。心理学把这种现象称作"完形趋向律"。完形趋向主要表现在视觉、知觉现象中，因而明显地存在于与视觉、知觉密切相关的阅读过程中。由于语言完形的作用，人们不必一笔一画地注意字词，而是扫视字词从总体上感知文意，因而能够"一目了然"，甚至"一目十行"，快速而准确地阅读。但是，语言完形也会把阅读者引向误区："得意忘形"，忽略句子里个体字符的错漏。

编辑阅读书稿，是了解性阅读、评价性阅读，语言完形对编辑阅读不但不会造成负面影响，反而会帮助编辑快速而准确地把握文意。

但是，语言完形对校对阅读却会造成如下负面影响：

(1)形似字符混淆不分。上述例1中的"问"错作"向"、"刺"错作"刺"："戳"错作"戳"、"拴"错作"栓"、"栓"错作"拴"，都是因为形似而混淆致误的。出版物上常见把希腊文字母 α、γ 错作英文字母 a、r，也是因形似而致误的。由于完形趋向的作用，阅读者往往对这类错误视而不见。

（2）把残缺视为完整。句子里漏字漏符，几何图形丢"点"少"线"，都是常见的残缺现象。由于完形趋向的作用，阅读者往往察觉不到残缺。

（3）分辨不清上下倒置和左右混淆。出版物上常见把"＜"错作"＞"，把"↑"错作"↓"，也是完形趋向导致的错误。

要想在校对过程中冲破"完形趋向律"的负面影响，只有采取"重在得形"的特殊阅读方式，把句子切割成字、词、词组、数码组、标点符号，逐一默读，并且细辨字符形体。

校对的这种阅读方式，是符合校对活动的客观规律的。在校对客体中，以具有各维度特征的基本字符为单元，组合成字符群，如词、词组、公式、音乐曲谱、数码组等，各种字符群又进一步组成句群。与编辑阅读不同的是，校对尤其是校异同，无须花气力明了句群意义，而着重在对字符群以及单一字符的基本特征的识别。字符群的基本特征有三：（1）组合特征；（2）结构特征；（3）形貌特征。如果字符群与字符群之间的各维度特征相近、相似，字符群特征模糊或混淆，就容易导致校对失检。所以，校对阅读时，要对字符群的特征加以分解细化，分解细化为"注意元"。如下表所示：

字符群类	一级元	二级元	三级元
汉语字符群(构成词语)	单字	偏旁部首	
外语字符群(构成单词)	字母组	单个字母	
数学字符群(构成公式)	单项	单个因素	位置角标

校对者将心理注意转向一级乃至二级"注意元"的特征识别，就可以有效地猎获字里行间的错漏。

校对的这种"切割式"阅读，必须缓慢而匀速地推进，只有这样，才能做到一字一符不略过。

所谓匀速，是相对于编辑的快速阅读而言的，校对的阅读必须有意识地放慢速度，但并不是平均使用精力，读到容易出错的字符处，要有短暂的停顿，发现了疑点，还得倒回去重读。这种缓慢、匀速又有停顿、

023

有反复的阅读，是校对阅读的特点之一。例如：

……砍死一株野花的错误绝亚于杀死一个人的错误……

一位校对员读到"绝亚于"，觉得有疑问，便停顿下来，倒回去重读，联系上下文反复揣度："绝亚于"是什么意思？作者在这句话想要表达什么意思？通过短暂的停顿、重读、揣度，终于解开了疑问。作者是位生态学家，他将野花比作人，是想表达一种保护生态的理念：砍死野花如同戕害人命，呼吁人们像爱护自己生命一样爱护一草一木。因此，句子里的"绝亚于"是"绝**不**亚于"之误。

笔者在校阅一部古代艺术史校样时，运用这种方法发现了不少错误。

例1

……地位、规模、成就等方面远比官办手工业较逊。

读到"远比官办手工业较逊"处生疑："较逊"和"远逊"是两个不同的概念，表示"逊"的程度是大不相同的。那么，当时的民间手工作坊的地位、规模、成就同官办手工业相比，是"较逊"还是"远逊"？停顿下来倒回去重读，再联系上下文的意思，才明白作者的本意是说：同官办手工业相比较，民间的手工业作坊，地位、规模、成就都远不如官办手工业。因此建议编辑据此意将这个句子改为：……地位、规模、成就远逊于官办手工业。

例2 在谈到国画"南北宗说"的产生时，作者先引用了董其昌《容台别集画旨》中的一大段话后，写道：

这条文字最早见于陈继儒《宝颜堂秘笈》所刻莫是龙《画说》，一般认为董氏是承袭莫是龙之说。

读完这个句子，对两个"说"字生疑："这条（应是这段——笔者注）文字最早见于……《画说》"，就是说，这段文字是莫是龙在《画说》中说的。"一般认为董氏是承袭莫是龙之说"中的"说"指的是学术观点。那么上引的那一大段话是董说的还是董引用莫是龙的话？反复重读了两遍，方知问题出在"这条文字"上，因为两个"说"都不是"说话"，而是学说，只须将"这条文字"改为"此说"就不会产生歧义了。

笔者在校阅一部关于论述社会主义的书稿校样时，运用这种方法也发现了不少错误。例如：书稿在谈到列宁、斯大林对商品经济的认识时写道：

列宁和斯大林最初也认为社会主义是排斥商品经济的，但在他的晚年还是承认社会主义社会存在商品经济。

读罢觉得有问题：上句讲的是两个人（列宁和斯大林），下句却是一个人（他），上下句脱节了。于是倒回去重读，方知问题出在主语上：下句的"他"指斯大林，全句说的是斯大林对商品经济认识的转变，斯大林是这个句子的主语，因此上句应改为："斯大林最初和列宁一样，也认为社会主义是排斥商品经济的"，这样上下句就联系起来了，句意也就明白无误了。

又例如，书稿在回答"马克思主义关于革命的和平发展和非和平发展的基本战略估量"时写道：

对于一个无产阶级革命政党而言，其战略估量的对错，大体上有两个相关的判据：一是要切合社会历史进程的实际，二是要符合马克思主义。

读罢觉得有问题：前面的命题是"对错"，是两面的，后面提出的判断依据是"一是要、二是要"，是一面的。两面与一面搭配不起来。于是倒回去重读，原来是前后缺乏对应关系，"一是要""二是要"应改为"一是否""二是否"。这样，"对错"与"是否"就对应了，表达的意思是准确了。

025

第三节　校对阅读的技能训练

校对阅读技能，是指校读时眼动、注视和内部言语的有机结合。这种技能必须在校对实践中自觉地训练，才能熟练地掌握。

一、科学地控制校读时的眼动速度

眼动是指人眼在校读时的移动。校对客体是由许多字符组成的，校读时，校对主体的视线是循着字符自左向右移动的，一个个字符，先后落在视网膜中央，形成一个个注视点。眼动速度的快慢，决定着注视点（即阅读单位）的大小，直接影响着注视点的清晰度。眼动速度越快，注视点就越大，对字符形体感知的清晰度就越低。快速的浏览，跳跃式的扫视，感知的字符形体是模糊的。反之，缓慢而匀速地阅读，感知的字符形体就清晰。由此可见，眼动速度的快慢会直接影响校对的质量。但是，也不能过慢，过慢又会影响校对的速度，拉长校对周期。因此，校对阅读的眼动速度是校对理论与实践研究的一个课题。

　　根据实验测定，比较理想的眼动速度是：平均在每个字符上停留0.9秒(包括异同比较、是非判断和他校的时间在内)。中国出版工作者协会校对研究委员会据此推算：一个工作日实际校对时间为6个小时，合计21 000秒，21000÷0.9＝23100，校对日定额以20 000～25 000字为宜。日定额超过25 000字，就会加速眼动，扩大注视点，势必影响校对的质量。一目十行式的阅读，由于感知的字符形体模糊不清，个体字符的错讹不易察觉，自然会影响猎错改错的效率，此即"欲速则不达"。

　　当然，眼动速度对感知的影响是因人而异的。比如视力敏锐、经验丰富、技术娴熟、知识积累深厚者，对客体感知敏捷，其眼动速度就可以适当加快。反之，就要放慢眼动速度。因而确定眼动速度，要从个人生理、心理的实际出发，以能清晰地感知客体为标准。

　　还有，不同类型的书稿，对校对者的感知会有不同的影响。例如：古籍的语言是古代语言，现代人不能立即理解其含义；社科理论书稿里，概念多，定义多；科技书稿里，专名多，图表多，公式多，外文字母多；少儿读物用拼音字母为汉语字词拼音，校读时要同时兼读与汉语字词对应的拼音字母；手写书稿有的字迹潦草，有的涂抹勾画，辨认费时费力；文字加工多、卷面不清晰的书稿，会影响视线的移动速度。校读这类书稿，眼动速度都应适当放慢。因此，控制校读的眼动速度还要因书而异。

二、增加回视运动，以加深对字词的印象

　　回视运动指注视点跳回已经读过的部分。有经验的校对员，在校读过程中，遇到容易混淆错用的字词，或修饰成分较多的长句子，会做回视运动，倒回去重读一遍，以加深对这些字词的印象。这样做，常常能猎捕到隐蔽性很强的字词错误。

　　回视运动还有助于加深对校样中反复出现的专名(人名、地名、国名、社会科学和自然科学名词)和概念的印象。在一部书稿里，外国人名、地名的音译，常常出现前后不一致，尤其是多人合著、合译的图书，这种情形屡见不鲜。校对阅读时必须关注，多做回视运动，解决不一致的问题。

三、协调内部言语和眼音距的关系

　　内部言语指校读者默念的言语。默读时虽然不发音，但言语器官仍

然在运动，不断向大脑发送信息。眼音距指注视点与默读的文字之间的距离，眼音距以字数计量。阅读者在注视文字材料时，由于注视点的转移而隔断了视线，仍能默念出注视点以后的若干文字，这些在视线隔断后继续读出的文字数量，就是眼音距的数量。当校读材料与大脑存储的信息接近时，内部言语的速度就会加快，这就是通常说的"反应敏捷"。内部言语速度加快了，眼音距就扩大，此时校对者只能感知字符形体的大致轮廓，校对质量就会明显下降。

某出版社做过试验，将两页俄罗斯小说校样，交给两人同时校读，其中一位是熟知俄罗斯文学的编辑，另一位是第一次接触俄罗斯小说的校对员。校后质量检查结果：编辑校读的速度比校对员快，校对质量却比校对员差。个中原因其实很简单，就是因为编辑熟知俄罗斯文学，对校读材料反应敏捷，因而内部言语速度加快，眼音距相应扩大，字符形体就模糊不清，不少个体字符错讹在模糊的视线下蹓走了。上述试验告诉我们，有意识地控制内部言语的速度，缩短眼音距，增加对注视点的注视时间，是提高校对质量的有效方法。

校对是文字性、学识性很强的工作，又是技术性很强的工作，校对工作者不但要不断提高自己的文字和学识水平，还要掌握校对工作的技术规律，提高技术的熟练程度。这样，就可以相得益彰，把校对工作做得更好。

第四节　校对阅读的良好心理素质养成

阅读是一种心理活动过程，因而良好心理素质的养成，对于校对阅读十分重要。

校对阅读的良好心理素质有如下表现：

1. 耐得寂寞，心静如水，不急不躁，缓慢而匀速地阅读；

2. 专心致志，一字一符地阅读，一字一符地细辨；

3. 以猎错为快事，为拾补而陶然，全身心地沉浸在补漏改错之中。

一位资深校对员在题为《校对美》的论文里，这样描述自己在校对猎错过程中的内心体验：

客体（校样或原稿）上的一个错字、错符，对主体感官的刺激（丑的揭露），会引发主体的一丝窃喜；又一个刺激，又引发一丝窃喜……无数个小喜悦如一朵朵浪花，不停地、无序地冲击着校对的心扉，组合成伴随着校对过程始终的愉悦感。

读了这段文字，能不怦然心动。只有具备良好心理素质，全身心地沉浸于补漏改错之中，才会有这种喜悦浪花冲击和愉悦感的体验。这是校对工作者最可宝贵的心理素质。

那么，怎样才能养成校对阅读的良好心理素质呢？

一、增强责任感、使命感。

前面已经说了，校对阅读是以猎错改错为明确目的的阅读。校对阅读的这种目的性，是校对的职业责任和道德责任决定的。校对是图书编校质量的最后防线，其职责是把一切差错消灭在图书出版之前。图书作为文化信息载体，不但负有传播文化的现实任务，而且由于其超时空的内在特质，还负有传承文化的历史使命。所以，校对工作者不但要有现实责任感，而且要有历史使命感，不但要对当代读者负责，而且要对后代子孙负责。这种责任感和使命感，是养成良好心理素质的思想基础。在校对阅读过程中，有了强烈的责任感和使命感，就会自觉地调整心理状态，除却杂念，克服浮躁，认真阅读，口诵心惟，详察细辨，谨慎改错，从而做到"一字不略过，一字不妄改"。清代学者朱文藻这样形容校雠大家鲍廷博的校书情志："一编在手，废寝忘食，丹铅无已时。一字之疑，一行之缺，必博征以证之，广询以求之。"宋代大学者欧阳修晚年将生平著作一一订正，夫人见他太累了，劝阻说："何自苦如此，尚畏先生嗔耶？"欧阳修笑着说："不畏先生嗔，却怕后生笑。"为免"后生笑"而甘愿"自苦"。鲁迅当年曾为《三闲书屋校印书籍》拟过这样的广告词："本书屋……虚心绍介诚实译作，重金礼聘校对老手，宁可折本关门，决不偷工减料。"[1]这就是责任感和使命感。

没有责任感、使命感的人，把完成校对任务看做挣钱的手段，为了多挣钱而赶进度，必然心里浮躁，或者核红了事，或者一扫而过，以致造成错误百出的严重后果。从职业责任来讲，这是一种渎职行为；从职业道德来讲，这是一种道德丧失。

---

[1] 《鲁迅全集》，11卷，494页，北京，人民文学出版社，1981。

1983年《青年文摘》杂志社与中央电视台联合主办"五四青年智力竞赛",图为在中央电视台演播厅主持授奖仪式及文艺晚会。

二、培养敬业乐业情感。

要养成校对阅读的良好心理素质,除了增强责任感、使命感外,还要培养职业兴趣,使从事校对工作成为一种乐趣。

029

兴趣是人们积极探究某种事物的心理倾向。人们对某种事物产生了强烈的兴趣,就会产生内在驱动力,从而对该事物表现出积极探究、锲而不舍的追求。孔子早就认识到兴趣的导向和激励作用,他说:"知之者不如好之者,好之者不如乐之者。"

兴趣的表现形式,主要有物质兴趣、精神兴趣、社会兴趣等类型,我们探讨的职业兴趣属于社会兴趣范畴,即对某一社会工作的兴趣。职业兴趣是职业选择的重要依据,职业兴趣是热爱工作的重要动力,职业兴趣还是职业稳定的重要因素。校对职业是一种寂寞、枯燥、艰苦的职业,从事校对活动,需要耐得寂寞,忍受枯燥,不畏艰苦的心理品格。成年累月地面对原稿、校样,日复一日地比照校核,没有兴趣是很难坚持下去的。

职业兴趣的产生和发展,一般要经历三个阶段:

第一阶段是"有趣"。处于这一阶段的兴趣,常常与人们对某一职业的新奇感相联系，随着新奇感的消失，兴趣也会自然地消失。所以，有趣阶段的兴趣是不稳定的。

第二阶段是"乐趣"。经过第一阶段的沉淀，职业兴趣逐渐稳定下来，注意力能够长时期指向某一职业，因而积极学习业务，潜心掌握技能，表现出持久的积极性和主动性。

第三阶段是"志趣"。当乐趣与职业责任感、使命感结合起来时，乐趣便发展成为志趣。

志趣具有社会性、自觉性和方向性，对自己从事的职业有了志趣，就会产生极大的内驱力，从而表现出自觉性和创造性。校对工作者要把培养对校对事业的志趣，作为养成良好心理素质的目标。

三、训练自我克制的意志力。

人完全不受外界干扰是不可能的。尤其是在校对外部环境不好的情况下，校对工作者不可能不受到精神上的打击和物质上的利诱，做到"不以物喜，不以己悲"是很难的。排除干扰、敬业乐业的办法之一，就是训练自我克制的意志力。训练的方法有三：其一，通过意志努力将自己的心理指向限定在阅读目的中，坚持以猎错为目的的"点性"阅读方式；其二，不断用文字差错的危害警醒自己，避免回到习惯的"线性"阅读方式；其三，不断总结自己校对阅读的成功经验和失败教训，以巩固并完善校对阅读方式。

030

经过反复的自觉训练，就会掌握校对阅读的方法，如明代学者王守仁所云，"专心一志，口诵心惟，字字句句，绌绎反复"，从而有效地猎错灭错。

第四章　编校阅读思维之差异

　　思维是人类特有的一种精神活动，是从社会实践中产生的。由于编辑、校对社会实践的差异，如前所述阅读的对象、目的、方式、方法的不同，编辑和校对的阅读思维也表现出明显的差异。这种差异反映了编辑、校对各自的职业特性。

　　编辑审读书稿，目的是决定取舍，因而其思维表现出全面了解、综合评价和审慎选择的特征。整个审读过程，是了解、评价、选择、决策的过程。即在"了解"的基础上进行"评价"，通过"评价"进行"选择"，最后做出取舍决定。在了解、评价、选择过程中，注重点在宏观，即书稿的思想内容及其表现形式。从宏观上了解，从整体上评价，然后根据选择标准和读者需求，做出取舍的"选择"。编辑加工时的阅读，也重在"得意"，包括篇章布局的调整，段落的划分，思想观点、知识内容的斟酌，以及语言文字的修饰和润色，都需要了解文意、句意，也表现出了解、评价、选择的特征。

　　校对校读原稿和校样，有四项任务：其一，消灭排版错漏，保证原稿不错不漏地转换为印刷文本；其二，发现并改正原稿可能存在的错误；其三，检查版面格式，使之符合版式设计要求，同时弥补版式设计可能存在的疏漏或不足；其四，进行文字技术整理，防范排版造成的技术性差错，和多人交叉校对可能发生的体例格式不统一。这四项任务，都不涉及对书稿内容的全面把握和整体评价。校对工作的对象，是经过三审和加工的编辑发排文本，是已定书稿，可以说是"准出版物"。但是，这个发排文本还存在错漏，还存在技术性问题，因而还不具备付印出版的

031

完备条件。校对要做的就是为"已定稿"改错补漏，在"同"中猎"异"，在"是"中搜"非"，并进行文字技术整理，为书稿付印出版创造完备条件。这种特殊的阅读，要求校对者具有特殊的思维方式。因而，校对思维表现出逆向性、保真性、联想性、整体性的特征。

第一节　校对思维的逆向性

校对思维的特征之一是逆向性。这是校对活动的特殊性决定的。校对活动以原稿和校样为对象，以猎错改错为目的，因而必然从质疑开始至排疑告终，质疑是校对工作的切入点，无疑就无从进入猎错。当年子夏发现"形似易讹"规律，就是从"疑"开始的。

据《吕氏春秋·察传》记载：

子夏之晋，过卫，有读史者曰："晋师三豕涉河。"子夏曰："非也，是己亥也。夫三与己相近，豕与亥相似。"至晋问之，则曰晋师己亥涉河也。

子夏到晋国去，途经卫国，听到读史者说："晋师三豕涉河。"子夏立即生疑：晋国的军队为何赶着三头猪过河？史书记载这样的事情有何意义？他认为这是不可能发生的事情。经过仔细推察，子夏终于明白了："非也，是己亥也。"为什么不是"三豕"而是"己亥"呢？子夏首先考虑到，史书是记载史实的，通常要记述历史事件发生的年代。晋师涉河是晋国的重大军事活动，是重要历史事件，当然首先要记述涉河的年代。因此"三豕涉河"中的"三豕"应当是纪年。接着，子夏分析"三豕"二字的形体，发现"三豕"与"己亥"形体十分相似①，从而得出"非三豕""是己亥"的结论(晋国的军队是在己亥年渡河的)。他指出出错的原因是："夫三与己相近，豕与亥相似。"到了晋国询问有关官员，果然是"己亥涉河"。设疑—求证—改错，这就是子夏纠谬的思维过程。子夏在发现错误的过程中，逆向思维起着重要作用。

逆向思维对于做好现代校对工作的意义主要有二：

————————

① 先秦的文字通称大篆，三写作"三"，己写作"己"，豕写作"豕"，亥写作"亥"，三与己、豕与亥形体近似。

其一，编辑的主流思维需要校对的逆向思维来弥补其不足。常常听到编辑这样的感慨："这部书稿我反复审读加工多少次，自以为没有什么错误了，想不到校对员一看，就发现了错误。"编辑的"想不到"，正是编辑主流思维的"盲区"，即他与作者思路的相容和对作者写作错误的认同。这也是编辑发排文本存在错漏的必然性。钱锺书的《管锥编》，是著名编辑家周振甫担任责任编辑的。周先生在审读加工过程中，"重劳心力"，对书稿中的"失字破体，悉心雠正"，"援据未备者"，"逐处补阙"。钱先生翻阅了周先生的编定稿，感慨万端，当即致信周先生，盛赞其"千手千眼"。然而，《管锥编》出版后，还是存在 500 多处差错，这些差错就是从周先生"千眼"底下蹓走的，是周先生"想不到"的。我们不能因此而责备周先生，编辑主流思维的这种"想不到"是客观存在，可以说是不可避免的，因而需要一种逆向思维来弥补编辑主流思维的不足。

其二，逆向思维是"校是非"的探雷器。原稿中的"非"，不同于校样上的"异"，具有隐蔽性、模糊性、复杂性的特点，混迹于大量"是"的中间，似是而非，不易察觉。以汉语字词为例，有些字形体十分相似（如未末、幻幼、甲申、菅管），有些字读音相同（如练炼、象像、长常、涵缅），还有许多字词含义的区别很细微（如作做、采彩、度渡、记纪、消销），不认真辨析含义，往往是非混淆。许多错别字就是以其隐蔽性、模糊性、复杂性而深藏不露，犹如埋在地下的地雷。逆向思维就好比探雷器，引导校对主体探查疑点，"细辨乎一字之微"。只有如此，才能捕捉到隐蔽在字里行间的错别字。

校是非，不但要提倡多疑，更要提倡善疑，善疑才能提高猎错的准确率。而要做到善疑，必须具备如下两个条件：第一，掌握语言文字的出错规律，培养猎错的职业敏感。《校仇学史》一书特别强调这一条。作者指出："然即有精密之方法，若不悉古书致误之由，则亦无所施其技。"[①]洞悉"致误之由"，探索出错规律，历来是校雠理论与实践研究的重大课题。

早在西汉，校雠大家刘向就已经在校雠实践中，认识到书面语言发

033

---

①　蒋元卿：《校仇学史》，5 页，上海，上海书店，1991。

生错误存在着客观的规律性。他在《尚书古文经》五十八篇书录中指出："古文或以见为典，以陶为阴，如此类多。"①所指当系因形似而致误。又在《列子》八篇书录中指出："或字误以尽为进，以贤为形，如此者众。"②所指当系因音近而致误。还在《战国策》三十三篇书录中指出："本字多误脱为半字，以赵（趙）为肖，以齐（齊）为立，如此字者多。"③所指当系字形残缺而致误。他说的"如此类多""如此者众""如此字者多"，就是多发性文字错误，就是文字使用出错的规律。汉以后，历代校雠家日益自觉地探索文字使用出错的规律。唐代校雠家陆德明撰于陈朝的《经典释文》卷首《条例》中，对经和注出现文字使用错误的原因作了比较系统的概括。宋代校雠家彭叔夏将文字使用出错规律归纳为十类四十五子目。清代校雠家王念孙对文字使用出错规律的总结，达到前无古人的水平，他在《读书杂志·淮南内篇》后序中列举了"误例六十二事"，即 62 条出错规律。其后，校雠家俞樾又在王念孙的基础上增加了误例，形成 88 条出错规律。古代校雠家从校雠实践中总结出来的文字使用出错规律，为后代校雠活动提供了武器，对现代校对实践仍有指导意义。

现代的书面材料，包括原稿和校样，除了与古代传抄翻刻的出错规律相同或近似外，还有因为使用计算机写作、排版、改排、制版而发生错误的新规律。掌握了原稿和校样的出错规律，就会增强猎错的职业敏感，提高猎错的效率和准确率。

四、增强语言文字功力，扩大知识积累。

辨别是非是高智能工作。发现语言文字错误要依赖校对主体的语言文字功力；发现其他错误要依靠校对主体的知识储备和学识水平。《校雠广义·校勘编》指出："校勘主要是纠正书面语言的错误，所以成就突出者，大抵得力于语言学知识的丰富精深。"④段玉裁则强调指出："识不到则或指瑜为瑕，而疵颣更甚。"⑤语言文字功力和学识水平是"校是非"的前提条件。清代校雠大家顾广圻校书，由于博学广识、校勘精细，在校雠界有很高的声誉。余嘉锡这样评价顾广圻的校勘活动：

---

①②③　姚振宗：《快阁师石山房丛书·七略别录佚文》。

④　程千帆、徐有富：《校雠广义·校勘编》，333 页，济南，齐鲁书社，1998。

⑤　《经韵楼集》卷八《重刊明道二年国语序》。

千里（顾广圻的字）读书极博，凡经史、小学、天算、舆地、九流、百家、诗文、词曲之学，无所不通。于古今制度沿革、名物变迁，以及著述体例、文章利病，莫不心知其意。故而能穷其要旨，观其汇通。每校一书，先衡之以本书之词例，次征之于他书所引用，复决之以考据之是非。一事也，数书互见，此书误，参之他书，而得其不误者焉。一语也，各家并用，此篇误，参之他篇，而得其不误者焉。文字、音韵、训诂，则求之于经。典章、官制、地理，则考之于史。于是近刻本之误、宋元刊本之误，以及从来写本之误，罔不轩豁呈露，了然于心目，跃然于纸上。①

寥寥数语，一位博览群书、学识渊博、善疑精校的大家形象跃然于纸上。

校对主体的逆向思维，是校对猎错灭错的客观需要。现代出版物中存在着十个类型差错：（1）文字错误；（2）词语错误；（3）语法错误；（4）数字使用差错；（5）标点符号使用差错；（6）量和单位使用差错；（7）版面格式错误；（8）事实性错误；（9）知识性错误；（10）政治性错误。这10类差错归纳起来是三个方面：（1）至（6）是语言文字方面；（7）是版面格式方面；（8）至（10）是思想内容方面。② 要快捷而准确地发现并改正上述三个方面十个类型的错误，必须依托深厚的语言文字功底，广博的知识积累，相当的思想政治水平，以及对版面格式的了然于心。

第二节　校对思维的保真性

校对思维特征之二是保真性。这也是校对工作的性质决定的。校对工作的首要任务是"保真"，即保证作者的创造性劳动成果准确无误、完整无缺地转换为印刷文本。因此，"遵循原稿"，"忠实原稿"，应该是现代校对必须恪守的基本原则。

"保真"（古代校雠学称作"存真"）是古代校雠的优良传统。唐代校雠家颜师古在《汉书注·叙例》中这样叙述他的校勘工作：

---

① 余嘉锡：《论学杂著》，下册，黄顾遗书序。
② 参见《图书校对工作基本规程》，中国出版工作者协会2004年10月12日发布。

《汉书》旧文，多有古字，解说之后，屡经迁易。后人习读，以意刊改，传写既多，弥更浅俗。今则曲核古本，归其真正，一往难识者，皆从而识之。

古今异言，方俗殊语，末学肤受，或未能通，意存所疑，辄就增损，流遁忘返，秽滥实多。今皆删削，克复其旧。

颜师古在这里提出古籍校勘的一条原则：归其真正，克复其旧。

清代校雠家段玉裁在《与诸同志论校书之难》中，以更加明确、更加形象的语言重申颜师古提出的原则，他说："校经之法，必以贾还贾，以孔还孔，以陆还陆，以杜还杜，以郑还郑。"贾指贾公彦，孔指孔颖达，陆指陆德明，杜指杜预，郑指郑玄。贾、孔、陆、杜、郑都是先儒，他们当年注经所依据的底本是接近原著本来面目的本子，所以后代校书必须还贾、还孔、还陆、还杜、还郑。这样，才能"归其真正"，"克复其旧"。

现代校对所依据的"底本"，就是编辑发排文本，即作者的原创作品，经编辑审读加工的定稿本。校对活动不同于编辑活动，无须对原稿做出评价，也无须对原稿系统加工，而是依据原稿核对校样，改正校样上与原稿不符的字符。这其实就是"归其真正，克复其旧"。遵循原稿，忠实原稿，是现代校对的基本原则，也是现代校对的思维方式。现代校对的首要任务，就是保证作者的作品准确无误、完整无缺地转换为印刷文本。鲁迅强调校对时一定要对照原稿。原稿是作者创造性劳动的结晶，又凝聚着编辑的劳动和智慧。原稿是出版物的基础。校对首先要对原稿负责。鲁迅曾经对校对"以意改"原稿提出严厉的批评。他在给沈雁冰的信中谈及此事指出："初校送来，却颇干净，错误似不多，但我们是对原稿的，因此发现印刷局的校员，可怕之至，他于觉得错误处，大抵以意改令通顺，并不查对原稿，所以有时有天渊之别……"①

我们强调"保真"，不是否定"校是非"，"保真"与"校是非"两者并不是矛盾的。"保真"是基础，在"保真"的基础上"校是非"，进一步发挥校对主体的主观能动性，发现并改正原稿的错漏，从而使原稿更趋完美。我们反对的，正是颜师古批评的"以意刊改"，"意存所疑，辄就增损"。所以，不但要"善疑"，还要"多思"，更要"慎改"，"改必有据"。有了疑

---

① 《鲁迅全集》，13卷，420页，北京，人民文学出版社，1981。

问，要反复思考，反复查证，确有把握才动手改错。

不但在原稿整体上要"保真"，在改正原稿错漏时也要"保真"，即保持作者的创作思路，尊重作者的写作风格，做到"字易而意留"。颜师古批评的"以意刊改"，就是违反了上述原则，一味按照自己的思路、自己的表达方式去修改作者的作品。这样的修改，必然会改变原作的思路和风格，甚至改得面目全非。这种强加于作者的做法，不仅校对不可为，编辑也不可为。举例说：

> 通过宣传教育，使他终于改邪归正，走上了正道。

这个句子主语残缺了，"通过宣传教育"是介宾短语，不能做主语。改的方法是删去"使"，让"他"做主语，句子的错误就改正了。删去一个字，改正了句法错误，原意完整地保留下来，这就是"字易而意留"。假如不这样改，而是推倒重来，自己重新造一个句子，就可能改变作者的本意，所以是不可取的。是校对工作不可为的。

有位校对员将校对活动比喻为"拾与补"，提出"小拾小补不厌烦，大拾大补敢承担，拾补贵在心要细，安悉杂务自陶然"[①]的自我修养目标。这个比喻正是对"保真思维"的形象描写。所谓拾与补，即拾遗补缺，弥补作者和编辑的疏漏。表面看，是对局部甚至是个别错漏的拾补，从整体看，却是对编辑工作的完善。错漏的性质有大小之分，因而拾补也有大小之分。小拾小补，如字号大小不协调，图表位置有偏正，文图、文表不衔接，正文注码与注文序码不一致，似乎都无关紧要，但这类小错小漏多了，就会影响全书的质量。所以不能因小拾小补而不为。大拾大补，如事实性错误，知识性错误，政治性错误，往往一两处错误就会影响全书质量，当然要尽力去拾去补。可见无论是小拾小补还是大拾大补，都关系着全书的质量。所以，贵在安心拾补，细心拾补。

037

---

① 孙旭明：《拾与补》，《校对的学问（三编）》，杭州，浙江人民出版社、浙江教育出版社，2004。

第三节 校对思维的联想性

校对思维的第三个特征是联想性。这还是校对工作的性质决定的。校对的四种基本方法，前三种方法都是以"对比"为基本特征的。对校法的特征是，以原稿对比校样；本校法的特征是，以本书后文对比前文；他校法的特征是，以他书对比本书。都强调"对比"，从对比中发现错漏，从对比中寻求正误补漏的依据。从思维角度讲，要对比就必须联想。

校对联想主要有如下表现形式：

1. 看校样联想原稿

无论采用什么校对方法，改错补漏的直接依据是原稿。正如前引顾广圻校书通则：先衡之以本书之词例，次征之于他书所引用，复决之以考据之是非。通读校样时发现了疑点，首先要联想原稿，从原稿中寻找排疑改错的依据。从原稿中找不到答案，才去查找他书。

2. 看后文联想前文，看注文联想正文，看图表联想正文。

前后互证是本校法的基本特征。所谓前后互证，是说一本书的内容前后是有联系的，文气前后是贯通的。书中通常都有注释，或者指示引文出处，或者对正文作补充说明。图表与正文的关系更是密切，是正文的延续或补充。因此，前后内容不能矛盾，前后文气必须贯通，文与注、文与图、文与表必须关联、衔接。如果前后矛盾，文气不贯，文注矛盾，文图、文表脱离，就可能存在错讹。

3. 看本书联想他书。

他校法是校是非的重要方法之一，有了疑问，在原稿上找不到排疑答案，就得从他书中寻找答案。书中的引文，必须与引文原文完全一致，述文中夹有的引文，所引文字必须与原文一致，意思也不能走样。校对时有了疑问，必须查对被引原文。所以，校本书联想他书是校对思维特征之一。

4. 看本书联想国家的相关规范、标准、法规、政策。

判断是非有一个重要依据，那就是国家的规范、标准、法规、政策，凡是与国家的规范、标准、法规、政策相悖的，都是错误的。

5. 看文字联想形似字、音同字、义近字、义连字、义反字。

形似易讹，音同易讹，义近易讹，义连易讹，义反易讹，是汉文字使用出错的五条基本规律。因此，发现文字疑点，首先要联想到这五条规律，然后一一比照，审形析义，排查错讹。

6. 看因联想果，看果联想因

汉语有许多句子的内在联系表现为因果关系，例如：

A. 只有消除杂念，才能专心致志。

B. 只有在校对实践上刻苦学习，才能不断提高自身的素质。

C. 如果不打破行业垄断，就会影响社会主义市场经济的最终建立。

A 句前件是"因"，后件是"果"。B 句中前件是"条件"，后件是"结果"。C 句中前件是"理由"，后件是"推断"。如果有前件无后件，或者前件与后件不搭配，句子就可能存在错误。

7. 看概念联想概念关系

文章里面有许多概念，概念之间存在某种关系，如同一关系，属种关系，交叉关系，矛盾关系，反对关系，概念的误用常常表现为关系上出现问题。比如：

A. 他们看的色情刊物，大多数是从书摊或旧书摊上买来的。

B. 这些艺术团演出的剧目有昆剧《牡丹亭》……以及中国古典和民族、民间乐曲等。

C. 青年人要经风雨、见世面，在实践中锻炼成长。我也坚持这样做，每天不避风雨，参加体育锻炼，从不间歇。

A 句中的"书摊"和"旧书摊"之间是属种关系，是不能并列的。B 句中的"中国民族乐曲"和"中国民间乐曲"是交叉关系，也是不能并列的。C 句里的两个"锻炼"和"风雨"，不是同一关系。前一个"锻炼"与"风雨"，是指在艰苦的环境中锻炼思想、意志、品格；后一个"锻炼"与"风雨"，是指在自然的风中雨中锻炼身体增强体质。两个非同一关系的概念，也是不能并列的。

从上述分析可知，校对的联想思维是发散性的，又是有明确目的的定向性的。这种定向的发散联想，由此及彼，举一反三，有助于校对主体猎错改错效率的提高，还有助于校对主体自身素质的提高。

一位校对员在一篇论文中这样描述自己在校对活动的联想：

"……李白的诗篇、凡·高的画作、贝多芬的乐章、王羲之的书法、托尔斯泰的小说，就不仅仅是一定'数量'的文字、色彩、乐符、线条在一定'秩序'中的组合，在这一'组合'中必然还充盈着李白的豪放、凡·高的疯狂、贝多芬的沉郁、王羲之的俊逸、托尔斯泰的仁慈……"校对主体读到"李白的豪放"，会有"钟鼓馔玉何足贵，但愿长醉不愿醒"的诗句闪过；读到"凡·高的疯狂"，会有"凡·高37岁死于精神病自杀"的故事联想；读到"贝多芬的沉郁"，会有《命运交响曲》从太空飘来；读到"王羲之的俊逸"，会浮现书圣的清新隽秀的行草；读到"托尔斯泰的仁慈"，会想到他的"泛爱"信仰。①

这种快速联想，可能瞬间即逝，但是，却可以帮助校对主体迅速对文中"李白的豪放、凡·高的疯狂、贝多芬的沉郁、王羲之的俊逸、托尔斯泰的仁慈"作出肯定的判断。

另一位校对员在一篇论文中，这样叙说在校对实践中遇到"风"字时的一系列联想：

对于一个词的理解，有时必须深入到每一个词素，对构词的词素理解了，才能真正把握整个词的含义，并有可能触类旁通。如成语"风马牛不相及"，比喻两者毫不相干，意思虽然明白，却不知其所以然。有一次，在一本书里看到将"风"解释为"雌雄相诱"，我突然有了联想，动物雌雄之间是通过特殊气味相互吸引的，而这种气味又是通过"风"做中介的，于是引申出"雌雄相诱"的含义。"风马牛"的"风"就是"雌雄相诱"的气味，但是马与牛不是同种的动物，即使"风"也是不可能成为配偶的。所以说"风马牛不相及"。如此举一反三，与男女两性相关的词总带着"风"，诸如"风流""风情""风骚""争风吃醋""风花雪月"，就可以理解了。②

校对主体的这种"突然联想"，其实也是一种职业敏感，是因"多疑"良久而爆发出来的，引爆的因素可能是偶然的，一旦有了诱因就会爆发却是必然的。校对主体在长期校对实践中，积累了许多疑问，也积累了许多知识，加之长期习惯"对比"，自然会产生"闪过""飘来""浮现"等突发性联想。

---

① 程浩：《无原稿校对艺术探索》，《校对的学问（三编）》，杭州，浙江人民出版社、浙江教育出版社，2004。

② 孙旭明：《拾与补》，《校对的学问（三编）》，杭州，浙江人民出版社、浙江教育出版社，2004。

第四节 校对思维的整体性

校对思维的第四个特征是整体性。这同样是校对工作的性质决定的。一本书作为一个整体，有整体性要求，如：版面格式全书必须统一；正文字体字号(除特别标注变换字体字号者外)、同级标题的字体字号全书必须统一；目录上的标题和页码与正文的标题和页码必须一致；同一人物、同一地方、同一事物的名称全书必须一致；异形词的选用、数字的用法全书必须统一；书名页上的相关信息记录必须齐全；插图形象与文字说明必须相符；文与图、文与表必须衔接，其内容必须一致；等等。这些"统一""一致""相符""衔接"，是校对工作者必须具备的"整体"意识。

现代校对实行集体交叉的校对方式，每个校对者都只承担一个校次或部分篇章的校对任务，由于各人处理差错的标准不会完全一致，由于分散交叉校对造成的各自为战，由于相互依赖的心理作用，容易发生"不统一""不一致""不齐全""不相符""不衔接"的问题，以致造成不应该出现的差错。因此，校对思维的整体性尤为重要。

校对是一种创造性劳动，要求校对人员立足于图书的整体，对图书的任何一个环节、任何一种因素，都要认真地检验和查核，运用整体思维同校样对话，力求全书内容和版面格式的整体统一。

校对思维的整体性的具体表现如下：

(一)对联想注入"整体性"意识，把"统一""一致""齐全""相符""衔接"等等作为联想的内容；

(二)每个校次完成后，都要认真做好文字技术整理工作，以实现全书的"整体性"要求；

(三)如果负责校对的是全书的部分篇章，则要有全书是一个"整体"的意识，虽然做的是局部工作，但必须关注全书的"整体性"要求，并按照"整体性"要求做好局部统一的工作；

(四)责任校对要树立对全书校对质量负责的观念，把实现全书"统一""一致""齐全""相符""衔接"等等"整体性"要求，作为自己工作的重点，并且做好最后的全书文字技术整理工作。

不统一、不一致、不齐全、不相符、不衔接的情况是经常发生的，以致成为图书编校质量检查的重要内容。发生这种情况的原因是多方面

041

的，在编辑加工过程中可能发生这种情况，在校对过程中也可能发生这种情况。因此，收到初校样后，必须先检查原稿及校样是否齐全，版面格式是否符合设计要求，目的就是防范编辑加工过程出现的"不统一、不一致、不齐全、不相符、不衔接"。发现了这种情况，立即同责任编辑一起查明原因，采取补救措施。优秀的校对员都有强烈的整体意识，他们在校对过程中总是通观全局，瞻前顾后，从而使书稿的内容准确而完整地转换为印刷文本，同时又完全符合版面格式的设计要求。

第五章　编校心理素质要求的差异

　　编辑和校对是两种不同的专业，对从业人员的心理素质要求，存在着明显的差异。

　　编辑职业对编辑心理素质的要求，通常用"静如处子，动如脱兔"来形容。这是因为编辑的职责有两大项：策划选题，审读加工。策划选题，必须广搜信息，了解市场，这就得"走得出去"。而审读加工，必须静下心来，专心致志，这又要"坐得下来"。坐下来审读加工，要"静如处子"；走出去搜集信息，则要"动如脱兔"。走不出去，坐不下来，都不适合做编辑工作。

043

　　图书出版正在走向市场化，适应市场、影响市场日益成为图书出版的圭臬。德国出版业有句名言：将合适作者的合适作品，在合适的时间推向合适的市场。这"四个合适"，可谓德国图书策划艺术的高度概括。

　　这就是说，编辑选题策划有两个核心要求：第一是市场需求。图书是精神消费对象，而精神消费需求是多元的、变化的。不同性别、不同年龄、不同职业、不同文化程度乃至不同时期、不同季节，精神消费需求是不同的，还有各种特殊兴趣、爱好群体，各有不同的特殊的精神消费需求。编辑两眼不能一味盯着畅销书，而必须调查研究精神消费市场的现状，了解社会、经济、文化、教育发展对社会精神消费需求的影响，了解不同读者群体的精神消费需求，掌握精神消费需求的走向和发展趋势。第二是作者创作动态。包括文学创作动态，各科学术研究动态，社会、经济发展对科学技术发展的要求，还要掌握国外创作和出版动态。要想对社会精神需求和作者创作动态了然于胸，必须走得出去，眼观六路，耳听八方，信息灵通。坐在编辑室里"守株待兔"，或者跟着市场赶潮趋热，都是做不好编辑工作的。

校对职业对校对员心理素质要求，完全不同于编辑，可以用"耐得寂寞，心静如水"来形容。近代学者叶德辉用"独居无俚（俚，聊赖）"来形容校书人生活的寂寞。校书人成天面对原稿和校样，逐字逐句地阅读，一字一符地比勘，在密密麻麻的字丛中猎错查漏，要耐得"独居无俚"的寂寞，要忍受单调和枯燥。所以，叶德辉强调校书人要"习静养心"。

校对工作是一项需要稳定注意的工作，又是一项单调、枯燥的容易发生注意分散的工作。如果校书人心理自控能力不强，一旦心理起伏动摇，校对注意就会涣散，甚至感觉器官瞬间麻木，视线方向与内心注意指向分离，导致视而不见。

古代贤哲认为："静则得之，躁则失之。"只有心静如水，才能"细辨乎一字之微"。而要达到心静如水的境界是不容易的，必须真正做到"除烦断欲"的思想净化。

本章着重研究校对工作者在参与校对活动过程中，知觉、注意、思维、情绪等心理过程是怎样进行的，发挥着何种作用，良好心理素质对校对工作有着怎样的影响，进而研究在校对实践中怎样养成良好心理素质。

第一节　校对活动过程知觉心理的作用

知觉是大脑对客观事物的整体形象和表面联系的心理过程的反映。知觉和感觉一样，都是当前客观事物的直接反映，是人的社会实践活动的具体产物。但是，知觉和感觉反映的具体内容是有区别的。感觉是人脑对客观事物个别属性（如颜色、声音、气味等）的反映，通过感觉可以获得事物的个别属性的知识；知觉则不同，它反映的不是事物的孤立属性或部分，而是事物的整体，事物的意义。知觉是在感觉的基础上形成的，比感觉复杂、完整，是对感觉信息的整合。

知觉过程有两个显著的特点是：知觉的整体性，知觉的选择性。

知觉的整体性，是指人在过去经验的基础上把由多种属性构成的事物知觉为一个统一的整体的特性。心理学认为：物理属性（强度、大小、形状)相似的对象容易知觉为一个整体；凡客体具有连续、对称、闭合和共同运动方向等特点，都有较大组合的趋势，容易知觉为一个整体。如下图所示：

图(A)中 7 根直线空间距离接近的两根易被知觉为一个整体；(B)中的直线排列与(A)相同，由于闭合因素的作用，而被知觉为一根直线和三个正方形。可见，知觉的整体性直接依赖于客体的特点；知觉的整体性还依赖于知觉者本身的主观状态。当刺激物提供的信息不充足时，知觉者总是以过去的知识经验补充当前的知觉活动，使其形成具有一定结构的整体形象。知觉的整体性在人的认识活动中有重要作用。正是由于人的知觉具有整体性，人们对物对人的知觉才有完整的知觉印象。人们阅读书面材料，不必逐字逐词的感知，即可大致感知整句的内容，甚至一目十行的扫视，即可感知整段的内容，所谓窥一斑而知全貌。这正是知觉的整体性的作用。

知觉的整体性特点，使人们反应敏捷，阅读迅速。但是，对校对活动来讲，知觉的这一特点却往往产生负面影响。校对活动的基本特征是"同"中猎"异"，"是"中搜"非"，要求明察相似对象的细微差别。这与知觉的整体性无疑是相悖的。因此，校对者必须改变整体感知的通常阅读习惯，而采取切割式的"点性阅读"方式。

形似致讹、音同致讹、义近致讹是汉字使用出错的三条主要规律，其共同特点是相似：形体近似而义不同，读音相同而义迥异，含义接近但有差别。例如：

形体近似——己已巳，千干，儿几，么幺，未来，沽估，沾玷，抔杯，灸炙，茸葺，奕弈，茌荏苒，即既，侯候，第第，赝赝，擘擎；

读音相同——练炼，度渡，采彩，坐座，井阱，炷柱，萃粹，涣焕，倍备，泄泻，冽洌，袒坦，振震，品味品位，的地得(作结构助词时都读 de)；

含义接近——象像相，作做，依倚，辞词，长常，消销，必须必需，吸取汲取，化妆化装，通讯通信，暴发爆发，交纳缴纳，以至以致，截至截止。

如果不改变整体感知的阅读习惯，这些"相似"就可能因感知整体、感知轮廓，不能分辨其形异、义异，而陷入整体知觉的误区。

知觉的选择性，是指知觉总是有选择地把少数刺激物作为知觉对象，并把它们组成一个整体，对它们知觉得格外清晰，而对同时起作用的其余刺激物则反映得模糊。知觉的这一特性，被心理学家称为"最简单原则"。就像一个聪明而顽皮的孩子，喜欢走捷径。如下图所示：

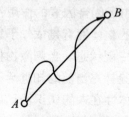

知觉的选择性示意图

因为知觉的这种"最简单原则"，人们能够以最简单、最快捷的方式来感知外界刺激，按照自己的期望和背景去感知外界事物，从而使知觉更具目的性。但是，也正是知觉的这种特性，常常使知觉发生错误。比如，在校对过程中，碰到形体近似或含义接近的错别字，往往本能地把它们改造(选择)为符合自己所期待的正字，因而以误为不误。

知觉和一切事物一样，都存在两面性：积极作用和消极作用。我们认识了知觉的这种特征，就要通过自觉的努力，发挥它的积极作用，避免或抑制它的消极作用，从而提高校对工作的效率，保证校对工作的质量。

在校对过程中，尤其是校异同时，要尽量采用切割式的点性阅读方式，把字、词、词组作为校读单位，在"细辨乎一字之微"上下工夫。比如：

心无旁骛

出奇致胜

山东荷泽

即来之则安之

"心无旁骛"中的"骛"乃"鹜"之误；"出奇致胜"中的"致"乃"制"之误；"山东荷泽"中的"荷"乃"菏"之误；"即来之则安之"中的"即"乃"既"之误。

鹜与骛，荷与菏，形体近似，读音相同；致与制，读音相同，且"致"的"达到"义与"制"的"取得"义比较接近；即与既，形体和读音都近似。要发现并改正上述四个错别字，必须辨形析义，匆匆扫视轮廓，肯定会让它们蹓走的。

但是，对于词语错误、语法错误、逻辑错误，却又必须发挥知觉的整体性的作用，分析句子的整体含意，必要时还要联系上下文综合思考。例如：

也就是因了这个情结，在她近半个多世纪的生涯里，一直把中国当作毕生关怀的贴己事情，一直萦绕于怀，为之牵肠挂肚……

这个句子里，没有错别字。以字词为单位校读，发现不了什么错误。但是，从整体上分析，却存在三处错误："近半个多世纪"犯了逻辑错误，因为"近半个世纪"表达的是"不到半个世纪"，而"半个多世纪"表达的是"超过半个世纪"，两者是矛盾的，只能取其一；"把中国当作……事情"存在语法错误，"中国"与"事情"搭配不起来，应该改作"把中国的事情当作……事情"；"贴己"用词不当，因为"贴己"的含义是"亲密，亲近"，应该改作"自己"。

十几年来，足迹踏遍 15 个省的 200 多个县，测量、摄影、分析、研究的古建筑物达 2 000 余处。

切割开来检查，足迹、踏遍、测量、摄影、分析、研究、古建筑、文物，都没有错误。但从整体上分析，却存在着多处错误。首先，这个句子缺主语，"足迹"不能做主语，必须点明谁的足迹。其次，"足迹"与"踏遍"不搭配，因为"足迹"即脚印，脚印怎么"踏遍"？再次，"摄影"是不及物动词，后面不能带宾语。这个句子可以改作："十几年来，他的足迹遍布（或：他的双脚踏遍）15 个省的 200 多个县，测量、拍摄、分析、研究的古建筑物达 2 000 余处。"

那是一个寒风料峭的冬日，我们身上穿着大衣，还冷得不断用口中热气哈手。

这个句子也没有错别字，但从整体上分析，却会发现"料峭"用词不当。料峭，义为"微寒"，只能用来形容初春的乍暖还寒，形容冬天的寒风应该用"凛冽"。

他这个月收入 2 500 元，比上个月增加了 500 元，增加了 20%。

　　这个句子也没有错别字，却存在语法错误：数量表达混乱。从整体上分析可知，"他这个月收入2 500元，比上个月增加了500元"，那么上个月的收入应为2 000元。这个月增加了500元，同上个月比较，增加了四分之一，即增加了25%，而不是20%。

　　我当下就知道是亦东了，我很情绪化，一刹那觉得此人太发烧了，居然自己找上门。

　　这个句子也没有错别字，错在"很情绪化"。"情绪"是名词，名词加"化"就变为动词，表示"化为……"的意思。但"情绪"不能"化"，不能说"化为情绪"。用"很"修饰"情绪"也是不当的。可以改作"很激动"或"很冲动"。

　　所以，在校是非过程中，一方面要坚持切割式阅读，以搜猎字符错误；另一方面在发现疑点时又要倒回来重读，重读时则要从整体分析句意，必要时还要联系上下句乃至分析段意。通读检查校样时，则要改变切割式阅读，以句子为阅读单位，而且要注重理解句意、文意。

　　知觉的选择性对校对也有积极作用。许多校对员在校对实践中，将常见错别字收集起来，整理成为"常见别字表"，化为知觉的"最简单原则"，在校对过程中主动地有目的地"对照"猎错，对常见别字特别敏感，常会收到奇效。

第二节　校对活动过程注意心理的作用

　　校对者在校对过程中，屏气静心地校读，专心致志地比照，聚精会神地猎错。从心理学上讲，这"屏气静心""专心致志""聚精会神"就是"注意"。

　　注意是心理活动对一定对象的指向和集中。所谓一定对象，是指注意的范围；所谓指向，是指心理活动对一定对象的选择；所谓集中，是指心理活动对选择的对象维持指向的紧张度。就是说，注意不仅是有选择地指向一定对象，离开其余的对象，而且要维持这种指向，抑制无关刺激，使心理活动持续并且深入下去。注意是一切心理活动的共同特性，是心理活动的一种积极状态和必备条件，没有注意的参加，不可能产生认识过程。注意是一切心理活动的开端、因素和终点，伴随着心理活动全过程。

在校对活动过程中，注意心理有哪些作用呢？主要作用有二：其一，注意心理的指向性，使校对心理活动具有明确的方向性，从而避开或抑制无关刺激，始终专注于猎错；其二，在紧张注意的情况下，校对者会沉浸于他所注意的对象，表现出强烈的抗干扰性，从而提高校对工作的效率。明确的方向和沉浸于对象，是做好校对工作的两个基本条件。只有这样，才能自觉抵制干扰，保持校对主体的始终专注。

运用注意心理的规律，对做好校对工作意义重大。那么，在校对实践中应当怎样运用注意心理的规律呢？

（一）明确选择对象，合理分配注意

在图书编校过程中，编辑审读和校对猎错的心理指向是有区别的。编辑的指向是书稿的整体，注意书稿的思想内容、内在价值、表现形式和写作风格，通过综合分析，对书稿做出整体评价。校对无须对书稿做出整体评价，因为经过三审已经定稿，校对环节的任务是发现并改正书稿和校样中的差错，因而注意的是局部差错，主要是字词错误，旁及其他的差错。正因为如此，编校不能合一，而必须分工，合一违反注意心理规律。

049

校对活动的特殊性，决定它要把字、词、词组、标点符号、数字、量和单位以及版面格式等作为注意的对象。但并不是绝对的，随着校对工作的进展和校对功能的转换，校对注意的范围必须相应改变，这叫做"注意分配"。

校对有两个功能：一是校异同，一是校是非。校异同以"比照"为主要手段，强调将原稿与校样逐字逐符地比照，搜索校样上与原稿的"异"，从而消灭录排差错，保证原稿不错、不漏地转换为印刷文本。实现校异同的功能，必须将注意的对象锁定在一字一符上，明察字符的细微差别，注意的范围越小越好。因此，以字符为单位的点校，是校异同的基本功。校是非的目标是原稿本身的差错，除文字错误外，还有词语错误、语法错误、逻辑错误、事实性错误、知识性错误、政治性错误，发现这些错误，必须进行综合分析，注意的范围就得相应扩大，扩大到句子、段落，如果存在政治倾向错误或思想导向性错误，还得进行更大范围的注意和分析。所以，在校对活动的不同阶段，要做好"注意分配"，从而实现校对的不同功能。但是，话还得说回来，即使是校是非，仍然跟编辑的审读加工有质的区别，它的注意相对而言还是局部。绝不能将校对的注意与编辑的注意混同，混同了就失去校对独立存在的意义，就模糊了编校的职责分工，而不利于发挥校对不可替代的独特作用。

电子书稿的校对，在二、三校时，即使采用通读校法，仍然要坚持缩小注意范围，以字、词、词组为对象，以消灭错别字为主要任务。错别字的问题基本上解决之后，才能将注意范围逐渐扩大，关注其他方面的差错。在校对过程中，不分阶段，眉毛胡子一把抓，往往顾此失彼，难以全面实现校对的功能。

(二)防范注意分散，维持校对注意的稳定性

注意的稳定性，是指注意长时间地保持在某种事物或某种活动上，其标志是活动在某一阶段时间内的高效率。这是注意在时间上的特征。

人在感知某种事物时，很难使注意长时间地保持稳定。心理学家做过这样的实验：

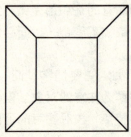

在几分钟之内注视截去尖端的棱锥体图形，就可看到，时而顶端(小方形)向着我们，时而底部(大方形)向着我们，无论怎样竭力稳定自己的注意，也无济于事。在不长的时间里，两个方形的相互位置跳跃式地变更着。注意的这种周期性地加强或减弱的变化，称为注意的起伏。[①] 但是，通过人的知觉、思维、想象等积极的心理活动，是可以防范注意的起伏而维持注意的稳定的。仍以上述图形为例，如果把它想象为一个有实物意义的图形，例如想象为一个台座(立体图形，大方形为底座，小方形为顶座)，想象为一个空房间(平面图形，大方形为房子面积，小方形

---

① 参见《心理学原理》第七章第三节，哈尔滨，黑龙江人民出版社，1986。

为房里隔间），那么，一个不变的图形就将被维持住，注意的起伏就会消失。由此可见，注意的稳定性与注意主体的状态密切相关。如果主体有明确的目的性、高度的责任感、浓厚的兴趣、坚强的意志和健全的体魄，就容易保持注意的稳定。

同注意的稳定相反的是注意的分散。注意的分散，是离开正在从事的工作而被无关的事物所吸引，导致"心猿意马"、"驰心旁骛"。导致注意的分散，主要是无关刺激的干扰和单调的、机械的刺激的长期作用。

校对工作是一项需要稳定注意的工作，又是一项单调、枯燥容易发生注意分散的工作，一旦心理活动起伏动摇，校对注意就容易涣散，甚至感觉器官瞬间麻木，视线方向与内心注意指向分离，出现视而不见的现象。因此，防范注意分散，维持注意稳定，是校对心理学研究的重要课题。

防范注意分散，维持注意稳定，要从多方面着手。

例如：

——从校对主体自身修养着手，提高对校对工作意义的认识，增强校对职业责任感，培养热爱校对工作的志趣，在校对实践中保持良好的心态。这样，敬业乐业，全身心地投入，就可以抵制无关刺激的干扰。

——运用自我提醒和自我鞭策，特别是在需要加强注意的关头，提醒自己不要分心，鞭策自己专心致志。一旦发生注意分散，立即命令自己收回放心。自我提醒和自我鞭策对稳定注意有着重要作用。

——张弛有度、劳逸结合，妥善安排校对工作，把握工作节奏，避免长时间的、单调机械的刺激带来的心理疲劳。每校读一个小时，起身活动活动，转移注意指向，放松紧张的神经，然后再接着工作。这样做，有利于消除心理疲劳，防范注意分散，提高校对工作效率。

——运用注意分配，在校对过程中把机械比照、分析字词、查检工具书、改正错误交叉进行，在保持注意指向的前提下，灵活分配注意，从而避免长期重复的单调刺激。而且，通过这种注意分配，对校对客体中的错讹有了理性认识，既改正了错误，又增长了知识，还培养了兴趣，可谓一举而三得。

——校对部门的管理者，要研究校对心理学，按照心理活动规律组织校对活动。比如，科学确定校对定额，因人分配校对任务，创造校对的安静环境，组织校对经验交流，组织难点、疑点问题讨论，关心校对人员的生活，等等。

(三)运用无意注意规律，提高校对灭错的效率

无意注意又称不随意注意，它是无预定目的、无需任何意志努力的注意。

引起和维持无意注意有客观刺激和主观状态两个方面的原因：

其一，客观刺激。客观刺激是引发无意注意的客观原因。客观刺激与无意注意的关系有如下五个特点：

1. 刺激物强度越大，无意注意就越明显。

2. 刺激物之间在形状、大小、颜色、声音等方面的差异形成鲜明对比时，容易引起人们的无意注意。

3. 活动的、变化的刺激物容易引起无意注意。

4. 刺激作用的开始与终止，容易引起无意注意。

5. 新异的刺激物，容易引起无意注意。

其二，主观状态。人的主观状态是引发无意注意的主观原因。人的主观状态的内涵有如下四个方面：

1. 人的需要、兴趣和态度。当时迫切需要又有直接兴趣的事物，容易引起无意注意。

2. 人的情绪和精神状态是引起与维持无意注意的重要原因。人的心情舒畅时，许多平时不易引起注意的事物也能引起注意；反之，心情抑郁时，平时能引起注意的事物也不易引起注意。人的精神饱满时，容易对新鲜事物发生注意；反之，过度疲劳时，即使是新异刺激也不易引起注意。

3. 无意注意的引起与维持，与一个人已有的知识经验有着很大的关系。知识经验丰富的人，能够"见微知著"；反之，没有知识经验的人，就缺乏这种思维敏感。

4. 人对一定对象的期待，也会引起并维持无意注意。

校对工作要求专心致志，外界刺激引发的无意注意，无疑会产生一定程度的干扰，使校对者瞬间分心。但是，事物都是一分为二的，如果善于运用上述引发和维持无意注意的规律，可以收到增强校对兴趣、提高校对效率的效果。一位校对员在校对《学创造》时，读到"瑞利是法国著

名物理学家，1940 年获诺贝尔物理学奖"，因为过去不知道"瑞利"，产生了新奇感，便停下来查检《辞海》，了解"瑞利"生平，结果意外地发现瑞利是 1904 年而不是 1940 年获诺贝尔奖的，纠正了原稿的一处错误。

许多有经验的校对员，在校书之前先了解本书有几级标题，并将各级标题的字体、字号、占行、位置写在一张纸上，压在桌面玻璃板底下，由于有了这种"经验"，不符合版式设计要求的标题很容易引发他的无意注意。有些校对科室将标点符号和数字用法的国家标准和常见错别字正误表，张贴在墙上醒目的地方，这样一种特殊环境，有利于强化校对员的责任意识，引发校对员对常见差错的无意注意。

(四)运用有意注意规律，减少注意的分散

有意注意又称随意注意，它是有预定的目的、在必要时还须作一定意志努力的注意。

有意注意有两个显著的特征：一个是目的性，注意什么是由预先提出的任务来决定的；另一个是意志性，为了实现既定目的，必须做出一定的意志努力，从而排除干扰、克复困难。校对是以灭错为目的的工作，目标明确但工作枯燥，特别需要有意注意。

有意注意是意志的表现，是一种主动的注意，意志的注意。引起和保持有意注意的主观条件有三：

其一，对活动目的任务的理解和合理的组织。有意注意是服从任务的注意，因而对任务的重要性理解得越清楚、越深刻，完成任务的愿望越强烈，与目的任务有关的事物就越能引起注意，就越能集中并保持注意。在明确目的任务的前提下，合理地组织好活动，使所做的一切服从于当前的任务，直接有助于注意的集中。

其二，稳定的间接兴趣，即对目的和活动结果的兴趣。有意注意有个性的特点，它不可能离开个性本身而形成。其中稳定的间接兴趣，即对目的和活动结果的兴趣，对保持有意注意有很大的作用。

其三，抗干扰的意志努力。前面说过，有意注意是经过意志努力而产生的，还需意志努力来保持。当人们发生有意注意时，可能遇到外界刺激物(如无关的声音和视觉刺激物)的干扰，也可能遇到主观状态(如不良情绪、疲劳、疾病及杂念)的干扰。因此，必须创造良好的客观环境，调整个人的心态，保持身心健康。

校对活动的组织者和参与者，都要努力创造上述主观条件。

校对组织者，在校对管理过程中要坚持以人为本，提高校对人员对校对活动目的和任务的认识，增强他们对校对工作的兴趣，充分肯定他们保障图书质量的特殊贡献，维护他们的正当权益。同时，要关心校对人员的生活和健康，科学地确定校对工作定额，合理地安排工作、学习和休息，创造安静、光亮的校对工作环境。这样做，有利于校对人员注意集中和注意稳定。

校对参与者，要把自己的工作同图书质量保障乃至社会主义精神文明建设联系起来，树立对读者负责、对社会负责、对历史负责的理念，培养对校对工作目的和结果的兴趣，从而耐得寂寞，以苦为乐，自觉地排除干扰，保持良好心境，专心致志地做好校对工作。

在校对实践中，还可采取下列措施保持注意集中：

——提出较高的自我要求，强化对结果负责的意识；

——经常提出"必须注意"，进行自我提醒；

——不断设疑提问，并努力通过查证、推理排疑；

——边校边学，校学相长；

——合理安排工作和休息，避免身心疲劳。

心理学告诉我们：注意明显地受个性倾向的制约，表现出个体注意的个性差异。

校对活动是一种集体活动，其表现就是在校对过程的集体交叉。参与集体交叉校对活动的主体群，是个性不同的集合体，包括性格的不同、兴趣的不同、经验的不同和知识结构的不同，这些不同制约着不同主体的注意。比如校对主体中的作者和编辑，由于对书稿的总体把握、对相关知识的熟悉，对书稿整体注意优于校对员；又由于知觉的定式而对个体差错的注意劣于校对员。校对人员队伍里，有的善于比照，对书稿与校样的异同特别敏感；有的心细如丝，对校样上版面格式的统一与规范特别敏感；有的知识积累厚实，思维活跃，善疑多思，校是非的能力较强。校对主体群注意的个性差异，为组织集体交叉校对创造了条件。校对组织者要善于因人制宜地安排校对任务，让对异同敏感的承担一校、二校任务，让善疑多思的负责三校或通读检查，让心细如丝的担任文字技术整理。这样做，有利于各个校对主体的注意集中，从而发挥集体交叉校对的优势。

如果不尊重校对主体注意的个性差异，不加区别地安排校对任务，比如推行编校合一，一人包揽三个校次，让个性浮躁的人做文字技术整理，让知识面狭窄、不善设疑排疑的人承担通读检查任务，其结果肯定是不好的，校对质量肯定是没有保证的。

第三节　校对活动过程情绪心理的作用

情绪是人对客观事物是否符合其需要所产生的态度的体验。

情绪同认识过程一样，也是客观事物在人脑中的反映过程，总是指向于一定的事物，没有任何对象的情绪是不存在的。人的情绪与人的需要有着必然的联系。王充在《论衡》中指出："凡人之有喜怒也，有求得与不得，得则喜，不得则怒。"说的就是人的需要是情绪产生的主观原因。情绪具有两极性的特征：当客观事物满足人的需要时，人就会体验到愉快、满意等情绪；反之，当客观事物不能满足人的需要时，人就会体验到苦恼、不满意等情绪。

情绪的两极性，在人的精神状态上表现为积极性和消极性两个方面。积极性是一种增力情绪，其表现是精神饱满，干劲十足；消极性是一种减力情绪，其表现是萎靡不振，心灰意冷。积极的情绪是人的心理活动形成和发展的内在力量，是提高实践活动效率的重要动力；消极的情绪是人的认识活动的能力发展的阻力，是降低实践活动效率的主观因素。

校对工作的性质，要求校对人员保持稳定的良好心境，心静如水，心平气和，只有这样才能进入校对角色，发现并改正原稿和校样上的各种差错，在枯燥乏味的校对工作中，获得适乐的内心体验。这就给校对心理学研究提出如下课题：如何调动情绪的积极性，克服情绪的消极性？发生了消极情绪如何使消极情绪向积极情绪转化？

引起校对情绪的因素是多方面的，有客观因素，也有主观因素。

社会生活条件是引起情绪的根本因素。社会重视校对工作，肯定校对工作的价值，关心校对人才的成长，校对劳动的创造作用得到社会的认同，校对人员就会产生成就的体验，这种体验较长时间地对校对活动感染上一种满意和愉悦的情绪色彩，从而使校对人员保持良好的心境；

1984 年 5 月在《青年文摘》编辑部。

反之，社会轻视校对工作，诸如认为"校对是简单劳动"，"校对不创造财富"，否认校对劳动的创造作用，校对人员缺乏良好的工作条件，遭受不公正的待遇，就会心灰意冷，难以心平气和地工作。

由于市场竞争激烈，许多出版社不断增加出书数量，不断缩短出书周期，编辑疲于奔命，心理浮躁，审读加工粗放，导致原稿差错增多。校对人员超负荷劳心劳力，因而产生焦急、浮躁乃至厌倦情绪，其结果又造成"无错不成书"。这样，又导致校对人员心理负担加重，也难以心平气和地工作。

校对人员对校对工作的重要意义认识不足，或者认为做校对低人一等，或者把做校对作为谋生手段，因而自己看不起自己的工作，产生不了乐趣，消极地应付工作，遇到外部刺激，或者遇到困难和挫折，缺乏意志抵抗力，因而发生情绪波动。

分析了引起情绪波动的客观的和主观的因素，就可以采取针对性、启发性的心理引导。

首先要为校对工作营造良好的社会环境。国家出版管理部门和出版单位的领导班子，要十分重视校对工作，充分肯定校对在图书出版工作中的作用，引导校对人员提高对校对工作重要意义的认识，关心校对人员的生活、工作和学习，保障他们的正当权益；同时，科学地、合理地确定校对工作定额，避免校对人员的过度疲劳；并且建立激励机制，对校对人员的工作业绩，尤其是发现原稿重大错误，给予必要的精神的和物质的奖励，激励他们在校对活动中发挥主动性和创造性。

校对工作者要加强自我修养，提高对校对工作意义的认识，热爱校对工作，树立对读者负责、对社会负责、对历史负责的现代校对理念，培养耐得寂寞、不畏艰苦、埋头苦干的意志品格。有了这样的崇高的理念和坚强的意志，就能够自觉地抵制外部的种种干扰，保持良好的心境和积极的情绪。

耐心、静心、适心是我国校对的优良传统，也是现代校对职业的崇高境界。这"三心"是相连而递进的，相连的根是"忠心"，即忠于作者、忠于读者、忠于社会。清末学者朱一新在《无邪堂答问》（卷二）中，对历代校雠家的品格有这样一段评价："大抵为此学者，于己甚劳，而为人则甚忠。竭毕生之精力，皆以供后人之提携，为惠大矣。"正是这种"为人甚忠"的崇高品格，使他们远离名利，澄清心志，消除浮躁，进入耐心、静心境界，"竭毕生之精力"为后人提供善本，同时也从自己的成就中获得愉悦，从而进入适心境界。现代校对工作者应当学习古代校雠家的崇高品格，增强对作者负责、对读者负责、对社会负责、对历史负责的社会责任感和历史使命感，始终以饱满而积极的情绪参与校对活动，创造性地施展自己的才能，从而进入耐心、静心、适心的境界。

第六章　两类错误与两种功能

第一节　无心之误与有心之误

书面材料中的错误，可以分为两类：无心之误与有心之误。

"无心之误"、"有心之误"两个概念，是现代史学家陈垣提出来的。他在《校勘学释例》一书的《自序》中写道：

> 余以元本及诸本校补沈刻《元典章》，凡得谬误一万三千余条，其间无心之误半，有心之误亦半。

陈垣先生没有对"无心之误"和"有心之误"的含义做出具体解释，但分析他在书中列举的误例可知："无心之误"指校刻者疏忽造成的错误，例如条目讹为子目，非目录误为目录，误连上文，空字误连，因同字而脱字，重文符号误为二字等。"有心之误"指校刻者妄改造成的错误，例如用后起字易元代字，用后代语改元代语，不谙元时年代而误，不谙元时人名、地名、部族、物名、专名、官名、体制而误等。

陈垣在书中特别批评"妄改"。他指出："一时代有一时代所用之专名，校书者对于本书时代所用之专名，必须有相当之认识，此《方言》《释名》所由作也。"他举了一个典型误例："腹里"为元代专名，谓中书省所统山东西、河北之地也。沈刻本既误为"肠里"，又误为"服里"。为什么会将"腹里"误作"肠里"、"服里"？"腹"误作"肠"，因两字形似；"腹"误作"服"，因两字音同。但根本原因是校刻者不知"腹里"是元代的专名，知识欠缺而又过于自信，以致改不误为误。陈垣还指出："凡一代常用之语言，未必即为异代所常用，故恒有当时极通用之语言，易代或不知为何物，亦校者所当注意也。"他举"他每"和"您"二词为例：

元代"他每""人每"之"每"字，其用与今之"们"字同，而沈刻《元典章》辄改为"每每"，是不知"每"之用与"们"同也。

"您"是元时第二人称之多数，蒙古汗对大臣恒用之。《元秘史》单数称"你"，多数称"您"。今沈刻《元典章》辄改"您"为"你"，非当时语意。

陈垣所举两个误例，虽然有些特别，但很有借鉴意义。

现代的书面材料，同样存在"无心之误"和"有心之误"两类错误。

现代书面材料中的"无心之误"，是作者、编者疏忽或笔误造成的。现代计算机录字排版过程发生的错误，也属"无心之误"，是由于拆字失误、击键错位、指令失误等技术性原因所致。"无心之误"，错误比较明显，因而比较容易发现，现代校对学称作"显性错误"。

现代书面材料中的"有心之误"，是写作主体自以为是造成的，包括作者错写和校订者、编辑妄改。这类错误，往往似是而非，难以发现，现代校对学称作"隐性错误"。

现今古籍校订书稿中，因妄改造成的错误常见。妄改的原因主要是校订者以今义理解古义，以今字妄改古字。

例如：某古籍有"中国诸侯"句，校订者用"中国"今义来理解"中国"古义。妄改为"国中诸侯"。"中国"在古汉语里是个多义词：(1)我国专称。上古时代华夏族建国于黄河流域一带，以为居天下之中，遂称"中国"，而把中原以外地区称为"四方"。"中国"后来成为我国的专称。(2)指春秋战国时中原各诸侯国，后泛指中原地区，也指中原地区的人；(3)还指京师。《诗·大雅·民劳》："惠此中国，以绥四方。"诗句中的"中国"指的是京师。可见"中国诸侯"当指中原各诸侯国，改为"国中诸侯"是错误的。

又如：某古籍有"人言公之畔，陛下必不信"句，校订者以为"畔"是别字，挥笔改为"叛"。畔字古有二义：做名词用含义是"边"；做动词中含义通"叛"。这个"畔"字是叛的通假字，不是别字。

再如：某古籍有"於戏！吾不为也"句，校订者以为"於"已简化作"于"，遂将"於戏"改为"于戏"。殊不知，"於戏"即"呜呼"，音义皆同。

上举三例中的错误，都是校订者自以为是造成的，都是"有心之误"。

现代原创作品中，"有心之误"更为常见，有因误解字词含义而用字用词错误，有因望文生义而错用成语、惯用语，有因语法、逻辑修养不足所致语法、逻辑错误，有因不谙标点符号和数字、量和单位用法标准而致误，还有事实性、知识性、政治性错误。

编辑妄改的情况也经常发生，其原因正如清代学者段玉裁所说的，"识不到则或指瑜为瑕"。因此，编辑发排文本（原稿），既可能存在编辑认同或漏改的作者写作错误，也可能存在编辑妄改造成的错误，即改不误为误。这些错误，都是"有心之误"。

现代作者多用计算机写作，他们交给编辑的不再是手写书稿，而是电子书稿，或者是一块磁盘，或者通过电子邮件发送到编辑的电脑里。书稿介质的这种变化，导致编辑工作方式的改变。编辑通常将电子书稿打印出来进行加工修改。编辑的发排文本，无须拣字排版，只须对照编辑在打印稿上的加工，对电子书稿进行局部修改。如果编辑直接在电脑上对电子书稿进行加工修改，则只须按照版式设计要求进行版式转换。因此，不会发生因拣字排版造成的"无心之误"（改版时可能会错改、漏改，但错漏数量有限）。这样一来，校样上"无心之误"减少了，而"有心之误"则大大增加。校样上的"有心之误"，是从原稿复制过来的，若与原稿对照校核，是发现不了的，因为两者同而无异。这就势必给校对工作带来新的问题。

第二节　校异同与校是非

校对有两个功能：一曰校异同，二曰校是非。

校对功能的这两个概念，是现代校对学者从古代校雠学移植过来的。将校雠的功能概括为"校异同、校是非"的，是清代校雠家段玉裁。①

何谓校异同？段玉裁说："照本改字，不讹不漏。"

何谓校是非？段玉裁说："定本子之是非。""校书之难，非照本改字，不讹不漏之难也；定其是非之难。是非有二：曰底本之是非，曰立说之是非。""何谓底本？著书者稿本是也。何谓立说？著书者所言之义理是也。"

---

① 段玉裁：《与诸同志论校书之难》。

　　段玉裁说得很明白："校异同"解决的传抄传刻的错误，主要是"无心之误"。解决的方法是将不同抄本或刻本对照，发现诸本相异之处，则"择善而从之"。"校是非"则不同，它解决的是原著本身的错误，包括原作错误和后代校订者妄改造成的错误，是"有心之误"。

　　现代的校异同，是指将校样与编辑发排文本(通称"原稿")对照校核，发现了校样上与原稿相"异"之处，即以原稿为依据修改校样，使校样上的字符跟原稿完全"同"，从而保证原稿不错、不漏地转换成印刷文本。

　　现代校是非，是指发现并改正原稿本身的错误，包括作者写作错误而编辑漏改的或认同的，以及编辑改不误为误的。既校异同，又校是非，才能将一切差错消灭在图书出版之前，从而使书稿具备印制出版的完备条件。

　　编辑发排文本有错误，是客观存在，几乎是普遍存在的。

　　请看校对员在校样上发现的原稿错误：

　　体现在作品中的情蕴和旨趣，与它所处的时代出现了明显的干格。

　　"干格"是"扞格"之误。"扞格"的含义是：相互抵触，格格不入。"干格"无解。

　　《洛神赋图》……《历代名画记》中载西晋明帝司马昭作有此图。

　　司马昭是三国时代的人物，且西晋并无"明帝"，作《洛神赋图》的是东晋明帝司马绍。作者把东晋和西晋、司马绍和司马昭搞混了。

　　零下40度的酷寒，寒流压得温度计里那根细细的水银柱一个劲地矮下去。

　　"零下40度"当作"零下40摄氏度"(或"-40℃")。水银的凝固点是-38.87℃，气温降到-40℃，"那根细细的水银柱"早已凝固了，"矮"不下去了。

　　伊犁哈萨克自治州内有208条河，其中额尔齐斯河、额敏河、伊犁河是外流河。

　　额敏河和伊犁河都不是外流河。外流河指"流往海洋的河"，额敏河和伊犁河都不流向海洋，而是流往国外。作者显然没有弄明白"外流河"概念。

　　革命是千万人民群众长期奋斗的事业，决非少数人一朝一夕可以完成。

句中的"决非"当作"绝非"。决、绝二字都可以用在否定词前面，但含义有细微的差别。"决"用否定词前面，表示不容怀疑、不可动摇，含有主观成分；"绝"用否定词前面，表示排除任何可能性，含有客观判断的意思。"绝非少数人一朝一夕可以完成"，表示的正是对事物的客观判断。

5个句子都存在错误，但错误的性质不同，涉及的知识领域不同。1、5涉及语言文字知识，2涉及古代史知识，3涉及自然科学知识，4涉及地理知识。这些错误都是"有心之误"。

下面4个句子分别摘自三位知名人物的著作和一部辞典，都存在知识性错误。

"七子"之一的广州湾（今广州）是1899年被法国强行租借的。

《广州湾租借条约》中的"广州湾"并非广州，而是湛江港，"广州湾"是湛江港的旧称。

敦煌藏经洞发现前八十天，八国联军侵占北京，火烧圆明园，中国文明刚刚蒙受奇耻大辱。

火烧圆明园发生在八国联军侵占北京之前40年，即1860年，是英法联军的罪行。

苏秦和张仪，一个主张连横，一个主张合纵，他们是同时活动的对手。

苏秦的主张是"合纵"，张仪的主张是"连横"，两人并不是同时活动的对手。

斗：星名，即北斗。《诗》："维北有斗，不可以挹酒浆。"

"斗"是星名，但不是"北斗"的专名，二十八星宿中的"斗宿"（俗称"南斗"），也简称"斗"。例如苏轼《前赤壁赋》："月出东山之上，徘徊于斗牛之间。"句中的"斗"即"斗宿"。上引书证《诗》中的"维北有斗"指的正是"斗宿"。上引诗有两句：维北有斗，不可以挹酒浆；维南有箕，不可以簸扬。斗即斗宿，箕即箕宿，它们同在人马座，斗偏北，箕偏南，所以说"维北有斗""维南有箕"。作者显然望文生义，以为"维北有斗"说的就是"北斗"。

这4例错误也都是"有心之误"，都是作者写作错误而编辑认同、校对失检而留在书上的。

上述种种错误，都是作者的"有心之误"，表现在原稿和校样上，是"同"的，用"校异同"的方法是发现不了的，只有进行是非判断，才能发现并纠正这些错误。

2007年8月，新闻出版总署组织检查教辅读物的编校质量，发现两类错误都很突出。一类是明显的错别字，例如"七弦琴"错作"七玄琴"，"轿车"错作"桥车"，"人生苦短"错作"人生若短"，"武王伐纣"错作"纣王代纣"。这类错误就是前面说的"显性错误"，是录排失误造成的，用校异同的方法不难发现和改正。另一类错误就不同了，例如语言失范，答非所问，单项选择题有两个符合题意的答案，原稿本身就错了。校样上的这类错误是从原稿复制过来的，只有校是非，通过是非判断才能发现和改正。

在铅排时代，手写书稿都须通过拣字排版，再打出校样。因为拣字排版容易发生错漏，而且差错率常常高达 20/10000 以上，"校异同"就显得特别重要。校对必须通过"校异同"，发现并改正拣字排版错漏，从而保证原稿不错、不漏地转换成印刷文本。因此，"对原稿负责"就成了校对的首要任务。

如今的电子书稿，无须重新拣字排版，可以直接进行版式转换，编辑发排文本与传统的"原稿"有了很大的不同。现代的编辑发排文本和校样的异同，有点类似传统的一校退改样和改后打印的二校样，两者的"异"即编辑用红笔在打印稿上的修改，只须用"核红"的方法，就可以把"异"（改版时的漏改和错改）猎获。其他的错误，都是以"同"（校样与原稿同）的形式隐藏在字里行间的。

《图书校对工作基本规程》这样分析现在的原稿和校样：

现在，……多数作者交给编辑的不再是手写书稿，而是一块磁盘，磁盘打印稿将传统的原稿与校样合二而一了，也将录排差错与写作差错合二而一了。编辑在磁盘打印稿上加工，排版人员根据编辑的加工修改磁盘稿，再按照版式设计要求进行版式转换，打印出来就是校样。这个校样除编辑加工修改部分以外，与磁盘稿并无二致。因此，样校上可能存在5类差错：（1）作者录入差错；（2）作者写作差错；（3）编辑错改；（4）排版人员修改磁盘稿时的漏改、错改；（5）版式转换过程可能发生的内容丢失和错乱。这5类差错除第4类、第5类差错可以用核红、对校方法发现外，均以是非形式隐藏在校样的字里行间。校对主体实际上是进行"无原稿校对"操作，通过是非判断发现差错。

《图书校对工作基本规程》还指出：现代校是非，有 5 个方面的任务：(1)发现并改正常见错别字；(2)发现并改正违反语言文字、标点符号、数字、量和单位等使用的国家规范标准的错误；(3)发现并改正违反语法规则和逻辑规律的错误；(4)发现并改正事实性、知识性和政治性错误；(5)做好版面格式规范统一的工作。这 5 个方面的错误，都是"有心之误"，都是用机械比照发现不了的差错。

校对客体的上述变化，对校对提出了新的要求：校对工作也必须与时俱进，重新进行校对功能定位。《图书校对工作基本规程》在分析校对客体的变化之后提出："校是非"上升为校对的主要功能。

校样上"无心之误"与"有心之误"的此消彼长，是写作方式、编辑加工方式和出版方式变化的必然结果，校对方式如果不跟着改变，仍然坚守"以校异同为主"和"对原稿负责"的信条，图书成品差错必然大幅度增多。所以，校对功能必须调整，向以"校是非"为主发展；校对理念必须转变，树立"对读者负责、对社会负责"的新理念。

第三节　"死校"与"活校"

何谓"死校"？何谓"活校"？近代学者叶德辉是这样解释的[①]：

"死校者，据此本以校彼本，一行几字，钩乙如其书，一点一画，照录而不改。虽有误字必存原文。"

"活校者，以群书所引改其误字，补其阙文。又或错举他刻，择善而从，别为丛书，板归一式。"

"死校"是机械校法，"以此本校彼本"，"一点一画，照录而不改"。事物总是一分为二的。"死校"的存在有其合理性，因为此法容易发现错漏，又可找到改错补漏的直接依据。但是它的缺点也是很明显的：校者不掺己见，不负责任，往往导致以讹传讹。

---

① 叶德辉：《藏书十约·校勘》，转引自程千帆、徐有富：《校雠广义·校勘编》，381 页，济南，齐鲁书社，1998。

"活校""以群书所引"，"择善而从"，改正错讹，从而避免以讹传讹。

在中国校雠史上，实践"活校"的第一人是孔子的学生子夏。子夏"活校"的历史记载，本书第四章已经详述，故此处从略。

在古籍校勘中，运用活校法纠正以讹传讹的例子很多。下面略举几例：

例1.《魏书·卢玄传》：卿等欲言，便无相疑难。（中华书局1974年点校本）

有的学者觉得这个句子语气不通顺，便查他书，查到《北史·卢玄传》和《册府元龟》卷一五六，原来是："卿等欲言便言，无相疑难。"意思是说：你们有话便说，不要互相疑难。补一个"言"字，改一下断句，语气就通顺了。

例2.《搜神记》中《李寄》一文有一段文字，许多注释本是这样的：

将乐县李延，家有六女，无有一男。其小女名寄，应募欲行，父母不听。寄曰："父母无相！惟生六女，无有一男，虽有如无。女无缇萦济父母之功，既不能供养，徒费衣食，生无所益，不如早死。卖寄之身，可得少钱，以供父母，岂不善耶？"

文中的"父母无相"，注释者多注"父母没有福气（福相）"。依照这个注释，李寄的性格形象就很矛盾。说她孝顺父母吧，她竟责骂"父母无相"，"无有一男"；说她不孝吧，她却能卖身供养父母。后来有些学者从《太平广记》引《法苑珠林》中查到，原来"相"字后面还有一个"留"字，"父母无相"原作"父母无相留"。补上一个"留"字，一个孝女的形象就活现在我们面前。李寄"应募（卖身为婢）欲行"，父母不让她走，她就劝说父母"不要留我"（父母无相留），女儿没有"缇萦济父母之功"，"卖寄之身，可得少钱，以供父母，岂不善耶？"

例3. 唐代诗人杜牧的名篇《寄扬州韩绰判官》：

青山隐隐水迢迢，秋尽江南草木凋。

二十四桥明月夜，玉人何处教吹箫？

引自《全唐诗》。青山远水，明月夜箫，多么动人的扬州风貌！然而，那"秋尽江南草木凋"却大煞风景。有学者疑"草木凋"有误，便查他书，原来"木"字是"未"字之误。该句应作"秋尽江南草未凋"。虽然秋尽江南，扬州依然草木葱茏。这样便与青山、远水、明月、夜箫构成一幅完美的

065

画卷。

例 4. 清代学者王念孙校改《战国策·触詟说赵太后》,可谓活校的典型。《触詟说赵太后》原文如下:

> 赵太后新用事,秦急攻之。赵氏求救于齐,齐曰:"必以长安君为质,兵乃出。"太后不肯,大臣强谏,太后谓左右:"有复言令长安君为质者,老妇必唾其面。"左师触詟愿见,太后盛气而揖之。

王念孙认为,文中上句"有复言"与下句"左师触詟愿见"文气不贯。他认为下句应为"左师触龙言愿见",才能跟上句的"复言"呼应。他推断:"触詟"是"触龙言"之误,龙言错合作"詟"。1973 年长沙马王堆汉墓出土的帛书《战国纵横家》上,分明写作"左师触龙言愿见",证实了王念孙的推理判断。

清代校雠家段玉裁主张先正底本,后断是非。"正底本"即改正传抄传刻错漏,恢复原著的真貌;"断是非"即改正原著中的错讹和后代校者的妄改。他说:"不先正底本则多诬古人;而不断是非则误今人。""正底本"必须"死校";"断是非"则必须"活校"。"正底本"与"断是非"相结合,"死校"与"活校"相结合,才是校雠学的真经。

现代校对更需推行"死校"与"活校"相结合。现代的"死校",就是将校样跟原稿比照,发现两者异同,然后以原稿为依据,将校样上跟原稿不同的地方一一改正,使校样跟原稿完全相同。现代的"活校",就是脱离原稿通读校样,发现原稿本身存在的错误,使原稿更加完善。

"活校"也存在一定程度的危险性,有可能改不误为误,造成新的错误。因妄改而致误的例子,在我国古代校雠史是不少的。韩愈的儿子韩昶改"金根车"为"金银车",早已成为校雠史上的笑话:"崔豹《古今注》云:'金根车,秦制也。阅三代之舆服,谓殷得瑞山车,一曰金根',故因作为金根之车。秦乃增饰而乘御,汉因不改。《晋舆服志》载金根车,天子亲耕所乘,置末耜于轼上,乃知是车盖耕车也⋯⋯韩昶为集贤校理,史传中有说金根车处,皆臆断之曰:'岂其误欤?必金银车也。'悉改'根'为'银'⋯⋯昶,文公之子也,而不知古,抑又可叹。"所以,"活校"必须"慎改",坚持"改必有据"的原则。

第七章　语言文字出错类型及原因

校对的对象有二：一是编辑发排文本，通称"原稿"；二是依据原稿录排(或将电子书稿进行版式转换)打印出来的样张，通称"校样"。本章借用古代校雠学的概念，将原稿和校样统称为"书面材料"。

书面材料出错有十个类型：

(一)文字差错；　　　　　　　(六)量和单位使用错误；

(二)词语错误；　　　　　　　(七)版面格式差错；

(三)语法、逻辑错误；　　　　(八)事实性错误；

(四)标点符号使用错误；　　　(九)知识性错误；

(五)数字使用错误；　　　　　(十)政治性错误。

这十个类型可以分为三个方面：(一)至(六)为语言文字方面，(七)为版面格式方面，(八)(九)(十)为思想内容方面。这些差错又往往产生交叉效应。例如：有的文字差错实质上是知识错误，或者造成知识错误；有的文字差错会酿成政治错误。本章集中论述语言文字差错类型及出错原因。

第一节　文字差错

文字差错主要有：错字、别字、漏字、多字、错简、错繁、使用异体字、使用旧字形。

出错频率最高、对图书质量影响最大的是错字和别字。

错字和别字，是两个不同的概念。

错字：像字但不是字叫做错字。如：

正　　鼻　　聚　　霞　　步

错　　鼻　　聚　　霞　　步

别字：是字但用在此处不当，即此处当用甲字却误用了乙字，这乙字叫做别字。

通常说的错别字，主要指别字。别字是编校工作的重点防范对象。

2006 年，《咬文嚼字》编辑部组织专家审读了约 3 000 种图书、1 000 种期刊、100 种报纸，整理出"最常见的 100 个别字"[①]。

这 100 个别字，都是规范汉字，但都用错了，而且经常用错，所以具有典型意义。分析这 100 个别字，可以找到错用别字的主要原因：

我对这 100 个别字进行了初步分析，找到错用别字的四个原因。

第一个原因：没有掌握汉字简化的规范。

100 个别字里，有 5 个是没有掌握简化字规范而造成的：

1."重叠"错作"重迭"。

2."天翻地覆"错作"天翻地复"。

068

① 100 个最常见的别字是：1. 按（安）装　2. 甘败（拜）下风　3. 自抱（暴）自弃　4. 针贬（砭）　5. 泊（舶）来品　6. 脉博（搏）　7. 松驰（弛）　8. 一愁（筹）莫展　9. 穿（川）流不息　10. 精萃（粹）　11. 重迭（叠）　12. 渡（度）假村　13. 防（妨）碍　14. 幅（辐）射　15. 一幅（副）对联　16. 天翻地复（覆）　17. 言简意骇（赅）　18. 气慨（概）　19. 一股（鼓）作气　20. 悬梁刺骨（股）　21. 粗旷（犷）　22. 食不裹（果）腹　23. 震憾（撼）　24. 凑和（合）　25. 侯（候）车室　26. 迫不急（及）待　27. 既（即）使　28. 一如继（既）往　29. 草管（菅）人命　30. 娇（矫）揉造作　31. 挖墙角（脚）　32. 一诺千斤（金）　33. 不径（胫）而走　34. 峻（竣）工　35. 不落巢（窠）白　36. 烩（脍）炙人口　37. 打腊（蜡）　38. 死皮癞（赖）脸　39. 兰（蓝）天白云　40. 鼎立（力）相助　41. 再接再励（厉）　42. 老俩（两）口　43. 黄粱（粱）美梦　44. 了（瞭）望　45. 水笼（龙）头　46. 杀戳（戮）　47. 痉孪（挛）　48. 美仑（轮）美奂　49. 罗（啰）唆　50. 蛛丝蚂（马）迹　51. 萎糜（靡）不振　52. 沉缅（湎）　53. 名（明）信片　54. 默（墨）守成规　55. 大姆（拇）指　56. 沤（呕）心沥血　57. 凭（平）添　58. 出奇（其）不意　59. 修茸（葺）　60. 亲（青）睐　61. 磐（罄）竹难书　62. 入场卷（券）　63. 声名雀（鹊）起　64. 发韧（轫）　65. 搔（瘙）痒症　66. 欣尝（赏）　67. 谈笑风声（生）　68. 人情事（世）故　69. 有持（恃）无恐　70. 额首（手）称庆　71. 追朔（溯）　72. 鬼鬼祟祟（祟祟）　73. 金榜提（题）名　74. 走头（投）无路　75. 趋之若骛（鹜）　76. 迁徒（徙）　77. 洁白无暇（瑕）　78. 九宵（霄）　79. 渲（宣）泄　80. 寒喧（暄）　81. 弦（旋）律　82. 膺（赝）品　83. 不能自己（已）　84. 尤（犹）如　85. 竭泽而鱼（渔）　86. 滥芋（竽）充数　87. 世外桃园（源）　88. 脏（赃）款　89. 醮（蘸）水　90. 蜇（蛰）伏　91. 装祯（帧）　92. 饮鸠（鸩）止渴　93. 坐阵（镇）　94. 旁证（征）博引　95. 灸（炙）手可热　96. 九洲（州）　97. 床第（笫）之私　98. 姿（恣）意妄为　99. 编篡（纂）　100. 做（坐）月子。

3．"啰唆"错作"罗唆"。

1986 年重新发表的《简化字总表》恢复使用 4 个曾被简化的字：像、叠、覆、囉不再作象、迭、复、罗的繁体字处理，囉类推简化作"啰"。这样，叠和迭、覆和复、囉和罗又是含义不同的字。

叠，义为"一层又一层"，表示的是空间的上下关系；迭，义为"一次又一次"，表示的是时间的先后关系。重叠的意思是"上下相加"，只能用"叠"不能用"迭"。

覆，义为"倾倒"；复是"復"和"複"的简化字，义为"往复(復)""重复(複)"；"天翻地覆"即天地倾倒，形容变化极大，只能用"覆"不能用"复"。

囉，本是语助词，用在句末，表示肯定语气，如"你尽管放心囉!"后跟"唆"组成"囉唆"，表示言语繁复。囉恢复使用后，类推简化作"啰"。

4．"蓝天白云"错作"兰天白云"

兰，是"蘭"的简化字，不是"藍"的简化字，"藍"的简化字是蓝，属于类推简化，即将下半部的"监"简化作"监"。

5．"瞭望"错作"了望"

1986 年重新公布的《简化字总表》第一表注⑦：瞭，读 liǎo(了解)时仍简作"了"，读 liào(瞭望)时不简化。

从上述 5 例错简实例可知，所谓没有掌握汉字简化的规范，主要表现在三个方面：

一是没有注意 1986 年重新发表《简化字总表》时恢复的 4 个字。叠、覆、像、囉(类推简化作"啰")4 个字恢复原字原义，不再作迭、复、象、罗的繁体字处理。

二是没有注意简化字里的"一形一字"和"一形多字"。"一形一字"是指一个简化字只作一个繁体字的简化字。例如：兰，是"蘭"的简化字，不是"藍"的简化字。

三是没有注意少数简化字的特殊用法。1986 年重新公布的《简化字总表》里有许多说明性注释，例如：藉口、凭藉的藉简化作"借"，慰藉、蕴藉、狼藉等的藉仍用藉；餘简化作"余"，在余和餘意义可能混淆时仍用餘(如"餘年未多")，餘类推简化作馀；徵简化作"征"，古代五音宫商角徵羽的"徵"不简化。

第二个原因：不明了成语的含义。

在书面材料中，常见成语里错用同音或形似别字，主要原因是不明了成语的含义。例如：

"川流不息"错作"穿流不息"

川，江河，"川流不息"，形容行人车马如同流水络绎不绝。穿，本义"破透"，无"流水"义。

"旁征博引"错作"旁证博引"

旁是个多义字。本义"广泛"，别义"侧边"。古书上有"旁求俊彦"，"旁求"不是"从侧边求"，而是"广求"。征是一形二字，本义"走远路"，又是"徵"的简化字，义为"搜集"。"旁征博引"的含义是：广泛搜集，大量引证。人们对"旁"的含义，只知"侧边"而不知"广泛"，就自然地联想到"寻找旁证"，而将"旁征博引"错作"旁证博引"。

"草菅人命"错作"草管人命"

菅，一种茅草，茅和草都是不值钱的，"草菅人命"比喻视人命如茅草而任意残杀。菅字与管字形体近似，且菅字不常用而管字常用，许多人不知菅字的含义，故常将"菅"错写作或错读作"管"。

"走投无路"错作"走头无路"

走，金文和小篆都是会意字，上大下止，大，表示人甩开双臂，止，代表脚，大止组合，甩臂迈腿，会意为"疾行"，即"跑"。"走"的今义，古代称作"步"，如"邯郸学步"。投，也是会意字，由手和殳组合，殳，古代一种竹制兵器，用手掷殳，会意为"向目标掷去"，引申为"前去"。走投，投奔，意思是"前去依靠别人"。本想投奔，却无人接纳，因而陷入绝境。这就是"走投无路"的原始含义，不是"走到头发觉无路可走"。

"针砭时弊"错作"针贬时弊"

砭，远古时代的石针。砭和针，都是古代治病的工具，都是名词。"针砭"做动词用，当"指出"讲，"针砭时弊"即指出当前社会的弊病。贬，从贝(货币)从乏，本指货币购买力下降，即贬值。引申为降低官职(贬职)，又表与褒相对义(贬义)。砭、贬同音但义异。

"饮鸩止渴"错作"饮鸠止渴"

鸩，传说中的一种鸟，用它的羽毛泡酒，喝了可以致人死命。"饮鸩

070

止渴"即用毒酒解渴，比喻只管眼前不顾后果。鸩，斑鸠、雉鸡的统称。鸩、鸩二字形似，加之不知"饮鸩"的含义，故误用。

这类别字还有：沤（呕）心沥血，金榜提（题）名，额首（手）称庆，趋之若骛（鹜），一诺千斤（金），言简意骇（赅），竭泽而鱼（渔），不落巢（窠）臼，烩（脍）炙人口，不径（胫）而走，自抱（暴）自弃，一愁（筹）莫展，声名雀（鹊）起。

第三个原因：缺乏汉语词汇典故知识。

汉语词汇里，有不少词语含有典故，缺乏典故知识是误用别字的重要原因。例如：

"悬梁刺股"错作"悬梁刺骨"

"悬梁"典出《汉书》："（孙敬）好读书，晨夕不休，及至眠睡疲寝，以绳系头悬屋梁。""刺股"典出《战国策》："（苏秦）读书欲睡，引锥自刺其股，血流至足。"后世用"悬梁刺股"形容发愤读书。类似的成语还有"**囊萤映雪**"、"**凿壁偷光**"。

错作"悬梁刺骨"就不知何义了。

"墨守成规"错作"默守成规"

"墨守"即墨子之守。战国时期，楚惠王准备攻打宋国，要鲁班制造攻城器械。墨子得知，前去劝阻。楚惠王不听劝阻，执意要攻打宋国。墨子解下衣带当城墙，鲁班将木牒当攻城器械，两人当场较量攻守。鲁班设计了九种攻城器械，都被墨子一一破了。鲁班无计可施了，墨子却还有守城之策。楚惠王看了他们的攻守表演，终于取消了攻打宋国的计划。因为墨子善守，人们便将牢守、固守称作"墨守"。后世将"墨守成规"作为成语，"墨守"的含义改变了，变成"因循守旧"，"墨守成规"比喻因循守旧不知变通。

错作"默守成规"就不知何义了。

"再接再厉"错作"再接再励"

"再接再厉"出自韩愈、孟郊合写的诗《斗鸡联句》。韩愈和孟郊一块儿看斗鸡，触发诗兴，便共同创作了《斗鸡联句》。两只鸡斗了几个回合，就无精打采地退出战斗。这时，鸡的主人就给鸡喷水，一喷水，两只鸡就像是睡了一觉醒来一样，又精神抖擞起来。但是，它们没有马上去厮斗，而是先在地上磨喙。孟郊见此情景，脱口而出两句诗：

071

一喷一醒然，再接再砺乃。

砺，磨刀石，是名词，在诗句中作动词用，表"磨砺"义。"再接"，再斗；再砺，再磨砺。"再接再砺"比喻做事贵在坚持，要不断地努力。厉是砺的本字，所以成语"再接再砺"写作"再接再厉"。"厉"后来被"砺"取代，改义为"严格，猛烈"。人们不知厉字的本义，以为"厉"是别字，妄改作"励"。励，义为"劝勉，振作"，无磨砺义。

"罄竹难书"错作"磬竹难书"

罄，会意字，从缶从殸(省石)。缶，瓦罐，本是盛物用的，却挂起来当磬敲，表示"缶中空"。缶殸合体，会意为"尽"。竹，不是竹子，也不是箫笛，而是竹简，汉代以前的书写材料。"罄竹难书"出自《旧唐书·李密传》。李密是隋末瓦岗寨起义领袖，他率兵攻占回洛仓，威迫东都，写了一篇檄文，列举了隋炀帝十大罪状之后说："罄南山之竹，书罪无穷；决东海之波，流恶难尽。"意思是：把南山的竹子都砍下来做竹简，也写不完隋炀帝的罪行；把东海的水都放过来，也洗不尽隋炀帝的罪恶。所以，"罄竹难书"多用以形容罪大恶极。

"九州"错作"九洲"

九州是九个行政区域，不是九个海洋中的陆地。"九州"典出《书·禹贡》。相传大禹治水成功，将天下(华夏大地)划分为冀、兖、青、徐、扬、荆、豫、梁、雍九个行政区域，称作"九州"。这个"州"与后代的州府的概念不同。以扬州为例，大禹时代的扬州，"北据淮，南距海"，辖淮河至东海的广大区域。后世用"九州"作为华夏的代称。

将"九州"写作"九洲"，就不知所指了。

这类别字还有：美仑(轮)美奂，黄梁(粱)美梦，滥芊(竽)充数，世外桃园(源)。

第四个原因：因误解字义而误用别字。

这是误用别字最主要的原因，100 个别字中的多数是误解字义造成的。

下面，从 100 个别字中挑出 10 个来解析：

"妨碍"错作"防碍"（防是别字）

妨，形声字，从女方声，《说文解字》释义为"害"。唐代学者孔颖达解释说："妨者，谓有所害。"用现代语言说，就是"有害于"。由"害"引申为"碍"，"妨碍"即使事情不能顺利进行。反之，即"不妨""无妨"，没有妨碍。

防，形声字，从阜(土山，变形为"阝")方声，本义"堤"，筑土如山为堤防洪。引申为"戒备"(防备、预防)、"防御"(防守、防暴)，无"害""碍"义。

"宣泄"错作"渲泄"(渲是别字)

宣，本义"大室"，即敞亮的厅堂。古代皇帝的正室，因其高大敞亮而称作"宣室"。由"敞亮"引申出"明白""公开""传布"等义。"宣泄"，即吐露(公开)心中的积郁从而达到舒散的目的。

渲，国画的一种画法，即用水墨或淡色涂抹画面，起烘托效果。由"烘托"引申出比喻夸大的形容，如"渲染"。渲字无"发泄"之义。

人们看到"泄"有三点水，便误用"渲"。

"精粹"错作"精萃"(萃是别字)

粹，本义"米纯而不杂"，如"纯粹""粹白"。"精粹"义为"精美纯粹"。

萃，本义"草丛生的样子"。引申为汇集，如"荟萃""出类拔萃"(荟与萃、类与萃同义)。粹和萃不是同义词。

人们不明了萃字的含义，误以为粹、萃同义，故误用。有的词典将"荟萃"释义为：(英俊的人物和精美的东西)汇集。括号里的限制词是不恰当的。荟，本义"草繁茂"，萃，本义"草丛生"。荟、萃二字是同义词，荟萃，同义反复，含义就是汇集，并非特指"英俊的人物和精美的东西"汇集。

"床笫"错作"床第"(第是别字)

笫，古代的床板。有的字典释笫为"席"，是欠准确的。《说文》："笫，床箦也。"《尔雅》："箦谓之笫。"郭璞注："笫，床板。"《方言》："床，齐、鲁之间谓之箦，陈、楚之间或谓之笫。"《左传》："床箦之言不逾阈。"孔颖达疏："《释器》云'箦谓之笫。'孙炎曰：'床也。'郭璞曰：'床版也'。然则床是大名，箦是床版也。"笫是床的构件，所以床又称"床笫"。"床笫之私"即两口子的隐私。第的本字是"弟"，本义"次序"，如"次第"。引申为等级、功名、地位，和床不相干。

"平添"错作"凭添"(凭是别字)

平，小篆作𠤩，会意字，从于从八。于，言气之舒；八，分也，把气均匀呼出；于八合体，会意为"语平舒"，即语气平和自然。引申为"自然""安宁""温和""不倾斜""公正"等义。"平添"的意思是：自然而然地增添。

凭，会意字，从几从任。几，小桌子；任，承担；几任合体，会意为"依几"，即靠着、倚仗。"平添"表达的是一种状态，而"凭"表达的是一种动作。

"粗犷"错作"粗旷"（旷是别字）

犷，从犬广（廣）声，本义指恶犬凶猛的样子，引申为粗野（粗犷无理），又引申为豪放（歌声粗犷）。旷，从日从广（廣），本义"阔大光明"，引申为空而宽阔（旷野）、心境开阔（旷达，心旷神怡）、超越（旷世，旷代）等，"粗旷"无解。

"发轫"错作"发韧"（韧是别字）

轫，形声字，从车刃声，本义"碍车木"，即置于车轮下的楔形木，作用是使车止住。发轫，将轫拿开。《字汇·车部》："去轫轮动而车行，故凡初为则曰发轫。""发轫"是文言词，本义相当于现代汉语的"发车""启动"。在书面语言中多比喻新事物或新局面的开始。韧，会意字，从韦刃声。韦，违的本字，后假借表"柔革"义。刃，锋利的刀口。韦柔而刃坚，韦刃合体，会意为柔软而坚固。发韧，无解。

"寒暄"错作"寒喧"（喧是别字）

寒，冷；暄，暖；寒暄，直译就是冷暖。但在书面语言里，"寒暄"是动词，即"问寒问暖"。中国人有个习惯，朋友相见，先相互问好。在书面语言里，相互问好称作"寒暄"。有些人不知"寒暄"的含义，以为寒暄就是说话，而"话从口出"，于是误作"寒喧"。喧，义为"大声说话"，引申为"吵闹"，如"喧哗"，无"问好"义。

"青睐"错作"亲睐"（亲是别字）

青，黑色，在这个词里表示"黑眼珠"。睐，本义"瞳仁不正"，即斜视。引申为"从旁边看"。古文里有"明眸善睐"，描写的就是左顾右盼。常作"视"的同义词。"青睐"，即正眼看人（黑眼珠在正中），跟"白眼看人"相对，比喻对人的喜爱和看重。

"沉湎"错作"沉缅"

湎，会意字，从水从面，本义"酒形于色"，后作"沉迷于酒"解。

《汉书·五行志》："君湎于酒。""湎于酒"即沉迷于酒。后泛指沉迷、迷恋、放纵。现代汉语中的"沉湎"，意为沉迷酒色而不能自拔。缅，形声字，从丝面声，本义"微丝"，即最细的丝。由丝长引申为"远"。现代汉语常用此义，如"缅怀"（遥想，追思）。湎、缅形似音同，但含义不同。

从上述 8 例辨析可知：正字和别字，或者形似，或者音同，或者义近，容易混淆错用。辨别正误的办法：从辨析两字的本义入手，弄清两字含义的本质区别。

本书第六章已经论述，书面材料出现别字，有两种情况：一种是"无心之误"，一种是"有心之误"。上述 100 个最常见的别字，都是"有心之误"。

第二节　词语错误

这里说的词语，包括词、词组、成语。

常见的词语错误：错用词语；褒贬错位；错用成语；近义词混淆错用。

1. 错用词语

错用词语的现象极为常见，主要原因是不明了词义或误解词义。山东大学有位教授，将《报纸常见文字差错 200 例》中列举的文字差错，在部分文科学生中进行测试，根据测试的结果，排出"最容易发生的 10 个误用词语"：空穴来风，亲眼目睹，凯旋而归，炙手可热，灯火阑珊，曾几何时，叹为观止，莘莘学子，首当其冲，豆蔻年华。

①空穴来风

"空穴来风"是成语，语出宋玉《风赋》："枳句来巢，空穴来风。"枳句，枳树上弯曲的枝杈。枳句会招来鸟儿做巢。空穴，孔洞。空穴会引来风袭。这句成语用自然现象比喻事物的因果关系，说明一个简单道理：由于自身存在弱点，病菌、流言才得以乘隙而入。白居易在《初病风》中说得更明白："朽株难免蠹，空穴易来风。"但是，一些人引用这句成语时，却反其义比喻"没有根据的谣言"。

②亲眼目睹

075

睹：见。目睹：亲眼看到。"亲眼"多余了。

③凯旋而归

凯，胜利的乐曲；旋，归来。凯旋，奏着胜利的乐曲归来。宋之问《军中登高诗》："闻道凯旋乘胜入，看君走马见芳菲。""而归"多余了。

④炙手可热

某报标题：《国际足联主席一职炙手可热，继任人之间再掀波澜》

某报标题：《清华学子　炙手可热》

"炙手可热"这句成语，在媒体和出版物中使用频率很高，成了时尚词语，但十有八九用错，把贬义词误作褒义词，把"炙手可热"比喻行时、走红、抢手，完全误解了"炙手可热"的含义。

炙，会意字，上肉下火，含义就是"火上烤肉"。炙手，灼手。"炙手可热"语出杜甫《丽人行》："炙手可热势绝伦，慎莫近前丞相嗔。"《丽人行》是描写杨国忠兄妹出行的。《旧唐书·杨贵妃传》："玄宗每年十月，幸华清宫，国忠姊妹五家扈从。每家为一队，着一色衣；五家合队，照映如百花之焕发。""先时丞相未至，观者犹得近前，乃其既至，则呵禁赫然。"杨家气势之盛由此可见一斑。所以，杜甫在诗中用"炙手可热"形容杨国忠权大势盛，告诫人们远离杨国忠。可见"炙手可热"是贬义词，跟行时、走红、抢手不相干。唐代另一位诗人崔颢在诗中指出："莫言炙手手可热，须臾火尽灰亦灭。"劝诫有权有势者不要倚仗权势，因为权势是暂时，须臾火尽灰亦灭。

⑤灯火阑珊

"晚风徐徐，城市的阑珊灯火尽收眼底。"

阑珊，本义"衰落"。白居易《咏怀》诗："白发满头归去也，诗情酒兴渐阑珊。"引申为"暗淡"。灯火阑珊即灯光暗淡。城市入夜的万家灯火，璀璨亮丽，不能用"阑珊"来形容。

⑥曾几何时

"曾几何时，女性可以是交换马匹和玉米的财产。"

曾几何时：时间过去没多久。而"女性可以是交换马匹和玉米的财产"是奴隶社会时代的事。不是"曾几何时"，而是"过去了几千年"。

⑦叹为观止

"台湾交通混乱叹为观止。"

"叹为观止"语出《左传》，吴公子季札在鲁国欣赏音乐舞蹈，看到"韶箾"（箾，即箫，韶箾，虞舜时代箫乐）时，不禁赞叹说："观止矣，若有他乐，吾不敢请已。""观止"的意思是"好到了极点"，"尽善尽美"，是褒义词。

⑧莘莘学子

"这位莘莘学子终于走进清华大学。"

"莘莘学子们从公举东身上，再次领悟到了人生的真谛和价值。"

莘莘：众多。"这位"与"莘莘"是矛盾的。"莘莘学子们"中的"莘莘"与"们"是同义词。

⑨首当其冲

"在扑灭森林大火战斗中，解放军战士又一次首当其冲。"

"农民赖泽民首当其冲，办了全省第一家私营缫丝厂。"

冲：冲要。首当其冲：处在冲要位置，首先受到攻击或遭遇灾难。《汉书·五行志》："郑以小国摄乎晋楚之间，重以强吴，郑当其冲，不能修德，将斗三国，以自危亡。"不是"冲在前面"或"敢为人先"。

⑩豆蔻年华

"这些女同志当初在豆蔻年华就干起了列车押运。"

077

"豆蔻年华"语出杜牧七言绝句《赠别》："娉娉袅袅十三余，豆蔻梢头二月初。"杜牧这首诗是赠给一位十三岁多一点儿的雏妓的，用"二月初"的豆蔻花形容她。豆蔻春末开花，"二月初"正含苞待放。"豆蔻年华"只能比喻十三四岁的少女，用来比喻成年女性显然不合适。

著名语言学家吕叔湘、朱德熙在他们合著的《语法修辞讲话》中，批评两种文风：

一种是故作高深。"作者要炫弄他的才能，故意用一些'高深'的词语，弄得读者不知道说的是什么。"

一种是堆砌辞藻。"一句话不肯直截了当地说出来，总喜欢嵌上许多'漂亮'词语，装点成一座七宝楼台，让人看了，只觉得眼花缭乱，扑朔迷离。"

文章里的词语错误，不少是这两种不良文风造成的。

许多"高深"、"漂亮"词语，经常被错用，除上举10例外，还可以列出很多，例如：

①那是一个寒风料峭的冬日，我们身上穿着大衣，还是冷得瑟瑟发抖。

错用"料峭"。"料峭"是形容"微寒"的，通常用于形容初春乍暖还寒，唐陆龟蒙《京口》诗："东风料峭客帆远，落叶夕阳天际明。"不能用来形容隆冬寒风。

②综观2006年，令国人谈之色变的中国公民喋血国外的事件数量下降。

③某报标题：伊逊尼派亲美领袖喋血街头。

错用"喋血"。"喋血"本作"蹀血"，含义是：杀人很多，血流遍地，以致踏血而行。通常用于形容大屠杀或尸陈遍野的战场。

④中国作家至今无人染指诺贝尔文学奖。

某报标题：王濛染指三金两破纪录

错用"染指"。"染指"是成语"染指羹鼎"的缩写，语出《左传·宣公四年》："楚人献鼋于郑灵公。公子宋（子公）与子家将见，子公之食指动，以示子家，曰：'他日我如此，必尝异味。'及入，宰夫将解鼋。相视而笑，公问之，子家以告。及食大夫鼋，召子公而弗与也。子公怒，染指于鼎，尝之而出。"后世用"染指羹鼎"比喻捞取非分好处，含有明显的贬义。

编辑加工、校对改错，要特别注意那些"高深"、"漂亮"的词语。

2. 褒贬错位

汉语的词义除理性义外，还有附属的色彩义，色彩义之一是感情色彩。有些词表明说话人对有关事物的赞许、褒扬或厌恶、贬斥的感情，前者称作"褒义词"，后者称作"贬义词"。褒贬错位，是说由于用词错误，造成欲褒实贬或欲贬实褒与说话人意愿相反的效果。前面列举的错用词语案例中的"炙手可热"和"染指"，都属于褒贬错位。再例如：

①某报提倡创新的文章的标题：要当始作俑者

欲褒实贬。"始作俑者"出自《孟子·梁惠王上》。孟子同梁惠王讨论王道，孟子说："庖有肥肉，厩有肥马，民有饥色，野有饿莩，此率兽而食人也。"孟子接着说："仲尼曰：'始作俑者，其无后乎。'为其象人而用之也。如之何其使斯民饥而死也。"孟子的观点很鲜明：孔子当年反对用俑殉葬，只是因为俑像人，就恶其不仁，何况置民饥而死于不顾。后世把"始作俑者"作成语，比喻某项坏事的开例者或恶劣风气的倡导人。不能用来比喻创新。

②某报不满中国女足连连失败，用标题质问中国女足：**差强人意为哪般**？意思是：为什么那样差劲？

欲贬实褒。"差强人意"出自《后汉书》。一次战事失利，诸将惶惶失态，只有大司马吴汉镇定自若，激励将士准备再战。刘秀称赞大司马吴汉："唯吴公差强人意，隐若一敌国矣！"差强人意，原义"很能振奋人的意志"。后世用作成语，含义为：令人比较满意。差，比较；强，满意。理解为"很差劲"，是错误的。

③**古往今来，诗人墨客对庐山瀑布的称颂之作连篇累牍**。

"连篇"和"累牍"，同义反复，表示用过多篇幅叙述一件事。作为成语，形容冗长烦琐，华而不实，含有明显的贬义。用来形容"称颂之作"显然不合适。

3. 成语错用

要判断成语使用正误，必须了解成语的特点。

成语有两个特点：结构的定型性；意义的完整性。

结构的定型性，是说成语的结构成分和构成方式比较固定，不可随意拆开或改动。

意义的完整性，是说成语的意义不是其构成成分意义的简单相加，而是经过概括带有比喻和形容的性质，能表现十分丰富的内容，增强语言的表现力。使用错了，就会适得其反。

常见的成语使用错误，有如下三种情况：

(1)将成语的构成成分拆开。例如：

将"求全责备"拆开改作"不因求全而责备"。拆开后完全改变了"求全责备"的含义。责，小篆由束和贝组合而成，会意为"求"。备，甲骨文是象形字，像一个盛矢的器具，含义就是"器具"。金文是会意字，由矢和用组合而成，含义不变。引申为具有、设备，又引申为"全"(齐备、完备)。小篆在金文备左旁加"人"，楷化后演变成"備"，增加了"慎"(防备，预备)的含义。备是"備"的简化字，兼有"具"和"慎"以及它们的引申义。"责备"的原始含义就是"求全"。"求全责备"同义反复，含义是"苛求完美"。"责备"后来演变成"批评指摘"，将"求全责备"拆成"不因求全而责备"，意思就变成"不因为求全而批评指摘"。

（2）擅改成语的构成成分。例如：

将"明日黄花"改作"昨日黄花"。原因是不了解"明日"的特殊含义。"明日黄花"语出苏东坡《九日次韵送王巩》："相逢不用忙归去，明日黄花蝶也愁。""明日"指重阳过后，"黄花"即菊花。古代文人每逢重阳，必相邀赏菊，认为过了重阳再去赏菊，就失去情趣，所以说"明日黄花蝶也愁"。后世将"明日黄花"作为成语，比喻过时的事物，这个"明日"是有特殊含义的。

（3）望文生义错用成语。这种错误最为常见。例如：

①一部优秀的电视剧能收到万人空巷的效应。

把"万人空巷"误解为"人们都呆在家里"。

语源：苏轼《八月十七日复登望海楼》："赖有明朝看潮在，万人空巷斗新妆。"巷字有二义："里中道"；"住宅"。"万人空巷"通常形容有了重大活动，人们都走出家门，家里没有人了。

②在七月流火的日子里，工人们踩着滚烫的土地……

把"七月流火"误解为盛夏烈日热浪。

语源：《诗·豳风》："七月流火，九月授衣。"七月，先秦历法的七月；流，运行；火，大火星。七月流火，描写的是先秦七月的天象：到了七月，大火星便偏西向下运行。此时的华夏大地，已是夏末秋初，暑热尽退，秋凉已至，哪来的"滚烫的土地"？

③（中央电视台某著名主持人）：下面请大家欣赏美轮美奂的芭蕾舞。

由于中央电视台的影响力，"美轮美奂"一时成了时尚成语，媒体和出版物纷纷用"美轮美奂"形容绘画、瓷器、服装、天鹅、自然景物，形容各种美的事物。

语源：《礼记·檀弓下》："晋献文子成室，晋大夫发焉。张老曰：'美哉轮焉，美哉奂焉。'"心讥其奢华。"美轮美奂"有两个限制词：轮、奂。即轮美奂美，故又省作"轮奂美"。轮：古代圆形粮仓，形容高大。奂：众多。众多粮仓矗立，高大宏丽，所以说"美轮美奂"。"美轮美奂"只能形容建筑物，不能形容其他事物。

④姐姐性格孤僻，卓尔不群，平时很少参加社会活动。

把"卓尔不群"误解为不合群。

卓尔不群：超群出众。

⑤也许有人认为唐代诗人王维除了作诗之外，别无长物，其实，他的画也是作得不错的。

把"别无长物"误解为没有别的特长。

别无长物：没有多余的东西。

⑥记者赶到他生前工作的单位，耳濡目染了许多平凡而动人的故事。

把"耳濡目染"误解为听到看到。

耳濡目染：由于常见、常听而不知不觉地受到影响，是潜移默化的意思。

⑦尤其是古代系列，很多书被搞得不忍卒读，唐突古人，以至于此。

把"不忍卒读"误解为读不下去。

不忍卒读：（多因内容悲惨）不忍心读完。

4. 近义词混淆错用

汉语词汇里，有些由两个字合成的词，或音同或义近，有些甚至被认为是同义词。这些词容易混淆错用。例如：

学历—学力　权力—权利　成心—诚心　不肖—不孝
服法—伏法　辩证—辨证　分辩—分辨　利害—厉害
必须—必需　化妆—化装　截止—截至　以至—以致
质疑—置疑　事实—事态　期望—希望　保障—保证
界限—界线　通信—通讯　确当—确切　心情—心绪
暴发—爆发　秩序—次序　位置—地位　交纳—缴纳
关心—关怀—关注　发明—发现—发觉　布置—部署
问世—面世—应世　毛贼—蟊贼　蒸气—蒸汽
轶事—逸事　价值—价格　文萃—文粹　反应—反映
汇合—会合　记事—纪事　吸取—汲取　含义—含意
监察—检察　胜地—圣地

吕叔湘、朱德熙先生在《语法修辞讲话》中，针对音同义近词特别指出：

意义和用法完全相同的词是不大会有的。其间的区别往往很细微，但这正是我们的语言的丰富与精密的证明。

那么，怎么找到它们之间的细微区别呢？辨析这些词义，要辨析这些词中相异的作为语素的字，通过字义的辨析，找到词义的区别。

例如：

权力（力，力量。权力，政治上的强制力量。）

权利（利，利益。权利，公民或法人依法行使的权力和享受的利益。）

学历（历，经历。学历，学习经历。）

学力（力，力量。学力，在学问上达到的程度。）

事实（实，既成。事实，既成的事，不能扩大。）

事态（态，状态。事态，局势，可以扩大。）

成心（成，已定的。成心，故意。）

诚心（诚，诚实。诚心，诚恳的心意。）

不肖（不肖，与祖先不相似，多指品行不好的后代，如"不肖子孙"。）

不孝（孝，孝顺。不孝，不孝顺。）

服法（服，承认，服从。服法，承认罪行，服从判决。）

伏法（伏，趴下。伏法，被执行死刑。）

分辩（辩，解说。分辩，辩解。）

分辨（辨，辨别。分辨，辨别。）

082

利害（利，利益。利害，利益与损害。）

厉害（厉，严厉。厉害，难以对付与忍受。）

化妆（妆，梳妆打扮。化妆，女子为了漂亮而梳妆打扮。）

化装（装，装扮。化装，为了掩盖本来面目而装扮。）

蟊贼（蟊，吃苗根的害虫。蟊贼，危害国家或人民的人。）

毛贼（毛，有"小"义，如"毛孩子"。毛贼，小偷。）

关心（心，内心。关心，内心牵系，常放在心上。）

关怀（怀，心里存有。关怀，在意、操心。）

关注（注，视线集中。关注，表示重视。）

反映（映，本义"明"，指光线照射而显出物体的形象。引申为照射（映照）、衬托（映带）。"反映"含义有二：一、反照，比喻把客观事物的实质表现出来；二、告诉，把情况、意见告诉上级或有关部门。）

反应（应，繁体作"應"，从心鹰（省鸟）声，本义"合"。"得心应手"的"应"就是"合"的意思，即心与手合。引申为"配"。杜甫诗句"此曲只应天上有"中"只应"即"只配"。合与配，都是双方的事，因而引申出"答对"

（应答）、"回声"（响应）、"回响"。"反应"的"应"，义为"回响"，即事情引起的回响。又引申为有机体受到刺激而引起的相应的活动。）

第三节 语法错误、逻辑错误

逻辑混乱、语言失范，是当前新闻媒体和出版物语言文字错误的重要表现。

据《咬文嚼字》编辑部统计分析，出版物中的错误，语法和逻辑错误占19％。据"全国报刊逻辑语言应用病例征集活动"组委会对"7.14专项活动"（为2006年7月14日出版的中央及省级大报挑错）的统计分析，逻辑语言应用病例中，语法错误占19.5％，逻辑错误占14.6％，两类错误共占34.1％。这两个数据，充分说明了逻辑混乱、语言失范的严重程度。

但是，现在出版界对语法和逻辑错误不大在意，加工和校对时不大注意改正这类错误，检查图书成品编校质量时也很少检查这类错误。

语法错误 分为词法错误和句法错误。

常见的词法错误有4类：

（1）名词、动词、形容词使用不当

名词、动词、形容词，语法功能不同，用法也不同，使用不当就会造成语病。例：

①不深入生活，不接触实际，把自己囹圄在想象之中，怎么可能正确反映生活呢？

②测试仪器、仪表是度量机电工程质量的工具。

名词误用作动词。①句中的"囹圄"是名词，不能做动词用。可以改为"禁锢"。②句中的"度量"是名词，不能做动词用，可以改为"检测"。

③他由于顶不住压迫而丧失原则。

动词误用作名词。"压迫"是动词，不能当名词用，可以改用名词"压力"。

④诗里充沛着江南的田园情趣。

⑤她止不住鼻子一酸，伤心地哭了起来，泪水湿润了她的前襟。

形容词误用作动词。④句中的"充沛"义为"充足而旺盛"，是形容词，

083

不能当动词用，可以改用动词"充溢"。⑤句中的"湿润"义为"潮湿润泽"，是形容词，不能当动词用，可以改为"浸湿"。

⑥中国文物考古工作者，先后在这里出土了大批重要文物。

⑦李宁公司签约苏丹国家田径队。

动词有两种：一种叫做及物动词，后面应该带宾语；一种叫做不及物动词，后面不能带宾语。"出土""签约"都是不及物动词，后面不能带宾语。"出土"可改为及物动词"发掘"。⑦句中的"签约"可以移至句末，改为"李宁公司与苏丹国家田径队签约"。不及物动词误用极为常见，例如"截止某日"。这个"截止"也是不及物动词，应该改为及物动词"截至"。

(2)数量表达混乱

数量关系是事物的基本关系，因此，对情况和问题要有基本的数量分析。

数量表达混乱最常见的有四种情况：滥用倍数；计算倍数没有减去原数；定数与概数不明确；"2""二""两"的误用。例：

①恐龙蛋壳的微量元素镁比现代正常蛋壳低三十倍左右。

误用倍数。倍指跟原数相等的数，因此倍数只能表示数量增加，数量减少可以用分数或百分比。

②该村去年人均收入 1 200 元，今年人均收入增至 3 600 元，增长了三倍。

计数倍数应减去原数，再除以原数。

$(3600-1200)\div1200=2$ 增长两倍

③她花了整整一周左右时间，才审读完这部书稿。

"整整"是定数，"左右"是概数，两者混用，数量就不明确了。

④巴以冲突并不是以色列的内部事务，而是二个民族的纷争。

⑤他已经 2 个晚上没有合眼，一直处于兴奋状态。

两句中的"二"、"2"都用错了，应该改作"两"。"二"、"两"、"2"，表示的数值相同，但用法有别："二"、"两"在度量衡单位和百千万前面可以通用(如二百万、两百万)；序数、分数、小数用"二"不用"两"；常用量词(如个、本、件、回、种、天等)前用"两"不用"二"；用"两"的地方都不用"2"；用"二"的地方如强调具有计量和统计意义时可以用"2"。

(3)指代不明

代词主要用于指代，指代的对象一定要明确，否则就会给理解带来困难。例：

①列宁和斯大林最初也认为社会主义是排斥商品经济的，但在他的晚年还是承认社会主义社会存在商品经济。

上句讲的是两个人(列宁和斯大林)，下句却是一个人(他)，上下句脱节了。问题出在主语上："他"指代不明。下句的"他"指斯大林，全句说的是斯大林对商品经济认识的转变，"斯大林"是这个句子的主语。因此，将上句改为："斯大林和列宁一样，最初也认为社会主义是排斥商品经济的……"，这样上下句就联系起来了。

②如今站在台上的新"李铁梅"耿巧云，是刘长瑜1977年在戏校挑中的。刘长瑜充满爱怜地说，那时她才14岁，活泼单纯，只是身子弱了点，教了她几个戏，比较聪明。1981年毕业后一直没有离开过她，常常在台上，一老一少配传统折子戏。她扮相秀丽，嗓音清脆，她在台上以演带教，终于带出了又一个"李铁梅"。

"她"指代不明。一共5个"她"，指代不同：1、2、4指耿巧云，3、5指刘长瑜。

③脸上有了痤疮，不要用手指剥、挖，这样容易引起继发感染形成疖肿。

从结构上看，"这样"指代的是"不要用手指剥、挖"，使得句子表达的意思和作者想要表达的意思正好相反。应将"这样"改为"用手指剥、挖"。

(4)副词、介词、连词使用不当

副词、介词、连词都是虚词，它们的共同点是不能单独充当句子成分，但都表示一定的语法意义，使用不当也会造成语法错误。例：

①新班主任同以前的班主任一样，更会关心学生。

"更"是副词，表示程度增加，用于表达比较的意义。而句中两个班主任是"一样"的，没有比较的意思。所以，不能用"更"，可以改为"很"。

②对于文学作品应该如何反映现实这个问题上，我们曾经展开过一场争论。

介词"对于"使用不当。"对于"用于引进对象，"这个问题"本来可以做引进对象，但后面有个"上"字，引进的对象就没有了。可将"对于"改为"在"，或者删去"上"，让"对于"直接引进对象"这个问题"。

③惟其如此，而不是什么别的，才能拨动读者的心弦。

连词使用不当。"惟其"作连词用表示"正因为"，用在这个句子里显然不当。可以改为"只有"。

还有副词"也""却""都""越""愈"、介词"把""被""对"、连词"和""或""但是""然而""即使"等等虚词错用，在出版物中也常见。

常见的句法错误也有 4 类：(1)搭配不当；(2)成分残缺或多余；(3)语序不当；(4)句式杂糅。

(1)搭配不当

搭配不当指句子相关成分在意义上或语言习惯上不能配合，是最常见的语法错误，在书面材料中出现频率很高。搭配不当有多种情况，例：

主谓不搭配。

①元杂剧这种新形式在金代已经初步奠定。

②中学时代的那些同学的愉快的笑容和爽朗的歌声，至今还在我耳边回响。

①句中的主语"形式"和谓语"奠定"不搭配。奠定，稳固地建立。改法：在"新形式"后加"的基础"，或将"奠定"改为"形成"。②句中的"笑容"和"歌声"是联合主语，谓语是"回响"，"歌声"可以"回响"，"笑容"却不能"回响"。可改为"……爽朗的歌声至今还在耳边回响，灿烂的笑容经常在脑海里浮现。"

动宾不搭配。

③他问清了原因，沉思了少许，慢慢踱到我身旁。

动语"沉思"和宾语"少许"不搭配。沉思，深思，思考时间比较长，如"沉思良久"。

中心语与修饰语不搭配。

④"法国电影周"的上映，必将促进中法文化的交流。

中心语"法国电影周"与修饰语"上映"不搭配。可将"上映"改为"举办"。

两面与一面不搭配。

⑤对于一个无产阶级革命政党而言，其战略估量的对错，大体上有两个相关的判据：一是要切合社会历史进程的实际，二是要符合马克思

主义。

⑥构思好不好，关系到作品好不好，正是作家在作品上显示出他的艺术本领。

⑤前句的命题是"对错"，是两面的；后面的判断依据是"一是要、二是要"，是一面的；两面与一面搭配不起来。可以将两个"要"改为"否"，变成"一是否、二是否"。"对错"与"是否"都是两面的，就可以搭配了，表达的意思就明白无误了。⑥"好不好"是两面的，"显示本领"是一面的，两面与一面不能搭配。可将两个"不好"删除。

量名不搭配。

⑦我无法忘却在直播室柔和灯光下我与一颗颗真诚心灵对话时的那份神圣。

量词"颗颗"与名词"心灵"不搭配。

虚与实不搭配。

⑧今年葡萄大丰收，一般每棵收 500 斤以上，这样丰硕的收成是空前的。

丰硕，形容词，形容果实又多又大。但"丰硕"多虚用，即用于形容抽象事物，例如"丰硕的成果"。用"丰硕"作为"收成"的定语，前者虚而后者实，两者搭配不来。

087

(2)成分残缺或多余

指句子里少了必要的成分或多了某个成分而使句子意思不清楚。例：

①光明派出所接到报案后，迅速赶到案发现场，将犯罪嫌疑人控制。

②《现代汉语词典》修订本和读者见面了，1997 年商务印书馆出版了《现代汉语词典》，就是以这本书为基础的。

成分残缺。①句缺主语，"派出所"不能做主语。可在"迅速"后加"派出民警"，这样"派出所"就成了主语。②句"就是"前缺主语"修订本"。

③我久久伫立在楼前，默默地辨别原来三间平房的位置。

④前面不远处是一道两山之间的峡谷，两条锃亮的铁轨从峡谷中伸出来。

成分多余。③句中的"伫立"即长时间站立，没有必要再用"久久地"来修饰。④句中的"峡谷"当然处在"两山之间"，"两山之间"多余了。

(3)语序不当

指词语在句子中的位置失当而造成的语病。例:

①展示出丰富多彩的剧作家个性和精神生活。

"丰富多彩的"位置失当,应移至"剧作家"后面。"丰富多彩"是形容个性和精神生活的。

②一位优秀的有20年教学经验的国家队的跳水女教练。

一个句子里有多项定语,就要合理排序。这个句子有多项定语,应该这样排序:国家队的(表领属关系)—一位(数量)—有20年教学经验的(动词短语)—优秀的(形容)—跳水女教练(性质)。

③这部由北京十月文艺出版社推出的长篇小说,虽然没有在写作技巧上有新的开拓,但它涵盖的独特的生活内容给人以耳目一新之感。

"在写作技巧上"位置失当,要移到"没有"前面,同时将"有新的开拓"中的"有"删去。

(4)句式杂糅

指不同句式(句子结构形式)捏合在一起而造成的语病。例:

①一个人的进步快慢,关键在于内因起决定作用。

"关键在于内因"和"内因起决定作用"两个句式杂糅了。选用其一即可。

②客房内均设有闭路电视、国际国内直拨电话、音响、房间酒吧等应有尽有。

"均设有……","……应有尽有"两个句式杂糅了。选用其一即可。

③幕启,天幕上映出了"庆祝香港回归祖国"几个大字扑入眼帘。

这个句子存在两个句式:天幕上映出了"庆祝香港回归祖国"几个大字;天幕上"庆祝香港回归祖国"几个大字扑入眼帘。这个句子把两个句式杂糅了。

还有一种另类杂糅:把相同词语的两个连贯的分句硬给紧缩为一个句子。例:

④该社出版的第一本书是《茅盾论中国现代作家作品》。这本书收集了茅盾解放前撰写的作家作品评论大部分散见于解放前的各种报刊。

句中的"评论"既作前一部分的宾语,又兼作后一部分的定语,造成句式杂糅。可以改为"……评论,这些评论大部分散见于解放前的各种报刊。"

逻辑错误

有些句子结构完整，符合语法规则，但在事理上讲不通。这种错误就是逻辑错误。

例如：国庆五十周年，电视晚会上赫然一行标语：

欢庆祖国 50 华诞

从语法上分析，没有什么毛病。但是，在事理上讲不通，因为我们的祖国有五千年历史，已经五千岁了。错在哪里？错在误用"祖国"概念。"祖国"这一概念的内涵是"祖籍所在的国家，自己的国家"，没有历史阶段的划分。50 岁，是中华人民共和国的岁数。

再如在出版物上常见的"最好水平"、"提高意识"不违反形容词修饰名词的语法规则，但从逻辑上讲却是讲不通的。因为"水平"只有高低之分，"意识"只有强弱之处。

编辑、校对的工作对象是语言文字，而语言文字是表达思维的。思维是语言的内容，语言是思维的工具。逻辑揭示的是思维活动的规律，语法揭示的是运用语言遣词造句的规则。逻辑和语法，虽然分管不同领域，但语言表达必然受到思维活动的支配。所以，著名语言文字学家吕叔湘、朱德熙指出：

语法要服从逻辑，一句话不但要有适当的结构，还要事理上讲得过去，才算是通的。要想正确表达思想，第一件事就是要讲逻辑。

概念、判断、推理是思维的具体表现形式，只有概念明确，用词才能确切；只有判断准确，语句表达才能顺畅；只有推理合乎逻辑，议论才能具有论证性和说服力。

但是，出版物上常见概念错误、判断错误、推理错误。例如：

①……这数以千万元的"管理费"大都转化为其个人消费基金。

②如果一天能记住三个词汇，一年就有一千多。

概念误用。①"消费基金"指扣除积累后用于消费的那一部分国民收入，即用于满足社会和个人的物质和文化生活需要的那部分国民收入。可以改为"大都中饱私囊"或"大都转化为个人财产"。②"词汇"指一种语言词的总汇，属于集合概念，不能用表示个体数量的限定词"三个"修饰。可把"词汇"改为"词"。

③那种夹叙夹议的三段论式的"学生八股式"的议论文占了绝大多数。

滥用概念。"夹叙夹议"并非"三段论式","三段论式"也非"八股"。"三段论式"这个概念也有问题，只有"三段论"和"三段式"。"三段论"是形式逻辑间接推理的基本形式之一，由大前提和小前提推出结论。"三段式"是篇章修辞的一种结构方式，其特点是"提出问题—分析问题—解决问题，形成凤头、猪肚、豹尾式三段"。"八股"的主要特征是：内容空洞，形式死板。"夹叙夹议"、"三段论"、"三段式"、"八股"风马牛不相及。

④每一本书都是有教育意义的，应当让孩子多读点书。

判断失真。"每一本书都是有教育意义的"这个判断是不真实的，因为有的书是没有教育意义的甚至有害身心健康的。

⑤爱情之花，只有经过风吹雨打，才会更加鲜艳。

假言不当。作为假言判断的"前件"的"经过风吹雨打"与作为"后件"的"更加鲜艳"之间，没有必要条件关系。

⑥火灾过后，有关部门承诺，今后一定要杜绝此类事件不再发生。

误用否定。本想表达的意思是"今后要杜绝此类事件再发生"，由于误用双重否定(杜绝……不再)表达的意思变成"还要发生"。

⑦文章得失不在天。可见文章写得好坏，全凭自己的努力。只要肯花时间，写它十遍、二十遍，就能写好。

存在两处错误。文章写得好，是自己努力的结果。不能说"文章写得坏"也是自己努力的结果。这种错误属于判断错误：判断失应。"只要……就能……"是一个充分条件假言判断，其逻辑关系是：断定前件真就必然断定后件真。但是，"写十遍、二十遍"对于"写好文章"并不是充分条件，而只是必要条件。因为"写十遍、二十遍"并不一定能"写好文章"。这种错误属于推理错误：混淆条件。

⑧墨的造型有动物型、仿古器物型、植物型，以及圭、璧、琴、蝉、果实等。

圭、璧、琴都是仿古器物，蝉是动物，果实是植物。在这个句子里，古器物、动物、植物是属，圭、璧、琴、蝉、果实是种，属种不能并列。

⑨我省热带作物生产的规模还很小，管理水平和科研水平不高，因此发展潜力还很大。

推理错误。"管理水平和科研水平不高"与"发展潜力还很大"之间，没有必然推出的因果关系。

逻辑思维有三条基本规律：同一律，矛盾律，排中律。说话作文不能违反这三条基本规律。但是，出版物上常见违反逻辑规律的错误。例：

①南沙美丽，200多个岛礁如同无数颗珍珠串起。

②中国园林建筑始于汉唐宫室。

③关于中国的崛起应如何定性的争论在美国内部还没有结束。唯一两个共识是：……

违反矛盾律。矛盾律要求：两个相互反对或矛盾的思想，不能同时为真，必有一假。①前句已经肯定"200多个岛礁"，虽不够精确，但有数量范围，而后句却说"如同无数颗珍珠"，两者自相矛盾。②中国园林建筑"始于汉"和"始于唐"，是相互反对的两个判断，二者不能同时为真，必有一假。③"唯一"即只有一个，"两个"即不止一个，"唯一两个共识"，既肯定"唯一"又肯定"两个"，显然是自相矛盾的。

2007年举办的"全国出版社青年编校技能竞赛"，有这样一道逻辑错误判断题：

他在将近一年多的时间里，深入边防军营，笔耕不辍，完成了他的第一部处女作《塞外风云》。书一出版，他就把一本本书寄到远离祖国的边疆，送给那里的解放军官兵和战士。许多收到书的边防战士给他寄来读后感，这使他感到欣慰，同时也深刻地体会到：只要勤于笔耕，就一定能写出好作品。

这篇不到200字的短文，存在5处逻辑错误：

"将近一年多"自相矛盾；

"第一部处女作"概念赘余或限制不当；

"远离祖国的边疆"误用"祖国"概念；

"解放军官兵和战士"并列不当；

"只要勤于笔耕，就一定能写出好作品"混淆条件(必要条件误作充分条件)。

著名语言学家吕叔湘先生在病榻上对社会语言文字混乱十分忧虑，他对来访的《咬文嚼字》主编说：现在是"社会语言文字全面混乱时期，字也错，词也错，语法也不通，文风也有问题"。我们出版的书刊，被读者视为语言文字范本，因此，书刊里的语言失范的负面影响是不容忽视的。上面列举的例句，都没有错别字，但都是病句，都会影响思想文化信息的正确表达，其危害并不比错别字小。

1951年人民日报发表过一篇毛主席亲自修改过的社论，题为《正确使用祖国语言文字，为语言的纯洁和健康而斗争》。社论强调指出：

必须使报纸和出版物都能用正确的语言来表现思想，使思想为群众所正确地掌握，才能产生正确的物质力量。

《中共中央关于社会主义精神文明建设若干重要问题的决议》要求：

新闻媒体和出版物要为全社会正确使用祖国语言文字做出榜样。

我们出版工作者，应当站在推动全社会正确使用祖国语言文字，为祖国语言的纯洁和健康而斗争这样的高度，来对待书刊的语言文字质量。

第四节　标点符号使用错误

标点符号不是字，但它在记录语言中有重要作用。

吕叔湘、朱德熙在《语法修辞讲话》中指出：

每一个标点符号都有一个独特的作用，说它们是另一种形式的虚字，也不为过分。应当把它们和"和""的""呢""吗"同等看待，用与不用，用在哪里，都值得斟酌一番。

标点符号分为点号、标号两种，其中：

点号7个，都表示停顿，但是各自作用不同：

句号　表示句子末尾的停顿；

问号　表示疑问句末尾的停顿；

叹号　表示感叹句末尾的停顿；

逗号　表示句子内部的一般性停顿；

顿号　表示句子内部并列词语之间的停顿；

分号　表示复句内部并列分句之间的停顿；

冒号　表示提示性话语之后的停顿。

点号所表示的停顿和分隔的层次，顿号小于逗号，逗号小于分号，分号小于句号。被分号分隔的语句内可以出现逗号，不可以出现句号。

092

所以吕叔湘、朱德熙强调"每一个标点符号都有一个独特作用"。如果随意使用，违背了标点符号各自的独特作用，就会造成理解上的困难，甚至会造成语言混乱。

点号错用最常见的有(括号内为正确标点符号)：

(1)一逗到底，几个句子混合在一起。例：

现代都市人常常渴望逃出钢筋水泥的城堡，去体验乡间的淳朴生活，(。)乡村旅游顺应了现代人追求自然的渴望，所以刚刚兴起便迅速走俏，(。)相信随着现代生活水平的提高，城市生活节奏的加快，会有越来越多的人加入到乡村旅游活动中来。

(2)非整句引文句号误置于引号内。例：

黑格尔说过，错误本身乃是"达到真理的一个必然的环节，"(，)"由于这种错误，真理才会出现。"(。)

(3)非疑问句误用问号。例：

这位经理担心的是：这笔维修基金在层层传交过程中，监管的力度够不够？(，)能不能做到专款专用？(。)

"够不够""能不能"是疑问词，但这个句子不是疑问句，所以不能用问号。

(4)滥用分号。分号使用错误常见的有4类：

①单句内并列词语之间误用了分号。例：

主食和肉食量高；(，)水果蔬菜量低；(，)室外活动量少；(，)是形成肥胖的一种生活模式。

②不是并列关系误用了分号。例：

这些展品不仅代表了两千多年前我国养蚕、纺织、印染、刺绣和缝纫工艺方面所达到的高度水平；(，)而且也显示了我国古代劳动人民的聪明智慧和创造才能。

③多重复句中，并列的分句不是处在第一层上，之间误用了分号。例：

只有健全社会主义法制，才能使社会主义民主法律化、制度化；(，)才能用法律手段管理经济；(，)才能维护安定团结的政治局面。

④被分号分隔的语句内出现句号。例：

这些课外活动有很多特点。(：)一是形式自愿。孩子愿意就参加，不

1983年4月访问英国时瞻仰马克思墓。

愿意可以不参加；（。）二是内容丰富多彩。孩子们的兴趣、爱好可以得到充分满足；（。）三是评定方法轻松活泼。考试成了展览、演出、小型报告，孩子们可以尽情发挥。

（5）不同层次的停顿都使用顿号造成结构层次混乱。

全国人大常委会又颁布了禁毒决定，对制造、贩卖、运输、非法持有毒品、（,）非法种植罂粟、大麻等毒品原植物、（,）引诱、教唆他人吸食、注射毒品等，都作了严厉的处罚规定。

标号有9种：引号、书名号、专名号、括号、连接号、间隔号、破折号、省略号、着重号。

094

标号使用错误最常见的有：

（1）省略号后保留了点号，或与"等"、"等等"并用；

（2）间隔号（中圆点）误为顿号或下脚圆点；

（3）句内括号放在了句外，括号离开了被注释的文字；

（4）把连接号充做"到"字用。

（5）书名误用引号，非书名误用书名号。

第五节　数字使用错误

数字用法的国家标准是：《中华人民共和国出版物上数字用法的规定》(GB/T15835-1995，国家技术监督局1995年12月3日批准，1996年6月1日起实施)。

这个标准规定了出版物在涉及数字(表示时间、长度、质量、面积、容积等量值和数字代码)时使用汉字和阿拉伯数字的体例，是辨别出版物上数字用法正误的基本依据。但这个标准不适用于文学书刊和重排古籍。

1. 出版物上数字用法应遵循的一般原则

出版物上的数字用法，应遵循如下一般原则：

(1)使用阿拉伯数字或是汉字数字，有的情形选择是唯一而确定的：①统计表中的数值，如正负整数、小数、百分比、分数、比例等，必须使用阿拉伯数字；②定型的词、词组、成语、惯用语、缩略语或具有修辞色彩的词语中作为语素的数字，必须使用汉字数字。

(2)使用阿拉伯数字或是汉字数字，有的情形，如年月日、物理量、非物理量、代码、代号中的数字，目前体例尚不统一。对这种情形，要求凡是可以使用阿拉伯数字而且又很得体的地方，特别是当所表示的数目比较精确时，均应使用阿拉伯数字。遇特殊情形，或者为避免歧解，可以灵活变动，但全篇体例应相对统一。

2. 十一个阿拉伯数字与汉字数码的大小写的对应关系

对应关系

1	2	3	4	5	6	7	8	9	10	0
一	二	三	四	五	六	七	八	九	十	〇
壹	贰	叁	肆	伍	陆	柒	捌	玖	拾	零

常见错误

将汉字数字"〇"错作"0"。

3. 数字与时间

规范用法

(1)纪年：公历世纪和纪年要求使用阿拉伯数字。中国清代和清代以前的历史纪年、各民族的非公历纪年，均应使用汉字数字，同时采用阿拉伯数字括注公历。如：秦文公四十四年(公元前 722 年)，太平天国庚申十年九月二十四日(1860 年 11 月 2 日)，藏历阳木龙年八月二十六日(1964 年 10 月 1 日)。

(2)年代：公历年代，要求使用阿拉伯数字。如：20 世纪 80 年代。

(3)年、月、日、时、分、秒：公历年、月、日、时、分、秒要求使用阿拉伯数字。

(4)年份、月份、星期：年份不可简写，如 1900 年不可简作"90 年"

或"九〇年"，以避免不同世纪的年份发生混淆。月份、星期均应使用汉字数字，如"二月份""星期三"。

常见错误

(1)清代和清代以前的纪年，使用阿拉伯数字，或使用汉字数字但未同时采用阿拉伯数字括注公历。

(2)年份误简，如"80 年""08 年"。月份、星期误用阿拉伯数字，如"2 月份""星期 4"。

4. 数字与代号、代码、序号、事件简称

规范用法

(1)部队番号、文件编号、证件号码和其他序号，要求使用阿拉伯数字。序数词即使是多位数也不能分节。如：8341 部队，国办发［2005］1 号文件，21 /22 次特别快车，3000 型电子计算机。如果其中的数字需要分段，则各段应用半字线"-"隔开。如：国家标准 GB2312-80，CN31-1909 /G4。

(2)含有月日简称表示事件、节日，一般要求使用汉字数字。如果涉及一月、十一月、十二月，应用间隔号"·"将表示月日的数字隔开，并加引号，以避免歧义。如："一·二八"事变，"一二·九"运动，"一一·五"案件。涉及十月，简称习惯上用"一〇"，如"一〇一一"；如日期是单位数，则仍用"十"，如"十一国庆节"。有些知名度高的历史事件和节日，可以不用引号。如：三八妇女节，五四运动，五卅惨案、六一儿童节，七七事变，八一建军节，九九重阳节。现代发生的有月、日简称的事件、节日，媒体多用阿拉伯数字表示，如"9·11""3·15"。

(3) 高撇号"'"，习惯上称作"省字号"或"省年号"，在年号之前加"'"可以省去后面的"年"，如"'98"。这种形式仅限于某项活动的"标题式"，如"'97 全国足球甲级联赛""'97 中国商品交易会"，不可替代"1997 年"用于一般的年代表述(如作定语或时间状语)。

常见错误(1)数字分段误用一字线"—"。如"国内统一连续出版物号 CN31—1929 /G4"。

(2)用高撇号替代一般的年代表述，如"某某公司'99 出口创汇达 800 万美元"。

5. 数字与语素

规范用法

数字有时作为语素构成定型的词、词组、成语、惯用语、缩略语，或表达某种修辞色彩的意思，例如"一律""二万五千里长征""三野""四书""五四运动""六六大顺""七上八下""九三学社""十万个为什么""十一届三中全会"。这种情形还常见于古诗词和现代旧体诗词中，如"八千里路云和月""飞流直下三千尺""白发三千丈""七月流火，九月授衣""离天三尺三""屈指行程二万"。《出版物上数字用法的规定》指出：定型的词、词组、成语、惯用语、缩略语或具有修辞色彩的词语中作为语素的数字，必须使用汉字数字。

常见错误

上述词语中作为语素的数字，误用阿拉伯数字。如(括号内为正确用法)：西峡人戏称"5000 轻骑闹山乡"(五千轻骑闹山乡)，开展"10 佳青年"(十佳青年)评选活动。

6. 数字与物理量、非物理量

规范用法

(1)物理量值必须使用阿拉伯数字，并正确使用法定计量单位。例如：8 321.20km 500g 200kg～250kg 133mm 0.59A

(2)非物理量值一般使用阿拉伯数字。例如：30.45 万元 54.66 美元 34 岁 11 个月 1354 个学生 345 种书。

(3)整数一至十，如果不是出现在具有统计意义中的一组数字中，可以使用汉字数字，例如五个百分点、翻了三番、十项措施。但要照顾到上下文，以求局部体例的一致。

常见错误

没有照顾上下文，造成局部体例不一致。如："开场仅 9 分钟，中国队即成功地首次采用反越位战术……分别在第十六分钟和第二十一分钟时由金嫣和孙雯再添两分。""开发范围跨津冀鲁三省市的 20 几个区县。"

7. 二、2、两的用法

规范用法

"二""2""两"表示的数值相同，但用法有别："二""两"在度量衡单位和百千万前面可以通用；序数、分数、小数用"二"不用"两"；常用量词(如个、本、件、回、种、天)前用"两"不用"二"；用"两"的地方都不能用"2"；用"二"的地方如果强调计量和统计意义时可以用"2"。

常见错误

(1)应该用"二"的地方误用"2"。如：2 万 5 千里长征(二万五千里长征)，第 2 天(第二天)。

(2)应该用"两"的地方误用"二"或"2"。如：2 个男孩(两个男孩)，三天二夜(三天两夜)，2 破世界纪录(两破世界纪录)。

8. 分数、概数、约数

规范用法

(1)分数的用法：《出版物上数字用法的规定》中没有硬性规定。中文出版物中分数的写法，有如下六种形式：(一)分数用汉字。如：三分之一 百分之零点四。(二)分数用阿拉伯数字，分数线用横线。如 $\frac{1}{2}$ $\frac{2}{3}$。(三)分数用阿拉伯数字，分数线用斜线。如：1/2 1/12。(四)百分数用阿拉伯数字加百分号。如：99% 33%。(五)万分数用汉字数字。如：万分之一。(六)万分数用阿拉伯数字，万分线用斜线。如：1/10000。数理化书籍一般采用(二)(三)(四)(六)用法。社科读物一般采用(一)(五)用法。

(2)概数的用法：相邻的两个数字并列连用表示概数，必须使用汉字，连用的两个数字之间不得用顿号隔开。如：三四米 四五天 两三个月 三十五六岁 一千六七百元。带有"几""来"的数字表示概数，必须使用汉字。如：四十几米 二十来岁。

(3)约数的用法：用"多""余""左右""上下""约"等表示约数一般使用汉字。如果文中出现一组具有统计和比较意义的数字，其中既有精确数字也有约数时，为保持局部体例上的一致，约数也可以使用阿拉伯数字。

示例1：这个协会举行全国性评奖十余次，评出获奖作品一千多件，获奖单位二百三十多个，获奖个人九百六十多人，其中中青年约占三分之二。

示例2：该省从机动财力中拿出 1900 万元，调拨钢材 3000 多吨、水泥 2 万多吨、柴油 1400 吨，用于农田水利建设。

常见的错误

(1)在一本书或一篇文章里，分数多种形式混用。

(2)表示概数的数字使用汉字，但在两个相邻数字之间误用顿号隔开，如"二、三人""二十六、七岁"。

(3)表示概数的数字误用阿拉伯数字，并且在两个相邻数字之间误用顿号隔开，如"3、4 人""15、6 吨"。

9. 数字与引文标注

规范用法

引文著录、行文注释、表格、索引、年表等，要求使用阿拉伯数字。其中的年月日的标记，可采用 GB/T7408-94 的"5.2.1.1"中的扩展格式(如 1994-10-30)，年月日之间使用半字线"-"，当月日是个位数时，在十位上加"0"，如 2009-01-02，仍读作 2009 年 1 月 2 日。

常见错误：

年月日之间误用下圆点"."隔开(如 2008.12.23)。当月和日是个位数时，在十位上未加"0"(如 1998-2-3)。

10. 数字与结构层次序号

规范用法

099

论著和文章一般结构层次较多，为了使层次结构明晰，常要标记分级序号，这种序号称作"结构层次序号"。结构层次序号通常的用法如下：

(1)层次设置一般不宜超过四层，第一层用"一、二、三"，第二层用"(一)(二)(三)"，第三层用"1.2.3."，第四层用"(1)(2)(3)"。如果需要再增加层次，可以用"A.B.C."、"a.b.c"、"(a)(b)(c)"

(2)"第一、第二，其一、其二"这种形式的序号，必须使用汉字数字。

(3)科技图书及科技学术论文的层次序号，可用下列形式：1.　1.1　1.1.1　1.1.1.1。

(4)序号标点必须符合规范："第一""第二""第三""其一""其二""其三"后面用逗号，"一""二""三"后面用顿号，"1""2""3""A""B""C""a""b""c"后面用齐线黑点"."，(一)(二)(三)(1)(2)(3)(a)(b)(c)后面不再加点号。如果用"第一章""第一节"或用"一""二"表示章节序号后面不用标点，则必须空一个汉字的位置，将序号与标题隔开，如："第一章　常见错别字","一　常见错别字"。

常见错误

(1)由于几种数字随意使用，造成层次结构混乱。

(2)序号标点不规范："第一"后面用顿号，"一"后面用逗号，"1"
"A""a"后面用顿号，(一)(1)(a)后面再用标点。

11.　阿拉伯数字的分节、转行

规范用法

(1)专业性科技出版物中的多位整数或多位小数超过四位数，从小数点起，向左和向右分成每三位数字一组，组间空四分之一个汉字(二分之一个阿拉伯数字)的位置，不得使用逗号。如：133 682 501
3.141 592 65。

(2)非专业性科技出版物如排版留四分空有困难，可仍采用传统的以千分撇(,)分节的办法。小数部分不分节。四位以内的整数也可以不分节。

(3)用若干个阿拉伯数字组成的多位整数和多位小数，或者是含有其他符号的字符串(如 GB-8170-87)，不能中间断开转行。

100　　　常见错误

(1)四位以上的多位整数和多位小数不分节。

(2)多位整数、多位小数、含有其他符号的字符串中间断开转行。

12.　数字与表格

(1)　规范用法

统计表格中的数据，应使用阿拉伯数字，同一栏(列)各行的数据应以某种方式(如：个位数对齐，小数点对齐，连接号对齐，数字前的＋－号对齐)上下对齐。

(2)常见错误

同栏各行的数据没有以某种方式对齐。

13.　一个整数后面有多个"0"的用法

规范用法

一个整数后面有三个或三个以上的"0"，专业性科技出版物可以根据国家标准 8170-87《数值修约规则》处理。如：345 000 000，写作 345×10^6 或 3.45×10^8。非科技出版物在不影响有效数字精确度的前提下，可以采用简写法，即改作以"万""亿"为单位的数字。如：将 345 000 000 改作 34 500 万或 3.45 亿。

常见错误

将 345 000 000 错写作"3 亿 4 千 5 百万"或"3 亿 4500 万"。

14. 竖排文章中的数字

规范用法

竖排文章中的数字，除产品型号之类应保留其中的阿拉伯数字外，其他数字均应使用汉字。产品型号之类必须保留的阿拉伯数字及外文字母，均应按顺时针方向转 90 度。

常见错误

(1)一般数字，如年代、数量等中的数字，使用阿拉伯数字。

(2)竖排文章产品型号中的数字及外文字母未按顺时针方向转 90 度。

第六节　量和单位使用错误

所谓量和单位使用错误，是指量的单位名称、符号、书写规则，不符合国家技术监督局发布的国家标准《量和单位》的规定。

常见的量和单位使用错误有：

(1)使用不规范的量名称，主要表现在：

①使用已废弃的旧名称；

②同一名称出现多种写法；

③使用以"单位数"构成的名称。

(2)量符号的使用不规范，主要表现在：

①量符号错用了正体字母；

②没有使用国际规定的符号；

③用多个字母构成一个量符号；

④把化学元素符号作量符号使用；

⑤把量符号当作纯数使用；

⑥量符号的下标不规范。

(3)单位名称书写错误。主要表现在：

①相除组合单位名称与其符号的顺序不一致；

101

②乘方形式的单位名称错误；

③在组合单位名称中加了符号。

(4)单位中文符号的书写和使用不准确。主要表现在：

①把单位的名称作为中文符号使用，使用既非单位名称也非中文符号的"符号"，组合单位中 2 种符号并用；

②非普及性书刊和高中以上教科书使用单位的中文符号或名称。

(5)单位国际符号书写和使用错误。主要表现在：

①单位符号错用了斜体字母；

②单位符号的大小写错误；

③把单位英文名称的非标准缩写或全称作为单位符号使用；

④把 ppm、ppmm、ppb、ppt 等表示数量份额的缩写字作为单位符号使用；

⑤相除组合单位中的斜线"/"多于 1 条，对单位符号进行修饰；

⑥书写量值时，数值与单位符号间未留适当空隙，或把单位插在数值中间。

(6)SI 词头符号的书写和使用不正确。主要表现在：

①混淆大小写；

②独立使用(词头只有跟单位结合才有意义)；

③重叠使用；

④对不许加词头的单位 °(度)、′([角]分)、″([角]秒)、d(天)、h(时)、min(分)、r/min(转每分)、n mile(海里)、kn(节)等加了词头；

⑤对乘方形式的单位加错了词头。

(7)使用非法定单位或已废弃的单位名称。主要表现在：

①使用市制单位(如尺、寸、担、斤、两、钱、亩等。在普通书刊特别是以农民为读者对象的书刊中，在表达小面积时可以使用"亩"，但要括注法定计量单位"公顷")；

②使用早已停用的"公字号"单位(除公斤、公里、公顷外，所有"公字号"单位均应停止使用)；

③使用英制单位；

④使用 CGS 制中有专门名称的导出单位及其他杂类单位。

(8)在图、表等中用特定单位表示量的数值时未采用标准化表示方式；

(9)数理公式和数学符号的书写或使用不正确，主要表现在：

该用正体的字母用了斜体；该用斜体的字母用了正体；数理公式转行不符合规定。

第八章　汉文字使用出错的基本规律

校雠史学者蒋元卿在《校仇学史》上说过这样两段话："校雠之事，常人每以为能两本勘比，记其异同，便自诩为能事，其实不然。""校雠一事，似易而实难，似粗而实精。不明校雠之法，固不能为功；然即有精密之方法，若不悉古书致误之由，则亦无所施其技。"蒋元卿的两段话，阐述了一个重要观点：校雠者必须掌握古书出错的客观规律。

现代校对同样必须掌握原稿、校样的出错规律。现代校对以原稿和校样为对象，以猎错纠谬为目的，也必须掌握原稿和校样的出错规律。现代原稿上的错误，有些是作者录入错误，有些是作者写作错误，还可能有编辑妄改造成的错误。校样上的错误，有些是排版人员录入、改版造成的，有些是版式转换过程出现的错乱或内容丢失。那么，原稿和校样(以下统称"书面材料")上这些错误的发生，有没有客观的规律性呢？

在书面材料里，汉文字使用出错频率最高，出错数量最大，掌握汉文字使用出错规律，对于提高加工质量和校对质量，确保图书编校质量，意义重大。

汉文字出错规律主要有 10 条：形似字混淆致误；音同字混淆致误；义近字混淆致误；义连致误；义反致误；错分、错合；互倒致误；错简、错繁；使用已经废止的异体字、旧字形；音同、义近的合成词混淆致误。

第一节　形似、音同、义近致误

(一)形似字混淆致误

两字形体近似，容易混淆致误，是汉字出错的一条古老规律。

汉字形体结构近似，有如下 6 种情况：

(1)一横一撇一点之差别。如：干千　王壬　天夭　戍戌戎。

(2)多一笔少一笔之差别。如：大太　鸟乌　斥斤　戊戌　列冽。

(3)出头与不出头之差别。如：失矢　申甲　土工　牛午。

(4)长横与短横之差别。如：末未　土士

(5)整体形象近似。如：己已巳　戍戌戎　幻幼　育肓　圯圮　膺赝　汩汨　剌剌。

(6)合体字的两个偏旁一个相同一个近似。如：

旷犷　持恃　奕弈　眈耽　喧暄　葺茸　辨辩　徕睐　履覆

(二)音同字混淆致误

吕叔湘先生做过统计分析：现代汉字有字的音节有 1 200 个，一般字典收字 10 000 个，平均一个音节担负 8 个字。因此，音同字混淆错用的概率最大。

音同字错用有如下 4 种情况：

1. 音同形似，出错的概率最大。如；

泡炮　辨辩　仗杖　列冽　拴栓　烁铄　炼练　驮驼　祥详

轫韧　磬罄　殴欧　抉诀　燥躁　鸳鸯　湎缅　姗珊　炷柱

2. 音同形异，也容易混淆致误。如(括号内为正字)：

慢(曼)舞　宏(洪)亮　亲(青)睐　愤(奋)发　带(戴)罪　神彩(采)　撕(厮)打　精萃(粹)。

3. 专名错用同音字。如(括号内为正字)：

棉蛉(铃)虫　黄莲(连)　金钢(刚)石　天燃(然)气　拓扑(朴)　石碳(炭)酸　搔(瘙)痒症　树酯(脂)　涵(函)数　海棉(绵)　腐植(殖)质　株州(洲)　荷(菏)泽　图门(们)江　稽(嵇)康　弥(祢)衡　三迭(叠)纪。

4. 成语错用同音字。如(括号内为正字)：

不茅(毛)之地　各行其事(是)　好高鹜(骛)远　仗义直(执)言　明

火执杖(仗) 走头(投)无路 以(倚)老卖老 分道扬镖(镳) 金璧(碧)辉煌 稍(少)安勿(毋)燥(躁) 变本加利(厉) 真知卓(灼)见 鬼域(蜮)伎俩 蓬壁(荜)生辉 精兵减(简)政 默(墨)守成规 汗流夹(浃)背 不加(假)思索 出奇致(制)胜。

(三)义近字混淆致误

如:采彩 度渡 炼练 消销 熔融 汇会 汲吸 依倚 作做 复覆 象像 记纪 分份 长常 词辞 暴曝爆。

第二节 义连、义反、错分、错合、互倒致误

(四)义连致误

汉字里的许多字构词能力很强,可以和不同的字合成不同的词。例如,文和"字"构成"文字",和"书"构成"文书",和"化"构成"文化",和"明"构成"文明",和"学"构成"文学"。因此,写作主体容易发生下意识的联想,而导致写别字的"无心之误"。例如:本想写"文明"却错作"文化",本想写"奥运会"却错作"奥动会",本想写"科技"却错作"科学"。

106

(五)义反致误

上下、左右、前后、里外等含义相反的词,也容易写错。例如:本想写"以上"却错作"以下",本想写"相左"却错作"相右",本想写"东郭先生"却错作"南郭先生"。

(六)错分、错合

汉字里面的独体字很少,总共不过 500 来个字,合体字占绝大多数。但这 500 来个独体字,却是构成合体字的元件。合体字一般由两个独体字组合构成,合起来是一个字,而拆开来是两个字。这类字容易造成错分(一个字错分为两个字)、错合(两个字错合成一个字)的错误。横排如:"明"错分为"日月","月夜"错合为"腋","好"错分为"女子","口内"错合为"呐"。竖排如:"拿"错分为"合手","雨林"错合为"霖","炭"错分为"山灰","白水"错合为"泉"。

(七)互倒致误

汉语词汇里的许多由两个字合成的词,作为语素的两个字位置互易就会变成另一个词。例如:办法—法办,马上—上马,北京—京北,力

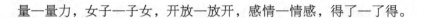

量—量力，女子—子女，开放—放开，感情—情感，得了—了得。

第三节 错简、错繁、异体字、旧字形

(八)错简、错繁

使用非规范"简化字"，叫做"错简"；简体转为繁体转换对应失准，叫做错繁。

错简主要有三种情况：

(1)错用已经废止的《第二次汉字简化方案(草案)》里的"字"。如：歺(餐)，兰(蓝)，付(副)，亍(街)，祘(算)，肖(萧)，桔(橘)，仃(停)，拪(播)，咀(嘴)。

(2)错误地类推简化。例如"邓"的左偏旁"登"简化作"又"，"讓"的右偏旁"襄"简化作"上"，但凳、橙、澄的偏旁"登"不能类推简化作"又"，嚷、壤、镶的偏旁"襄"不能类推简化作"上"。随意类推简化就成了错字或别字。

(3)自造简化字。收入《简化字总表》中的简体字，叫做简化字。简化字是规范汉字。有些简体字在民间和网络流传，但它们不具有法定性，不是规范汉字。

被简化字取代的字，叫做繁体字。有些出口海外的书刊，要使用繁体字，因而要将简化字转换成繁体字。简转繁经常发生错误。为什么会发生"错繁"？主要原因是"一简对多繁"转换偏误。

"一对多"有三种情况：

(1)一个传承字，兼作另一个或多个繁体字的简化字，变成一形多字。如：几是传承字，兼作幾的简化字；里是传承字，兼作裏(裡)的简化字；云是传承字，兼作雲的简化字；征是传承字，兼作徵的简化字；台是传承字，兼作臺、檯、颱的简化字；系是传承字，兼作係、繫的简化字。

(2)一个古字，借作繁体字的简化字。如：体是古字，音 bèn，借作體的简化字；适是古字，音 kuò，借作適的简化字；党是古字，古有"党项族"，借作黨的简化字。

(3)两个或多个繁体字，共用一个简化字。如：

107

復和複共用简化字"复"；發和髮共用简化字"发"；鍾和鐘共用简化字"钟"。

因此，这类简化字转为繁体时，要求对应准确。对应错了，会闹笑话。例如：皇后转繁为"皇後"，长征转繁为"长徵"，茶几转繁为"茶幾"，发生转繁为"髮生"，公里转繁为"公裏"，院系转繁为"院係"，"人云亦云"转繁为"人雲亦雲"。

简化字里一简对多繁占 30.32％，简转繁时要特别注意对应准确。

（九）使用已经废止的异字形和旧字形。

异体字是指一字多形，同一字有两个甚至多个写法。如（括号内为异体字）：窑（窰、窯），创（剙），泪（淚），吊（弔），捶（槌）。

《第一批异体字整理表》规定："全国出版的报纸、杂志、图书一律停止使用表中括弧内的异体字共 1 055 个。"后来，先后三次共恢复了其中的 28 个字，停止使用的异体字还有 1 027 个。使用了国家明令停止使用的异体字，就属于错别字。按照《中华人民共和国通用语言文字法》的规定，异体字只能用于姓氏和书法作品。

旧字形是指与《印刷通用汉字字形表》的规范字形不同的字形。例如（括号内为旧字形）：捷（婕），即（卽），吴（吳），吕（呂）。

第四节　音同、义近的合成词混淆错用

（十）汉语词汇里，有些合成词或音同或义近，有些合成词甚至被认为是同义词。这类合成词，容易混淆错用。例如：学历—学力，权力—权利，成心—诚心，不肖—不孝，服法—伏法，辩证—辨证，分辩—分辨，利害—厉害，必须—必需，等等。

还有些科技术语或形似或音同，容易混淆错用。例如：电介质—电解质，支原体—依原体，声纳—声呐，欧姆—姆欧，篙草—嵩草，地质—地盾，因数—系数，相位差—相位移，磨擦—摩擦，等等。

吕叔湘、朱德熙先生在《语法修辞讲话》中，针对音同义近的合成词特别指出："意义和用法完全相同的词是不大会有的。其间的区别往往很细微，但这正是我们的语言的丰富与精密的证明。"

那么，怎么找到它们之间的细微区别呢？辨析这些词义，要辨析合

成词中相异的作为语素的字，通过字义的辨析，找到词义的区别。例如：

学历 学力

学历、学力二词，都有一个"学"字，都跟学习、学问有关系。二词的区别在于"历"和"力"的含义不同。历是"歷"的简化字，本义为"经历"。学历，即学习的经历，通常以最后取得什么学位文凭表示，如大学本科学历(最后取得大学本科毕业文凭)。力，力量，"学力"的"力"取"力量"的引申义：学识水平。学力即学识上实际达到的程度。比如，有人没有上过大学，却经过自学而掌握了相当的学问，其实际学识水平达到或超过大学本科毕业水平，我们说他具备了大学本科以上的学力。

权力 权利

权力、权利二词，都有一个"权"字，都跟"权"有关系。权是"權"的简化字，古代字书都释义为"秤锤"。秤锤俗称秤砣。古代的杆秤，用一根木棍制作，秤杆头部上安秤毫，下安秤钩，杆身上镶有计量的秤星。测量物体重量时，用秤钩钩起物体，用手提起秤毫或用扁担穿过秤毫抬起物体，这时秤杆会向上翘，测重者便将秤砣套在秤杆上，把翘起的秤杆压下来，然后徐徐移动秤砣，使秤杆保持水平状态，系秤砣的绳子压住的秤星所表示的重量即物体的重量。俗话说："秤砣虽小压千斤。"小小的秤砣，在测重时却起着决定性作用。所以，这个秤砣就成了秤的代名词。《孟子·梁惠王上》："权，然后知轻重；度，然后知长短。"后来，这个"秤砣"演变成"政治上的强制力量"。于是有"权柄"、"权势"、"权位"、"权欲"等词。"权力"和"权利"也是由"权"衍生出来的词，它们的区别在于"力"和"利"的含义不同。力，在这里作"力量"解。权力就是政治上的强制力量。利，在这里作"利益"解。权利就是公民和法人依法行使的权力和享有的利益。

利害 厉害

"利害"和"厉害"二词，都有一个"害"字。害，本义作"伤"解，"伤害"即本义。引申为祸(祸害)、杀(杀害)、跟益相对(有害)、使受损(为害)等义。

利，会意字，由禾和刀组合而成，会意为什么呢？有两种解释：一说"收割稻谷，会意为'赢'"；一说"用刀割禾，会意'锐利'"。两说都有道理：收获当然就是赢得，收割也检验刀是否锐利。现代汉语仍用此二

109

义：利益，锐利。和"利益"相对的是"损害"，于是有了"利害"这个词。人们做事要趋利避害，所以必须权衡利害得失。社会公德倡导利人，反对损人利己，又要求人们"不计利害"。正确处理利害这一对矛盾，就成了做人的第一要义。

再说"厉"，繁体作"厲"，本义"磨刀石"。磨刀石有粗、细两种，粗的为"砥"，细的为"厉"。后来，"厉"被新造字"砺"取代，假借表他义，于是有了"恶鬼"(厉鬼)、"猛烈"(声色俱厉)、"严肃"(严厉)、"严格"(厉行)等含义。"厉害"一词有三个含义：①表示难以对付或难以忍受，如"天热得厉害"；②形容剧烈、凶猛，如"心跳得厉害"；③严厉，如"新来的老师很厉害"。

不肖　不孝

肖，会意兼形声字，从肉从小小亦声，音 xiào，本义"骨肉相似"。"肖像"、"惟妙惟肖"的"肖"都取"相似"义。志趣同父亲一样的儿子称作"肖子"，"不肖"反其意：不似先辈。但在用法上通常称品行不端辱没祖先的子孙为"不肖子孙"。

孝，会意字，从老(省匕)从子，会意为"善事父母"。善事父母之道称作"孝道"，善事父母之人称作"孝子"。"不孝"反其意，不善事父母，即不孝顺。旧时为父母办丧事，儿子自称"不孝"。这个"不孝"不一定真的不孝顺。

掌握了上述十条规律，就会知道哪些字容易混淆错用，校对书面材料时对这些字刻意关注，可以提高猎错正误的效率。

第九章　综合运用各种校对方法

毛泽东曾经把任务比作"渡河"，把方法比作"船或桥"。方法是完成任务的手段，执行不同的任务，必须采用不同的方法。校对的方法跟编辑的方法是完全不同的。校对的方法是服从于、服务于校对任务的。校对的任务是猎错，而书面材料中的错误有显性和隐性两类，还有版面格式不统一的问题，要发现和消灭不同的错误，必须运用不同的校对方法。

校对的方法有 8 种：对校法；本校法；他校法；理校法；人校与机校结合；核红；对红；文字技术整理。前 4 种是传统的校对方法，后 4 种是现代校对创造的新方法。

111

第一节　传统的校对方法

对校法　要旨在"对"。具体说，就是将校样与原稿逐字逐句地对照，发现了校样与原稿相异之处，即依据原稿修改校样。对校的任务是：保证将原稿一不错、二不漏，准确而完整地转换成印刷文本。

对校的功夫在"对"，是真正的"机械法"，校对者必须快速而准确地"字对字"，"不掺己见"，"对原稿负责"，采取绝对的客观态度。这是对校法的优点之一。

校样上有些句子漏了字，但仍然读得通，不对照原稿是发现不了漏字的。例如：某书引文：

为文者盍思文之所生乎？

从表面看，这个句子文意是明白的，看不出有什么错误。但是，对照原稿，就会发现"所"字后面漏掉一个关键词"由"。引文的原文是："为文者盍思文之所由生乎？"意思是：做文章的人为何不想想文章是怎样产生的(所由生乎)？漏掉一个"由"字，意思竟变成：做文章的人为何不想想文章产生了什么(所生乎)？漏掉一个字，意思就完全变了。

对校法的另一个优点是：可以找到改错补漏的直接依据。

校样上有些句子漏了字，句子就不好理解。例如，某书一段引文：

虎之情不爱蟠也，然不以环寸之蟠害七尺之躯，权也。

这个句子文义显然不通。老虎既然"不爱蟠(兽蹄)"，就不存在"不以环寸之蟠害七尺之躯"的得失权衡。但是，错在哪里？不对比原稿是找不到答案的。对照原稿问题就迎刃而解，原来"不"字前面漏掉一个"非"字，不是"不爱蟠"，而是"非不爱蟠"。将引文改为：

虎之情非不爱蟠也，然不以环寸之蟠害七尺之躯，权也。

补上一个"非"字，句子的文义就明白无误了。老虎喜欢吃兽蹄(蟠)，猎人就用兽蹄做诱饵，把老虎引进铁笼。老虎并不是不爱蟠，只是觉得为了那"环寸之蟠"而搭上"七尺之躯"太不合算了，最后决定远离蟠。

现代对校操作技术有三：

1. 折校。即将原稿按行折叠，与校样逐字对照。操作技术是：把校样放在正前的桌子上(桌子最好有斜面，将校样置于斜面上)，用两手的食指、拇指、中指拿着原稿，从第一行起，逐行折叠紧贴校样上相应文字，同时两手的食指轻轻压在原稿与校样的折缝上，然后徐徐移动原稿，将原稿的字符与校样的字符上下对照。

2. 点校。即校对者先读原稿、后看校样，一句一句地对校。操作技术是：将原稿置于左侧，将校样置于右侧，左手指着原稿默读，右手执笔在校样上移动，读一句对一句。点校还有一种操作技术，叫做"平行点校"，其操作技术是：将原稿折叠(每四五行一折)，覆在校样上，然后依照上述点校技术要领，逐字逐句地默读原稿，同时逐字逐句地对照校样。

3. 读校。又称"唱校"，类似刘向说的"一人持本，一人读书，若怨家相对"。操作技术是：一人朗读原稿(逐字逐符地朗读，不但读字，还要读符)，另一人或几人看校样，一边听读，一边对照，记下与原稿相异的字符。

对校法最适用于手写书稿的校对，因为手写书稿在录排过程容易发生错漏。对校也适用于核红和文字技术整理。

本校法　脱离原稿通读校样的方法，要旨在"前后互证"，即通过文稿的内在矛盾发现错误。这是书稿电子化后校对的主要方法。

例1

太子曰："善。然则涛何气哉?"客曰："不记也。然闻于师曰，似神而非者三：疾雷闻百里；江水逆流；海水上潮；山出内云，日夜不止。"

错误：上下矛盾。上句说：涛气"似神而非者三"，下句列举的涛气却有四种。错在"江水逆流"后面误用分号，应改为逗号。江涛气势有三种现象：一是声音，"疾雷闻百里"；二是水势，"海水上潮"导致"江水逆流"；三是云气，"山出内云，日夜不止"。

例2

正文：公元756年，四川发生大地震。

书末注：天宝十五载，帝奔蜀，川中大震。

错误：文注矛盾。"川中大震"并非"四川发生大地震"。天宝十四载(755)，爆发了安史之乱，唐玄宗仓皇出逃，于天宝十五载(756)逃到四川，川中百姓大为震惊。

例3

西北地区藏式壁画，除白居寺、瞿昙寺外，桑耶寺也颇具特色。

错误：转换概念。前面说的是"藏式壁画"，后面列举的却是三座佛寺，佛寺与壁画不是同一概念。应改为"除白居寺、瞿昙寺壁画外，桑耶寺壁画也颇具特色"。

例4

春分已过，离惊蛰不远了。

知识性错误。节气的顺序是：立春，雨水，惊蛰，春分……。"春分"在"惊蛰"之后，句中的"春分"应该改为"立春"。

他校法　要旨在"以他书校本书"。改必有据，是校对工作的一条原则。他校即寻找认定错误、改正错误的可靠依据。他校重点：引文，转述文字，字词使用规范，其他疑点。他校所依据的"他书"，应当是国家标准、权威工具书和其他可靠图书。

例5

《唐诗鉴赏辞典》将杜甫诗句"葵藿倾太阳，物性固难夺"译作"向日葵

113

老是围着太阳转"。

知识性错误。向日葵原产北美洲，杜甫是 8 世纪人，那时美洲大陆还没被发现，杜甫没有见过向日葵。可以断定"葵藿"不是向日葵。那么，葵藿究竟是什么植物呢？其生物特性又是怎样的呢？只有他校才能找到答案。查《本草纲目》等可知：葵，蔬菜，叶倾日。藿，豆科植物的叶子。葵藿即葵叶(借"藿"代叶)。"葵藿倾太阳"即"葵叶倾太阳"。查古文、古诗词又知：古代文人认为，葵叶倾日是为了"卫其足"，因而赋予它"手足亲情"的人格内涵。曹植在《求通亲亲表》中说自己对哥哥曹丕"若葵藿之倾日"，用"葵藿倾日"的典故，向哥哥表白手足亲情。

例 6

成语"再接再厉"为什么用"厉"不用"励"？

查《成语辞典》可知：语源是韩愈、孟郊的《斗鸡联句》：一喷一醒然，再接再砺乃。查《韩昌黎全集》可知《斗鸡联句》的具体含意。原来，韩孟二人一块儿观斗鸡。两只鸡斗了几个回合，便蔫了，都退出战斗。这时，鸡的主人便往鸡身上喷水，一喷水，两只鸡都像睡了一觉醒来一样，又精神抖擞起来。但是，它们却不马上厮斗，而是各自在地上磨喙。孟郊见此情景，脱口而出两句诗：一喷一醒然，再接再砺乃。再查古字书可知：厉是砺的本字，"再接再厉"即"再接再砺"。是"磨砺"，不是"勉励"。

理校法　即推理判断。段玉裁认为："所谓理校法也，遇无古本可据，或数本互异，而无所适从之时，则须用此法。"

理校主要从语言、体例、史实三个方面入手。

从语言入手，即通过辨析字形、读音、含义以及运用语法规则、逻辑规律等手段，进行是非判断，从而改正用字、用词、造句的错误。

例 7

触詟说赵太后(《战国策》)

赵太后新用事，秦急攻之。赵氏求救于齐，齐曰："必以长安君为质，兵乃出。"太后不肯，大臣强谏，太后谓左右："有复言令长安君为质者，老妇必唾其面。"左师触詟愿见，太后盛气而揖之。

清代校雠大家王念孙认为，文中上句"有复言"与下句"左师触詟愿见"文气不贯。他认为：下句应为"左师触龙言愿见"，才能跟上句"有复言"呼应，文气才贯。他推断："触詟"是"触龙言"之误，龙言(竖排)错合为"詟"。1973年长沙马王堆汉墓出土帛书《战国纵横家》："左师触龙言愿见"。证实了王念孙的推理判断。

例8

这家工厂，去年年产值仅1 200万元，今年跃升为3 600万元，整整增长了三倍。

数量表达混乱。倍，指跟原数相等的数。计算倍数应减去原数，再除以原数。原产值1 200万元，今年产值3 600万元。$(3600-1200)÷1200＝2$　增长两倍

例9

巍巍长城，逶迤万里，是伟大祖国的天然屏障。

不合逻辑。长城是人工建造的，并非"天然屏障"。

例10

他那炯炯有神的目光，总是蒙着一层湿润的泪水。

主语和谓语不搭配。"目光"指视线或眼神，不是实体，因而没有办法"蒙着一层泪水"，可蒙着泪水的是"眼睛"，但是，眼睛蒙着泪水，又不可能"炯炯有神"。

从体例入手，是古籍校勘的重要方法。古文中的经、传、笺、疏，诗、词、曲、赋，各有一定的体例。因此根据古文不同体例进行类比，可以发现错误。例如《墨子·非攻中》："诗曰：鱼水不齐，陆将何及乎？"清代校勘大家王念孙指出："'陆将何及乎'，不类诗词，'乎'字盖浅人所加。"这是典型的从体例入手类比的理校法。古籍校勘的这种体例类比方法，现代图书校对可以借鉴运用。例如可以运用到辞书校对实践。辞书的编纂，有着严格的体例，但由于编写者众多，容易发生词条编写体例不一致，从体例入手可以发现错误。

辞书是由众多专家共同编写的，编写工作是分散进行的，容易发生相同类型的各个条目格式不一的情况。例如：

李鸿章(1832—1901年)，安徽合肥人，清末洋务派和淮军首领……

李庭芝(1219—1276)，字祥甫，南宋大臣，随州(今治湖北随州市)人……

孤立看两个条目均无问题，但对照看就会发现两个条目技术规格不一致：生卒年表述方式不统一；李鸿章无字；李庭芝的籍贯排在官职后

115

面；李鸿章的籍贯后面无今地名括注。在同一部辞书里，这种"不统一"是不允许存在的。

从史实入手，即从文章的内容方面检查文字表述是否符合史实。

例11

对于纷繁复杂的人生现象，古希腊有位哲学家把它比喻为奥林匹克运动会。

违反史实。古希腊在公元前146年并入罗马版图后就不复存在，而现代奥林匹克运动会始于1896年，两者相距2 042年。两千多年前的古希腊哲学家，怎能用两千多年后的事物作比喻？古希腊的运动会叫做奥林匹亚竞技，作者把古今两个运动会混淆了。

例12

（藏经洞）被发现于十九世纪最后一个晚春季节，与八国联军发起向中国的进攻几乎同时。焚烧圆明园的烈焰即将腾起……

违反史实。火烧圆明园发生在1860年，乃英法联军的罪行。八国联军攻陷北京发生在1900年，圆明园早已化为灰烬。八国联军于1900年6月7日攻占大沽炮台，7月14日攻陷天津，8月14日攻陷北京。并非"晚春"，而是盛夏。

116

第二节　现代校对创造的新方法

现代校对还创造了四种新方法：

1. 人校与机校结合。人机结合最优方法是"二三连校"：一校由人工校，二校由机校（使用校对软件在电脑上校对），校后不改版，接着人工三校，先对机校报"错"逐一判断正误以防范误改，然后通读检查机校的漏校。

2. 核红。即核对上校次纠错的字符，有无漏改、错改。其技术要领是：

第一步，核对上一个校次标改的字符，至少核对两次；

第二步，如果发现漏改字符，除重新改正外，还要搜检该字符上下左右相邻字符有无错改，防范邻行（上下行）邻位（左右字符）错改；

第三步，正文标题上校次如有改动，则要同时核对目录、书眉上的

相关标题,依据正文改后标题改正目录、书眉上的标题。

第四步,比对红样与校样四周字符有无胀缩,如有胀缩则要对相关行及其上下行逐字逐符细查,找出胀缩原因,予以改错补漏。

3. 过红。又称"誊样",即将作者、编辑在校样上的修改,誊录到校对员校过的校样上。如果修改的内容涉及人名、地名、书名、事物名等专名,则要检查全书是否统一,若有疑义则要向编辑质疑。如果增删较多,导致版面变动,则要细心调整版面。

4. 文字技术整理。简称"整理"。每校一次,校对者都必须进行一次整理。终校后,再进行一次全面整理。

整理的内容主要有如下 10 项:

(1)核对封面、书名页,版权页,使书名、著译者或主编者姓名、出版单位名称、出版日期、在版编目数据、版权记录等项目齐全和内容一致;

(2)根据正文标题核对目录和书眉上的标题,检查文字是否一致,页码是否相同;

(3)检查正文各级标题的字体、字号、占行、位置是否符合设计要求,同级标题字体、字号、占行、位置是否一致;

(4)检查插图的形象与文字说明是否相符;

(5)检查图表、公式与正文是否衔接,图表、公式的编序形式是否正确,序码(应连续)有无缺失或重复;

(6)检查表格和公式的格式是否规范,表格转页、跨页和公式转行是否符合规范,公式的变形是否正确;

(7)检查正文注码与注文注码是否相符,参见、互见页码是否准确;

(8)检查前言(序)、后记(跋)、内容提要等辅文中的指示性文字与正文是否相符,其中的引文与正文是否一致;

(9)如系全集、文集、套书,则要检查是否成龙配套,版式、体例是否一致;

(10)解决相互关联的其他问题。

上述八种校对方法必须综合运用,才能提高校对效率,保证校对质量。

117

第十章　现代校对工作的基本制度

　　本书第二章第二节以"制度不同　程序不同"为题，简述了编辑工作的"三审制"与校对工作的"三校制"的差异，本章再全面阐述校对工作的基本制度。

　　制定并坚持科学的校对工作制度，是校对质量的重要保证。

　　现代校对的基本制度有四：三校一读及样书检查；校对主体多元化与专业化相结合；集体交叉校对与责任校对相结合；校对质疑与编辑排疑相结合。

118

第一节　三校一读及样书检查

　　"三校"即三个校次，"一读"即终校后的通读检查，"三校一读"完成后才能付印。

　　由于校对客体差错的复杂性和出错原因的多样性，"校书如扫落叶"，校对工作不可能毕其功于一役，必须进行多次校对。

　　早在西汉，刘向提出"校雠"概念时，就实际上提出了多校次的问题。刘向校书，先通过"雠"，查检不同抄本的异同；再进行"校"，对"异"进行是非判断；然后"书竹"（誊写在竹简上），再"刊定"（发现了错误就用刀将竹简上的错字削去，换上正字，此谓之"刊"）；最后"可缮写者，以上素（誊写在缣帛上，谓之'帛书'）也"。雠、校、刊定，正好"三个校次"。

　　隋唐时代，官方翻译佛经，在誊录过程也是"初校、再校、三校"，最后由主持人详阅。这是我国校雠史上最早的"三校一读"记载。

贞观四年(630)，唐太宗诏孔颖达、颜师古等撰"五经正义"(《周易正义》、《尚书正义》、《春秋正义》、《毛诗正义》、《礼记正义》)义疏，至贞观七年(633)完成后，组织42位学者复审刊定。高宗永徽二年(651)，朝廷又组织学者作第二次考证，次年又命长孙无忌"详加刊正"。

到了宋代，太宗下令重校"三史"(《史记》、《汉书》、《后汉书》)，明确规定"三覆校正"，最后由皇帝"御览"。

清代《四库全书》编成，手抄七部，在抄写过程，设分校、复校、总校三级校对责任体系。全书抄写完成后，乾隆又命大学者陆锡熊"详校全书"。

汉、隋、唐、宋、清，历代校书都是"三校一读"。这不是巧合，而是校对客观规律使然。

借鉴古代校雠制度，总结现代校对实践经验，"三校一读"是必要的校对投入，是必须坚持的最低限度的校次，是校对质量保证的基本条件。

校对工作的正常程序是：一校－整理－退改→核红－二校－整理－退改→核红－三校－整理－退改→通读检查－打印清样－签字付印。我们说上述校对工作程序是正常程序，是因为有些书稿"三校一读"还不能保证质量，必须根据实际需要增加校次。例如重要文件、学术著作、教科书、古籍、教辅读物、工具书等，校对难度大，又必须确保一字不错，就必须做到四校、五校甚至更多校次。

三个校次，对象和任务都不同，校对方法也有所区别。一校的对象有两个：编辑发排文本和校样。由于要根据编辑的加工修改作者的原创作品，又要按照版式设计要求进行版式转换，校样上可能出现《图书校对工作基本规程》所述(4)(5)类差错(见本书第209页)，所以必须将校样同编辑发排文本逐字逐句对照，并且按照版式设计要求检查版式。一校的主要任务是：消灭排版错漏。如果编辑发排文本是手写书稿，一校、二校都要"对校"。一校的任务是：至少要消灭排版差错的75％。二校的任务是：消灭一校留错的75％。电子书稿的二校，则可以采用"本校法"，即脱离原稿通读校样，其任务则是发现并改正原稿的差错。手写书稿的二校样，由于还存排版错漏，所以仍以校异同为主，其任务是消灭一校遗留的排版错漏。三校就不同了，对象就是三校样，要把主要精力放在校是非上。有的出版社将作者校对、编辑校对、校对员校对称为三个校

119

1985年5月，在第三届"五四青年智力竞赛"决赛现场，左为竞赛活动顾问、著名美学家李泽厚。

次，这是不正确的。《图书校对工作基本规程》明确指出："作者校对、编辑校对不能顶替校次，交给他们校对的校样是'副样'，'正样'仍由校对人员校对，三个校次都必须由经过专业训练的校对人员来完成。"为什么作者校对、编辑校对不能顶替校次呢？将在讲解第二个制度时具体解释。前面说了，三校完成后，还不能付印，还必须进行最后的通读检查。通读检查如果没有发现差错，三校样就可以作为"付印清样"；如是发现少量差错，则须改样后再打出"付印清样"。所以，"三校一读"实际上就是四个校次。

120 　　样书检查，指图书成批装订前先装订几本样书，分由责任编辑、责任校对检查，经检查无误后，方可成批装订出厂。

第二节　校对主体多元化与专业化相结合

　　"校对主体多元化"，是指作者、编辑、专职校对员共同参与校对，还有社外非专业人员参与校对，从而形成校对主体群。"校对主体多元化"为什么"必须与专业化相结合"？《图书校对工作基本规程》对上述各个校对主体作了如下分析：

　　作者校对属于自校，编辑校对属于半自校。他们共同的优势是：对书稿内容的把握，对相关知识的熟悉。共同的劣势是：因习惯线性阅读难以感知个体字符的差异，因思维定式而往往对差错"熟视无睹"。社外校对人员，技术、经验、心态和责任心一般不如社内专职校对员。因此，校对主体多元化必须与专业化相结合，并且以社内专职校对员为校对主体群的核心。

这里说的"以社内专职校对员为核心"，有三层意思：其一，出版社必须建立专业校对机构，对全社校对工作进行统一组织和全程监控；其二，出版社必须配备足够的专职校对员，并由专职校对员担任责任校对；其三，必须由工作认真、经验丰富、业务水平较高的校对员来做三校，以便把好至关重要的终校关。

同"校对主体多元化与专业化相结合"制度相对立的是：实行编校合一，由责任编辑承担校对任务；或者完全依赖社外校对。实践反复证明，这两种做法都是不可取的，因为这样做校对质量根本没有保证。

2007 年 8 月，新闻出版总署对 146 家出版社出版的 190 种教辅读物的编校质量进行检查，参与检查的专家们发现一条规律：编校质量比较高的书，大多数是教育专业出版社出版的。这些出版社出版教辅读物，具备两条明显的优势：一是具备出版教辅读物的专业编辑力量，二是校对机构比较健全，校对工作制度比较严密。反之，非教育专业出版社，缺乏专业校对机构的出版社，编校质量普遍比较低。编校质量问题比较严重的读物，一类是编辑加工粗放甚至没有加工，存在许多语言失范、逻辑混乱的问题；一类是校对工作粗放甚至缺乏校对，存在许多明显的文字、标点、版面格式差错（校对界称之为"低级错误"）。这条规律从正反两个方面证明：校对主体多元化必须与专业化相结合，并且以专业校对为核心。

第三节　集体交叉校对与责任校对相结合

"集体交叉校对与责任校对相结合"的具体内涵有三：1. 一种书稿的校对过程由多人集体完成；2. 不同校次或篇章的校对任务分别安排不同的校对人员交叉担任；3. 每种书稿确定一名专职校对人员担任责任校对。集体交叉校对有三个明显的优点：其一，校对者对校对对象陌生，没有"先入为主"的思维定式，没有"熟视无睹"的思维死角，能够保持客观和理性，这对猎错十分有利；其二，在分派校对任务时因人制宜，扬长避短，形成不同文化素养、不同专长、不同知识结构、不同心理素质的优化组合，从而产生一种"1＋1＞2"的结构效应；其三，集体交叉校对还是一种相互检查、相互监督、相互学习的有效形式，下校次实际上是

121

对上校次校对的质量检查。

我们主张集体交叉校对，是有心理学依据的。校对活动是一种心理活动，是信息搜索、选择、更正的过程，能否有效地纠谬正误，在很大程度上取决于校对者信息选择的认知图式。人们在具体的信息选择过程中，由于主客观的种种原因，会产生认知图式的定型效应和成见效应，直接影响校对活动的效果。所谓定型效应，是指在个体选择信息的某种定型选择过程中所体现出来的思维定式，这种思维定式往往导致在认知过程中缺乏思维的批判性。所谓成见效应，是指人们的认知一旦形成较为固定的心理趋向，在信息选择过程中就会习惯地用已有的知识和经验去判断新的信息，往往做出错误的选择。出版物中的常见错别字，人们对某些字词习惯性的误读，以及某些词语、成语被频频错用，正是认知错误造成的以讹传讹。集体交叉校对可以有效地避免认知图式的定型效应和成见效应，从而提高猎错改错的效率。还有，心理学认为：新异刺激会使人的大脑皮层产生优势兴奋中心，引起人的定向反射，从而确保信息接受者对作用于其大脑的事物做出准确的判断。如果实行一人包校，一个校次、一个校次地连续校对，新异刺激就会变成单向刺激，从而导致校对者精神疲惫、反应迟缓，直接影响校对的效率。所谓"熟视无睹""熟能生错"，其心理原因正在于此。集体交叉校对，可以有效地保持新异刺激，避免单向刺激。集体交叉校对也存在不足，主要是校对者对差错认定不会完全一致，大部头书稿分章集体交叉校对，还会造成版面格式处理的不统一。因此，在集体交叉校对的基础上，还必须实行责任校对制。责任校对是本书校对工作的总责任人和总协调员，参与本书校对全过程，承担终校或通读检查以及最后的文字技术整理；协助责任编辑解决校对质疑，并核对付印清样和签字付印。

第四节　校对质疑与编辑排疑相结合

校对质疑与编辑排疑相结合，是现代校是非的基本形式。对于原稿的错误，校对员无权在校样上直接修改，这是编校职责分工的规定。这样规定，并不是限制校是非，而是为了保证校是非的质量，更加充分地发挥校是非的功能。由于原稿可能存在的错误的多样性，由于校对员对原稿内容掌握的有限性，校对员在校样上直接修改，有可能发生妄改，所以校对员发现了原稿的"差错"，采取质疑方式向编辑提出，说明质疑的理由和改错的依据，最后由责任编辑排疑认定。

编辑具有排疑的优势：第一，他对书稿的内容比校对员了解得更全面；第二，他对书稿涉及的专业知识比校对员懂得多些。因而更具备排疑的主观条件。再说，清除原稿上的各种差错，首先是责任编辑的责任。

在质疑和排疑过程中，可能发生编校矛盾。处理这样的矛盾，一要靠校对和编辑的正确对待，二要靠必要的制度保障。校对质疑要慎重，要有根据，要作分析，并且诚恳地提出改错建议，还要采取对事不对人的态度。编辑排疑要认真对待校对质疑，虚心采纳纠错建议，对不拟采纳的建议，要坦诚向质疑者说明理由。出版社则应制订相应制度，鼓励校对质疑，组织社内外专家对编校不同意见进行仲裁。

校对质疑与编辑排疑相结合，是编校通力合作、优势互补、相互学习的有效形式。

简短的结束语

　　编辑阅读与校对阅读的比较研究，是现代编辑学和现代校对学的新课题，缺乏这方面可资参考的资料。笔者也是第一次将这个比较作为研究现代校对理论和实践的切入点，自知肤浅，以个人的校对理论素养和校对实践经验，在短期内恐难以将此项研究深入下去。所以，只好草草结束。但是，通过编辑阅读与校对阅读的比较研究，我更加认识到：编辑工作与校对工作是两个不同的专业，编辑阅读与校对阅读是两门不同的学问，编辑人才与校对人才都是图书出版必需的特殊人才。我真诚地希望，这个认识能够成为出版界的共识，成为促进我国社会主义出版事业健康发展的共识。

　　本书后面，收入了笔者近几年写作的几篇文章、讲稿，一篇答记者问，作为对本书内容的补充。另外，中国出版工作者协会发布的《图书校对工作基本规程》，集中反映了 1994 年以来校对理论研究的成果和校对实践的经验，笔者作为《规程》的起草人，当然也融入了我对校对工作及其客观规律的认识。所以，也收入本书作为附录。

2007 年 10 月 29 日脱稿

補　编

杂论编辑与校对

图书编辑的审读与加工
——在青岛出版社编辑业务讲座上的讲话稿

审读，加工，是图书编辑的两项基本功。要想做好编辑工作，必须掌握这两项基本功。

下面，结合个人 50 年编辑生涯的感受和体会，同大家一起探讨"编辑的两项基本功"。

书的本质特征

127

编辑工作的产品是书，书的品位和质量，是编辑的思想水平和专业功力的体现。所以，探讨图书编辑工作，首先必须正确认识书。

书是什么？古往今来，人们给出了各种各样的答案。《说文解字》说："著于竹帛谓之书。"《现代汉语词典》说："书是装订成册的著作。"这两说都对，但都只指出书的表面形态，而没有点明书的内在的、本质的特征。高尔基认为："书是人类进步的阶梯。"莎士比亚认为："书是全世界的营养品。"他们点到了书的内容，书对社会发展、人类进步的特殊作用。苏东坡写过一篇《李氏山房藏书记》，他这样论述书的价值：

> 象犀珠玉怪珍之物，有悦于人之耳目，而不适于用；金石草木丝麻五谷六材，有适于用，而用之则敝，取之则竭。悦于人之耳目而适于用，用之不敝，取之不竭，……惟书乎！

苏东坡看到了作为精神消费对象的书和生活消费对象的本质区别：它不但"悦于人之耳目"，又"适于用"，而且"用之不敝，取之不竭"。

比较各家之言，我以为俄国 19 世纪哲学家、作家赫尔岑关于书的一段话，更能帮助我们认识书的本质特征。赫尔岑说：

书是这一代对另一代的精神上的遗训，是行将就木的老人对刚刚开始生活的青年人的忠告，是行将去休息的站岗人对未来接替他的站岗人的命令。人类的全部生活，会在书本上有条不紊地留下印记：种族、人群、国家消失了，而书却留存下去。书是和人类一起成长起来的，一切震撼智慧的学说，一切打动心灵的热情，都在书里结晶成形。在书中记述了人类的狂激生活的宏大规模的自白，记述了叫做世界史的宏伟自传。

赫尔岑的这段话，讲了五个意思：

1. 书是上一代留给下一代的精神遗产；

2. 书是前辈对晚辈的忠告；

3. 书纪录了人类社会的全部生活；

4. 书是人类智慧和热情的结晶；

5. 书是永存的，超时空的，全球共享，世代传承。

书是精神消费对象，是思想文化载体，通过传播思想文化信息，作用于人的精神世界，发挥着启迪思想、陶冶情操、增长知识、塑造灵魂的作用。书又是积累文化的宝库，时过境迁，朝代更替，乃至国家消亡，书却能够承载历史，超越时空，世代传承，全球共享。从书中，人们能够迅速汲取人类社会几千年发展积累的知识；从书中，人们能够冲破时空的局限观察世界；从书中，人们能够超越独自思维的单信道联系，横从全球、纵从祖辈获得信息。

认识书的本质，认识书的价值，就从根本上明确了编辑工作的意义，明确了编辑的神圣使命和历史责任，也就明确了审读、加工的方向。

"以人为本"是科学发展观的核心。胡锦涛在党的十七大报告中，这样阐释"以人为本"思想："全心全意为人民服务是党的根本宗旨，党的一切奋斗和工作都是为了造福人民。要始终把实现好、维护好、发展好最广大人民的根本利益作为党和国家一切工作的出发点和落脚点。"胡锦涛在报告中特别要求文化界（当然包括出版界）："要坚持社会主义先进文化前进方向，兴起社会主义文化建设新高潮，激发全民族文化创造活力，提高国家文化软实力，使人民基本文化权利得到更好的保障，使社会文化生活更加丰富多彩，使人民精神风貌更加昂扬向上。"我们的出版发展也应该"以人为本"，以此来确立出书的出发点和落脚点，确立评价图书

128

质量的根本准绳。

审读的意义、原则、条件和方法

审读书稿涉及五项内容：1. 审读的意义，2. 审读的原则，3. 审读的条件，4. 审读的方法，5. 审读的结论。

一、审读的意义。审读的重要意义首先在于保证书稿取舍决策的正确性，而书稿取舍决策的正确性是保证图书质量的基本条件。

从一定意义上讲，编辑的审读活动是一种文化选择活动。从表面看，编辑审读是个人行为，但是，编辑不能以个人好恶作为取舍标准，他是代表出版社、代表读者、代表社会进行文化选择的。因此，要对作者负责，为优秀作品争取出生权；要对读者负责，满足读者的精神需求；要对后代负责，为子孙留下真知；要对社会负责，有益于经济发展和社会进步；还要对出版社负责，为出版社赢得长远的和现实的利益。所以，编辑审读既是了解和评价作品的过程，又是全方位综合各种因素进行文化选择的过程。

编辑审读的对象，有两类书稿：

一类是组织作者写作的书稿。组织写作的书稿，是经过出版社精心策划的，作者是按照出版社的策划意图写作的。这类书稿要不要认真审读？回答是肯定的。因为一流的选题策划，并不必然地产生一流的书稿。可能存在三种情况：1. 符合策划意图，达到出版要求；2. 基本符合策划意图，但存在不足和问题；3. 不符合策划意图，作者难胜其任。第一种书稿，稍加润色即可发排。第二种书稿，必须退还作者修改或重写。第三种书稿，则要果断舍弃，或者取消这个选题，或者重新物色作者。以为选题策划好了，就忽视对书稿的审读，显然是不正确的。

另一类是作者的自由投稿。这类书稿是选题计划里没有的，投稿量大，采用率低。要不要认真审读呢？回答也是肯定的。因为这类书稿如同金沙矿，沙多金少，但里面确有金子，审读如同沙里淘金。许多作者的成名作恰恰是处女作，作者不为人知，往往采取自由投稿形式，如果编辑草率退稿，就可能埋没人才，扼杀优秀作品。应当说，这是编辑的严重失职。编辑的审稿行为，应当成为优秀作品、优秀人才脱颖而出的催生剂。

129

　　既要保证组织写作的书稿的质量，又要发现创作新人和优秀作品，这就是编辑审读的意义所在。

　　二、审读的原则。可以用一句话来概括：书稿的取舍必须遵循"质量第一"的原则。为什么要强调"质量第一"呢？因为在编辑审读活动中存在着其他第一：经济效益第一，名人第一，关系第一，个人好恶第一，等等。鉴于此，老一辈编辑家提出"五不唯"取舍原则：不唯上，不唯名，不唯亲，不唯利，不唯个人好恶。"五不唯"的核心，就是"质量第一"，唯质量决定取舍。只有这样，才能保证书稿取舍的正确，从而保证图书的质量。这里说的"质量"，是个综合概念，包括政治性、思想性、科学性、知识性、独创性、艺术性、稳定性以及语言文字表达等等。

　　"以质论稿"是我国编辑工作的优良传统。1933年，茅盾主编《文学》杂志，他在第一期的《社谈》中明确表示："我们不问作家的新老或面熟面生，只要看文章的好坏。"叶圣陶在担任教育部副部长时，对教材的课文选择，提出一个明确的标准：绝不宜问其文出自何人，流行若何，而只以文质兼美为准。他对编辑们说：选者必先"心焉好之"，使之"教师乐教，学生乐学"，"一册在手，无篇不精"。叶圣陶在这里提出了一个编辑职业道德要求：要有崇高的道德良知，坚持"文质兼美"的客观标准。何谓"文质兼美"？文，指表达形式；质，指思想内容。文质兼美就是思想内容与表达形式的完美结合。

　　正确做出书稿取舍决策是很难的事情，因为文化性与经济性的矛盾，理性与非理性的矛盾，常常困扰着书稿取舍决策。所谓文化性与经济性的矛盾，是指从文化上看有价值的书稿，而经济效益可能不怎么好。反之亦然。完全不顾经济效益显然是不现实的，但单纯追求经济效益也是不可取的。所以要力求社会效益与经济效益的统一。所谓理性和非理性的矛盾，是指做出书稿取舍决策要进行充分的理性分析，使决策建立在科学判断的基础上，但是，审读书稿毕竟是编辑的个人行为，不可避免地会受到个人情趣、风格等等主观的非理性的因素影响。解决这两对矛盾的办法有二：一是加强编辑的个人修养，提高鉴别力和判断力；二是坚持"三审制"，用三级审读的办法克服编辑个人的局限制。

　　三、审读的条件。是指审读主体审读具体书稿时必须具备的主观条件。主观条件有二：其一，审读主体必须掌握被审读书稿的相关知识。

这是审读具体书稿必须具备的基本条件，因为不掌握相关知识，就看不懂书稿的内容，对书稿的内在价值就无法做出评价，对书稿内容存在的缺陷和问题也无法做出判断。其二，审读主体必须掌握与被审读书稿同类图书的出版信息。这样才能进行比较，才能避免低层次的重复出版。中国青年出版社过去有个不成文的规定：如果市场上已经存在同类题材的图书，审读者必须把同类题材图书找来，作为审读书稿的参照。如果书稿没有新意、没有特色，就不要重复出版。出版界流行两句话：人无我有，人有我新。"人无我有"，我出的书，题材新颖，图书市场没有同类书。"人有我新"，图书市场已经有了同类书，但是，我出的书有新的东西，或者有新的内容，或者更有深度，或者形式新颖，总之是与众不同。解决这个问题的办法只有两条：一是坚持编辑的专业分工，不审读自己无知或知之甚少的书稿；二是认真做好审读前的知识准备，涉猎一些相关领域的知识，掌握相关出版信息。

四、审读的方法。审读的功夫在"审"。审，繁体作"審"，会意字，由宀、采、田组成。宀，表示深屋，含有有着落之意；采，古辨字，即辨识；田，象形符号，象兽掌之形。合起来是：辨识野兽足迹而知其去向。所以，《说文解字》释"審"为"悉也"。悉，本义"完全了解"，在"审读"一词里，表示详知、洞察、明确、审慎的意思。这个"审"字，为审读规定了基本要求：1. 详知书稿的内容；2. 洞察书稿的价值；3. 明确书稿的优点、缺点、不足和问题；4. 审慎做出取舍判断。

依据上述要求，初审的方法应该是：

第一步，粗读，又称"初读"，是了解性阅读。粗读的目的，在于摸清书稿的大致内容，对书稿的总体水平做出初步判断。因此，在审读过程中要把注意力放在总揽全局上，不必关注细枝末节，那些问题留在加工时处理。感到有亮点或有问题的地方，要做笔记或用铅笔批注。

第二步，精读，是评价性阅读。经过粗读，印象很差、根本不具备出版条件的书稿，可以做出退稿决定，不必再花工夫去精读。粗读印象较好的书稿，必须通过精细重读，做出最后的评价和抉择。在重读过程中，碰到有问题的地方，要反复读，直到得出结论，并将结论记在审读笔记里，或写在纸条上贴在书稿相关处。精读之后，要对书稿做出分析评价，提出处理意见。如果仍然把握不住，则须再读，或再读部分章节。

131

编辑审读书稿，既要深入进去，又要跳得出来，超越作者和书稿，站在更高点上来审视。因为编辑是代表出版社、代表社会来进行文化选择的。审读首先是一种认识过程，是一种高级理性活动，必须运用科学的思维方法。茅盾在谈到文艺批评时指出："一个批评家应当比作家具备更多方面的社会知识，更有系统的对社会生活的了解，更深刻的社会现象的判断能力，然后才能给予作者以更有效的帮助。"茅盾的这段话，对编辑审读也是适用的。

五、审读的结论。即"审读报告书"。它是初审的成果，是编辑审读水平的体现，是复审、终审决策的重要依据。应当精心写作。怎么写？没有见到统一的规范。我个人认为，审读报告书至少应该反映如下6项内容：

1. 书稿来源：组稿，投稿。如系组稿，则要简述选题策划意图，并附上"选题策划"原始材料。

2. 作者情况：作者姓名，工作单位，职务职称，学术专长及在学术界的地位，代表著作等。

3. 书稿内容梗概。

4. 对书稿内容的评价。包括总体评价，分章评价，优点，缺点，不足，存在的问题等。

5. 同类书出版信息及与本书稿的比较分析。

6. 处理意见。提出取舍建议，简述取舍理由。如建议取，还要简述具体处理意见，例如由编辑加工，退作者修改(提出修改意见)，退作者重写(提出重写构思)。

复审，要带着问题通读书稿，"问题"就是初审报告对书稿的评价和处理意见。因为复审的任务是：对初审的评价和处理意见做出判断，明确表明自己的看法和意见。

终审先要审阅初审和复审报告，根据初审、复审报告选读部分章节，然后做出最终的取舍决定。重大题材书稿，初审、复审分歧较大的书稿，则应通读全部书稿。终审要特别把好政治关，注意书稿的思想政治倾向和出版后可能产生的社会效果。

审读主体的创造性

审读是一种创造性劳动。审读主体创造性的主要表现是：发现，挖潜，提升。

先说发现。发现的内涵有三：一是发现有价值的书稿；二是发现书稿的潜在价值；三是发现作者尤其是创作新人。

书稿的价值，主要指文化价值，包括文化传播价值和文化积累价值。编辑的发现，是从读者和社会的精神需求出发，进行有意识的文化选择。

如果把发现有价值的书稿比作发现金块，那么，发现书稿的潜在价值就好比发现含金的矿石。后者更能反映编辑的学识和功力。书稿，包括精心策划的书稿，像金块那样的是极少见的，许多优秀的图书的初始稿，只是含金的矿石，经过编辑的发现，以及编辑与作者创造性的合作过程，熔炼提纯，加工制作，才成为优秀图书的。因此，编辑发现有一条重要原则，用美国资深编辑舒斯特的话来说，就是："不要就稿子目前的状况匆匆下判断，而是就它未来可能呈现的面貌来作决定。"发现"未来"才真正体现编辑的创造才能。

发现"未来"的事例，在中外出版史上是很多的。

小说《林海雪原》是我国 20 世纪 60 年代文坛的一颗璀璨明星，作者曲波因此而一举成名。这部小说的初始稿，叫做《林海雪原荡匪记》。作者名不见经传，是第一次拿笔创作小说的。人民文学出版社的年轻编辑龙世辉，透过一摞杂乱的稿子，发现了有着深厚浪漫色彩的传奇英雄故事，便建议接受出版，然后使出浑身解数帮助作者改好这部小说。

1953 年，美国兰多姆出版社的编辑萨克斯·康明斯收到一部投稿，名曰《阿拉斯加》，是一部地方志。整个书稿，杂乱无章。康明斯却发现了它的潜在价值。他专程去到阿拉斯加，造访担任该州州长 14 年之久的作者格里宁，建议他重新写作。作者拒绝做任何修改。康明斯决意不放弃，通过书信一而再、再而三地向作者申述自己的意见。康明斯的执著，终于说服了作者。重写后的《阿拉斯加》出版后，评论家一致认为是"一部无与伦比"的地方志。

20 世纪 80 年代，中国科学院自然科学史研究所的一位研究人员，写了一部题为《简明科学技术史话》的书稿。他第一次写作，心里没有底，

133

便把书稿送给所里领导审阅,得到的却是否定的评语。他不甘心,又把书稿送到中国青年出版社。该社副总编兼自然科学编辑室主任王幼于审读了书稿,发现了其中的潜在价值,便指定一位资深编辑担任责编,负责处理这部书稿。他同责编谈了整整一天,从书稿的结构、体例、指导思想到内容取舍,详尽地阐述了自己的意见。在责编的帮助下,《简明科学技术史话》终于出版了。著名物理学家钱三强读了大为赞赏,挥笔撰文推荐。当年,《简明科学技术史话》荣获全国优秀科技图书奖。

上述三例,都是编辑沙里淘金。在中外出版史上,编辑视金如沙的例子也不少。法国著名科幻读物作家儒勒·凡尔纳的成名作《气球上的五星期》,曾遭 15 家出版社的拒绝,由于后来遇到了慧眼识珠的出版家儒勒·埃策尔,终于一举而闻名天下。我国著名小说《青春之歌》,也曾辗转多家出版社,终于被人民文学出版社的编辑发现。当代著名散文集《文化苦旅》,曾被一家出版社视作休闲书,后来被上海知识出版社的编辑王国伟发现。他在《〈文化苦旅〉成书前后》一文中这样描述读后的感受:"我捧回已落满灰尘的书稿,一口气读完后,激动不已。书中所释放出来的生命信息和作者良好的文化感觉,一下子抓住了我的心。尤其是作者深入浅出,把沉重的历史和深邃的文化底蕴,通过非常感性的文学语言输送出来,既建立了一种轻松进入的通道,又营造了生命之间平等对话的氛围。我如获至宝,庆幸那家出版社的失误才使我抓住了机会。"

为什么有的编辑视金如沙,有的编辑却能沙里淘金?这首先是编辑个人的素质决定的。发现《文化苦旅》的王国伟说:"我强烈地感觉到,这是一本好书,这种感觉来自内心的对应,是各自素质的平行和交流。出版人的功绩恰恰在于,筛选有价值的智慧成果。书是出版人自我形象的丰碑。""书是出版人自我形象的丰碑",说得多么好啊!

再说挖潜。挖潜就是挖掘作者的潜力。美国编辑家格罗斯认为,"最好的编辑"是"让作者的才华发挥得淋漓尽致"。挖掘作者的潜力,调动作者的才华,从而改造好作品,是编辑智慧和才能的集中体现。作品是作者用心血创作的,又不能不受到作者自身的局限和外部环境的影响。因而编辑的作用,对于改造好作品就显得十分重要。

传播学认为,以图书为媒体的文化传播活动,由作者、主题、媒介、读者、效果五个要素构成,其中起决定作用的是作者、媒介、读者三个要素。作者是传播者，主题要通过作者的创作活动才能表现；读者是接受者，传播的效果要通过读者的读书活动才能显现。但是，作者与读者并不直接接触，而是通过图书这个媒体发生传播和接受关系的。出版社是图书生产者，处在文化传播的中心位置，在文化传播中起着中介作用。编辑是文化传播中介作用的主要承担者，编辑的创造性作用，在很大程度上决定着主题的质量，决定着传播的效果。由于编辑在文化传播活动中的特殊地位，了解作者的创作，了解读者的需求，了解图书出版信息，能够客观地评价作品，尤其是发现作品的不足，有条件来做作者与读者的沟通工作，帮助作者创作出对读者有益又为读者乐于接受的作品。

举两个编辑帮助作者挖潜的典型事例：

一个是美国的例子。前面提到的美国著名编辑萨克斯·康明斯，收到著名记者斯诺的自传体书稿。作者在书稿中，叙述了他在第二次世界大战时期访问苏联、中国和印度的经历。康

1986 年接待日本出版界客人。

明斯读后，觉得"缺乏剪裁，冗长拖沓"，作者"对这本书的性质及记述经历的方法心中无数"。他把书稿退还给斯诺，附了许多评语，建议"大加修改"。后来，又多次约见作者，坦陈己见。修改稿出来后，康明斯仍不满意，又同作者长谈多次。斯诺听了康明斯的意见，推倒重写，整整花了四年工夫。自传出版后，赢得了广泛好评。斯诺非常感激康明斯的帮助，他在给朋友的信中说："没有康明斯的帮助，我是没法办的。"

再说一个中国的例子。天津作家蒋子龙在一篇文章里描绘过一位编辑：

"1979 年，我写过一篇小说，叫《机电局长的一天》。光是开头，编辑就来逼我返工五次。有一次，晚上停电，我摸黑骑了 40 分钟的自行

车，到旅馆看他。他老兄蹲在厕所里还举着我的稿子在琢磨。看完了我费了九牛二虎之力新写的开头，仍不满意地说：'你还有潜力，你的劲还没全使出来。'你从他嘴里永远听不到满意的话，总是莫测高深，不把你挤得水干油尽不罢休。回家的路上，我和三轮车相撞，推着自行车回家。路上又想了一个新的开头，激动得不得了，回到家里点起蜡烛重新写了前面的几百字。第二天刚起床，编辑就敲门。他看完新的开头，一拍大腿：'好了，我可以买车票了！'"

蒋子龙不愧为作家，寥寥数笔，一个善于挖掘作者潜力的好编辑的形象就活现在我们面前。

蒋子龙深有感触地说："我多亏碰上一个又一个好编辑，他们逼我，扶我，我才走到今天。"

挖掘作者潜力也是一门的学问，我国已经出版的编辑学著作好像缺乏这方面的内容。我个人认为，要挖掘作者的潜力，编辑至少要做到如下四条：

1. 要有强烈的社会使命感和职业责任感，把出好书、出新人作为自己的职业追求。在这方面，我们要学鲁迅。叶圣陶说："鲁翁毕生致力于编辑极勤，主旨唯在益人。""唯在益人"是编辑的崇高品格。

2. 对作者的作品要有深入的研究和独到的见解，从而能够给作者提出中肯的意见和有益的建议。

3. 对作者的思想水平、学识水平、生活经历和写作潜力，要有相当的了解。挖潜的前提是有潜可挖，碰到一座贫矿，上策就是放弃。

4. 要有帮助作者的热情和执著。没有热情和执著，是不可能挖掘作者潜力的。当然，还需要诚恳、谦和、讲究方法，要善"逼"、善"扶"。

最后谈谈提升。提升，指的是帮助作者提升作品的思想水平、学术水平和艺术水平。美国著名编辑格罗斯认为："编辑有他们自己的创造力，而这种能力是作家很少具备的。编辑通常具备批判性的分析能力，超然的眼光，以及作者应该善加利用的卓越表达能力。"美国著名出版经纪人柯蒂斯认为："编辑人的许多特质是无法取代的，例如个人的品味，辨别能力，情绪反应，做事的条理，决断力，投入的热烈。在这些层面上，没有任何人能取代编辑的地位。"我在前面说了，编辑是文化传播中介作用的主要承担者，最了解接受者，向接受者传播什么、怎样传播，编辑最有发言权，因而最有条件帮助作者提升作品。

关于编辑主体的作用，我国传统的说法是：为他人作嫁衣。不能说这种说法不对，因为编辑的劳动方式很特殊，是以作者的劳动成果为其劳动对象的，这跟科学家的劳动方式截然不同。科学家虽然也要利用他人的创造成果，但只将这些作为资料、工具，而不是直接的劳动对象。编辑以他人的劳动成果为劳动对象，改造好的作品又是他人的成果，编辑的心血潜隐在他人作品里面而不为世人知晓。这就是所谓作嫁衣的缘由。但是，我们如果换个角度来审视，结论就不同了。因为对于作品的问世，编辑始终处于主导地位，从发现到挖潜到提升再到完善，处处表现出编辑的主导权，说编辑的作用是"作嫁衣"，就显得很不够了，没有体现编辑的主导作用和创造才能。

小说《红岩》的诞生过程，充分表现了编辑对于提升作品的主导权和创造性作用。小说的两位作者罗广斌、杨益言，都是共青团重庆市委的干部，过去从未写过小说。他们两人是渣滓洞越狱斗争的幸存者，觉得有责任"将这座人间地狱的真实情况告诉全国人民"。他们写了篇回忆录《在烈火中永生》，随后根据中国青年出版社的建议，以回忆录为基础创作长篇小说。小说初稿《禁锢的世界》送到中青社，中青社三审之后，觉得不成熟，太压抑，便把两位作者请到北京来，共同商讨修改方案。出版社着重谈了如下建议：（一）要改变作品的压抑气氛，充分表现在全国解放在望的大背景下，"中美合作所"集中营里的斗争；（二）肯定"表彰先烈，揭露敌人"的主题，但要集中笔墨塑造许云峰、江雪琴、成岗、齐晓轩等人物，把许、江作为第一重点，也不要忽略群像的塑造；（三）描写敌特也要突出重点；（四）对叛徒甫志高的描写，要深挖他灵魂深处的肮脏，由隐而显，由表及里；（五）要把渣滓洞的斗争同白公馆的斗争有机地、血肉地联系在一起；（六）用三分之二的篇幅写狱中斗争，用三分之一的篇幅写狱外斗争，反映当时全国敌我斗争的总态势。修改稿完成后，出版社又一次"三审"，又把作者请到北京，商讨再修改方案。这次商讨有两个重大决定：其一，将书名改为《红岩》；其二，将许云峰和李敬原的身份对调，让李担任小说中的地下党市委书记，领导狱外斗争，与许领导的狱中斗争相呼应。这两处改动，可谓画龙点睛之大手笔，大大提升了作品的思想性。作者住在出版社，在编辑的帮助下再一次大改，终

137

于完成了小说《红岩》的创作。编辑在这部小说创作过程中的主导作用，大大提升了小说的思想水平和艺术水平。

再讲一个我自己审读书稿的例子。

1987 年，我在中国工人出版社担任总编辑。那年 5 月，湖北的一位大学讲师拿着《中国与世界比较》的写作方案和两章样稿，找到我社四编室。编辑室审读了方案和样稿，认为有可取之处，提交我终审。作者组织了强大的写作班子，有十几所大学的四十余位教授、副教授参加，有写好书的潜力。但是，我认为书名、方案、样稿都存在问题，需要重新构思。于是写了如下"终审报告书"：

1. 书名似以《中国与西方比较》为好。因为，中国与西方的比较，有可比性。

2. 关键在于写法。现在的方案和样稿，是"中国＋西方"的模式，写一段西方史，再写一段中国史，两者缺乏内在联系，看不出"比较"的特色。我倾向，以写中国历史为主，把西方历史作为大背景，进行全面的、实事求是的比较。

3. 比较的重点放在 15 世纪以后，至少应该回答如下问题：(1)四大文化古国，到 15 世纪时只有中国没有衰落，为什么？(2)中国在 16 世纪以前，无论政治、文化、科技，均处于世界的领先地位，而此后西方突飞猛进，中国却每况愈下，原因何在？(3)中国的文化曾经影响世界，但是随着历史的发展，中国文化却禁锢着自己，阻碍着社会进步和经济发展，为什么？(4)中国和西方几乎同时出现资本主义萌芽，但此后的发展却大不相同。为什么？(5)当西方进入资本主义甚至发展到帝国主义阶段，中国的先进分子曾经向西方学习，企图用西方的模式来改造中国，但是行不通，为什么？(6)为什么说在中国建设社会主义是历史的必然选择？(7)中国未来的发展前景怎样？

在报告书上，我还对这本书的写法提出如下建议：

本书既为比较历史，当具有史论结合的特色，要有叙有议，当然主要是叙史，让历史本身说话，必要的议论应是点睛之笔，以引发读者思考。

作者完全接受上述意见和建议，将书名改为《中西 500 年比较》，将比较的重点放在 16 世纪中叶至 21 世纪中叶的 500 年间。该书初稿顺利完成，

138

出版社三审后，基本肯定了初稿，派责任编辑周铜赴武汉商讨并参与修改。1989 年 10 月，《中西 500 年比较》出版，获得学术界和读书界的好评。北京大学著名教授汤一介给予高度评价，他认为这本书有三个特色：

其一，时间跨度选得好。从 16 世纪中叶到 21 世纪中叶，大致 500 年间，中国生产力的发展将会走完一个"V"形的路，而西方则大体上走曲线上升的路，两者比较，好像长距离赛跑。这个设计颇具匠心。

其二，既回顾历史向后看，又高瞻远望向前看。这个指导思想是可贵的。

其三，中西文化比较并不是一个新课题，但本书的明显特点是：既从政治、法律、经济、军事、思想、文化、科技等各方面进行比较，又把诸方面综合起来，把各方面总体联系起来，把微观与宏观统一起来，把纵向分析与横向分析结合起来，读后使人能把握这 500 年中西比较整体，从而能更深刻地了解中西方在世界历史发展过程中此起彼伏和此长彼消的复杂原因。

1990 年秋，《中西 500 年比较》荣获当时图书最高奖：中国图书奖。由于重印多次，出版社还赢得了较好的经济效益。

上面说的提高书稿的品位，是提升；帮助作者确保书稿内容的科学性和知识的准确性，也是提升。为此，编辑要破除迷信，不迷信专家，不迷信权威。鲁迅说过："专门家是多悖的，悖在倚专门家之名，来论专门以外的事。"专家的著作中存在科学性、知识性缺陷乃至错误是不奇怪的。举一个我自己审稿的实例：

1978 年，我在中国青年出版社担任编辑室副主任。当时，我们约请湖南省委宣传部编写《毛泽东同志的青少年时代》。1978 年 12 月书稿完成；先在省委机关刊发表，听取各方面的意见。1979 年 5 月，修改定稿。照理说，书稿已在省委机关刊发表，发表后又作了修改，应该没有问题了。但是，我们还是认真地履行"三审"，而且发现了不少问题。例如书稿中说：

他（青年毛泽东）读了许多唯心主义的书籍，曾受过唯心主义的影响，但并没有为它们所俘虏；相反，批判地汲取了其中有积极意义的因素。他从谭嗣同的《仁学》，李大钊、陈独秀的文章，以及康德的二元论哲学著作中，吸取了一些唯物主义思想……他的思想水平远远超过当时中国一般的革命知识分子。因而马克思列宁主义一传入中国，他就能很快地接受，并比一般的先进知识分子领会更加完整和深刻。

我在复审报告中提出：有三个问题值得商榷：第一，能否把李大钊、陈独秀的文章，同谭嗣同的《仁学》、康德的二元论相提并论，统称为"唯心主义书籍"？第二，能否说十月革命前，青年毛泽东的思想水平"远远超过当时中国一般的革命知识分子"？第三，能否说，马克思列宁主义一传入中国，青年毛泽东对马列主义"比一般的先进知识分子领会更加完整和深刻"？经过三审，发现了不少诸如上述科学性的问题，一一提出了具体的修改建议。作者接受了我们的意见，采纳了修改建议。

我花了许多笔墨，列举了许多发现、挖潜、提升的实例，是为了说明一个道理：编辑作为审读主体，是可以大有作为的。编辑不应该站在一旁评头品足，而应该是作品的共同创造者，尽管编辑的心血潜隐在作品里，不为外人所知。作家蒋子龙说得好："编辑是水泥柱里的钢筋，光使劲，不露面。"我看"水泥柱的钢筋"这个比喻，比"作嫁衣"更贴切，更有意蕴。

加工的任务、要求和方法

通过审读发现了优秀书稿，又通过审读帮助作者提升了作品品位，编辑工作完结了吗？还没有完结，还要进一步帮助作者完善书稿。完善书稿是编辑加工的任务。即通过加工，使作品更加完善，达到出版的要求。

现在，有些编辑重策划、轻加工，认为"编辑的任务就是做好选题策划"。有些出版社把"加工"改为"审订"，用"审订"代替"加工"。这可能是造成书稿加工粗放认识上的根源。应当说，这种认识是片面、有害的。经过"三审"决定采用的书稿，大多数并不具备出版的完备条件，必须经过编辑的精心加工。

编辑加工的任务，具体说，有如下4项：

1. 消灭差错。书稿中可能存在的差错有 10 个类型：①文字差错，②词语错误，③语法、逻辑错误，④数字使用错误，⑤标点符号使用错误，⑥量和单位使用错误，⑦事实性错误，⑧知识性错误，⑨政治性错误，⑩体例格式差错。消灭这些错误，是编辑加工最基本的任务，让这些错误出现在图书成品中，应该说是编辑的失职。

现在编辑加工普遍比较粗放，这是大量图书编校质量不合格的主要原因。举一个实例：某社一部书稿，校对员指出 22 处差错，责任编辑不以为然。总编室要我审校。我通读了全稿，觉得校对员是有眼力的，他指出的 22 处差错，只有两处属于异形词(作、做)可以不算错误。其实差错不止 20 处，我又发现了不少差错。编辑为什么不以为然，理由是"不影响阅读"。下面列举我发现的几个病句，请大家判断：这些句子影响不影响阅读？

1."工地试验室是施工单位控制工程质量的重要手段"。

"试验室"怎么成了"手段"？只能说"试验是……重要手段"。

2."施工单位应书面提交授权书"。

"授权书"不是"书面"的吗？

3."本次修订工作，对全国 30 个省(市、自治区) 150 余个部门和单位进行了调研……"

"市"应改为"直辖市"，"直辖"二字是省不得的，非直辖市不能同"省""自治区"并列。"省"后缺了一个"的"，不是对 30 个省"进行调研"，而是对 30 个省的 150 多个部门和单位"进行调研"。这个"的"是不能缺的。

4."测试仪器、仪表是度量机电工程质量的工具……"

"度量"是名词，不可用作动词，应改为"检测"。

5."如发现不只一项未做或不合理的，视为情况严重，监理工程师应签发《工程暂停令》……"

"不只"和"不止"含义不同："不只"含义是"不但"、"不仅"；"不止"含义是"表示超出某个数目或范围"。这个句子应该用"不止"。此外，《工程暂停令》使用书名号也是错误的。

6."通过审查施工分包合同中安全生产的责任条款，促进施工单位与分包单位各自强化质量意识。"

"安全生产的责任条款"怎么促进"质量意识"？概论转换了。"强化"的应是"安全意识"。

上引 6 个例句，能说"不影响阅读"吗？当然不能。如果编辑精细加工，上述差错并不难发现和改正。

2. 润饰提高。包括凸显主题，调整结构，理清层次，润饰文字，删

141

削精练，弥补缺漏，等等。目的是：使主题更鲜明，结构更合理，层次更分明，逻辑更严密，文字更流畅，达到内容与形式的和谐完美。美国著名编辑席瓦尔认为，编辑的责任就是："帮助作者改造好这本书，使整本书以最好的表达方式呈现出作者的思想。"这是很有见地的。

3. 规范统一。 规范，指国家的有关规范和标准。统一，指人名、地名、书名、事物名、相关材料和数据以及体例格式等全书统一。表面看，这种"规范统一"是技术性工作，而实质上它关系书稿思想内容和文化信息的准确表达。

4. 核对校订。 包括核对引文，查对资料，校订译文，等等。必须特别强调核对引文。出版物上常见的引文错误是漏字、错字，造成漏字、错字的原因，就是编辑没有认真核对引文。

钱锺书的名著《管锥编》初版存在差错 500 多处错误，其中就有多处引文漏字。例如：

> 为文者盍思文之所生乎？

原文为："为文者盍思文之所由生乎？"意思是：为文者何不想想文章是怎样产生的？"所"字后面漏掉一个"由"字，引文的意思变成：为文者何不想想文章产生了什么？意思完全变了。

> 虎之情不爱蹯也，然不以环寸之蹯害七尺之躯，权也。

原文为："虎之情非不爱蹯也，然不以环寸之蹯害七尺之躯，权也。"蹯，兽蹄，老虎喜爱的食物，故猎人以蹯为饵诱捕老虎，老虎虽然喜爱蹯，但觉得"为了小小的蹯而丢掉性命太不合算了"，所以不上这个当。"不"字前面漏掉了"非"字，"非不爱蹯"变成了"不爱蹯"，后面的权衡得失就完全没有必要了。引文是作为论据论证作者观点的，因而引文的准确性十分重要，两句引文，各漏一字，都改变了原意，也就完全失去了论据的意义。

再举两个经典案例：

案例一 唐代诗人杜牧的名篇《寄扬州韩绰判官》：

> 青山隐隐水迢迢，秋尽江南草木凋。
> 二十四桥明月夜，玉人何处教吹箫？

引自《全唐诗》。青山远水，明月夜箫，多么诱人的扬州景色！然而，那"秋尽江南草木凋"却大煞风景。有校者疑"草木凋"有误，便查他书，原来"木"字乃"未"字之误，该句应作**"秋尽江南草未凋"**。虽然秋尽江南，扬州依然草木葱茏。这样，便与青山、远水、明月、夜箫构成一幅完美画卷。

案例二 《搜神记·李寄》有一段文字，许多注释本是这样的：

> 将乐县李诞，家有六女，无有一男。其小女名寄，应募欲行，父母不听。寄曰："父母无相！惟生六女，无有一男，虽有如无。女无缇萦济父母之功，既不能供养，徒费衣食，生无所益，不如早死。卖寄之身，可得少钱，以供父母，岂不善耶？"

文中"父母无相"，诸本多注"父母没有福气(福相)"。这样，李寄的性格形象就很矛盾：说她是孝女吧，她竟咒骂"父母无相"；说她不孝吧，她却能卖身供养父母。后有校者从《太平广记》中查到，"相"字后面还有一个"留"字，"父母无相"本作**"父母无相留"**。诸本漏字，又妄加注释，以讹传讹。补上一个"留"字，恢复原著真貌，一个孝女的形象就活现在我们面前。李寄卖身为婢，父母不让她走，她就劝说父母"不要留我"(父母无相留)，女儿没有"缇萦济父母之功"，只能"卖寄之身，可得少钱，以供父母，岂不善耶"？

根本不需要编辑加工的书稿，是很少的。作者写作过程中的疏漏，作者因思想或知识的局限而导致书稿内容的不足乃至错误，都是难免的。钱锺书是大家都知道的大学者，其名著《管锥编》书稿送到中华书局后，责任编辑周振甫"重劳心力"为之加工，对书稿中的"失字破体，悉心雠正"，"援据未备者"，"逐处补阙"。钱先生翻阅了编定稿，感慨万端，当即致信周先生，盛赞他"千手千眼"。编辑要有"千手千眼"的功力，通过加工帮助作者完善作品，使作者个人的精神成果变为社会产品，从而实现社会价值。

西方的大中型出版公司，都设置文字编辑，专司书稿的加工。美国著名的文字编辑席尔瓦这样描述文字编辑的工作："文字编辑的工作，就是从第一个句子读起，开始思考加工：假如把这句话拆散成两个句子，是不是会更好？'我们'这个词指的是谁？是不是应当把'他们'改成'他'或'她'？改或不改有没有什么差别？在这里删减一点，在那里增添一点，也许还要重组部分内容，以呈现和谐的整体。"席尔瓦笔下的编辑加工，何等认真，何等精细！

下面是著名语言文字学家吕叔湘先生评改过的一篇习作的片断，堪

143

称加工的典范。

习作片断如下：

当接到局生活供应处发出的"关于做好生活过冬准备工作的指示"之后，立即组织职工进行了逐条逐项的学习，一件事一个问题的讨论，通过学习对照、批判了"认为过冬准备工作忙不了，维修早了不好保管"等错误认识。对今年的冬运准备工作采取了提早、抓早、主动与房屋部门联系，在互相支持下，使防寒工作，在六月二十五日前，已全部将房屋维修，火墙、锅灶、上下水道以及门窗维修全部搞完，每扇窗户，均安装了挂钩，并上了门窗玻璃二十四平方公尺。

吕叔湘先生在评改中指出，这段文字有 10 处毛病：

1．"当……之后"这个介词结构用得不妥。一般的用法应是"当……时"或"当……时候"，表示两件事时间相等，不能用"当……之后"或"当……之前"。

2．"生活过冬"不通，应改为"过冬生活"，用过冬做生活的定语。

3．结构助词"的"是定语的标志，这里应改用状语的标志"地"。因为"逐条逐项"、"一件事一个问题"是指明"讨论"和"学习"的"怎么样的"，不是指明"什么样的"。

4．"通过学习对照、批判了……"中的顿号用得不对，两者不是并列关系，应改为逗号。

5．"批判了'认为过冬准备工作忙不了，维修早了不好保管'"的"保管"不妥，应改为"养护"。

6．"批判了……认识"语气太重，"批判"改为"端正"或"消除"好些。

7．采取了"什么"没有着落，下面应有"措施"或"办法"之类的词构成动宾词组。

8．"互相支持"不确切，应改为"主动配合"，因为职工集体宿舍对房屋部门维修职工集体宿舍房屋，只能是起配合作用，提"互相支持"太大。

9．"使防寒工作……已全部将房屋维修"半截话。"使"是处置的意思，"使……维修"显然不通。

10．"全部维修……维修全部搞完"前后不连贯，意思不明确。如改成"已将房屋、火墙……全部维修完"就干净、利落。"公尺"应改为通用的"米"，"均"改为"全"好些，并需注明是否将破损的玻璃全部上齐。

144

　　吕叔湘先生的"评改"写于 1980 年，当时尚未发布《出版物上数字用法的规定》，所以没有提到数字用法的问题，今天来评改，"六月二十五日"和"二十四平方公尺"中的数字都应改为阿拉伯数字。

　　文字加工是编辑的基本功之一。从某种意义上讲，加工比写作还要艰难。古人说过："改章难于造篇，易字艰于代句。"难在哪里？难在"字易而意留"，改正了错误，删削了赘文，但是既不改变作者的原意，也不改变作者的风格，却使作品的内容和形式和谐完美。可以说，文字加工是一门高超的艺术。有人把作者的作品比作静水，把编辑加工比作轻风，轻风拂过，静水上泛起层层涟漪，活了。要达到这样的加工水平，必须在加工实践中长期磨炼。

　　文字加工有两条基本原则：一条是前面说过的"字易而意留"；还有一条是"可改可不改者不改"。这两条原则，一是尊重作者的劳动，保持作者的风格；二是要求慎改、避免妄改。

　　讲到这里，我送大家一首词，作者是著名编辑家叶至善，词牌是《蝶恋花》，主题就是编辑加工。该词如下：

　　乐在其中无处躲，订史删诗，元是圣人做。神见添毫添足叵，点睛龙起点腮破。

145

　　信手丹黄宁复可？难得心安，怎解眉间锁。句酌字斟还未妥，案头积稿又成垛。

　　"乐在其中无处躲"：叶老毕生从事编辑工作，从未萌生改行念头，不是"无处躲"，而是乐此不疲。因为"订史删诗，元是圣人做"，编辑工作是崇高而神圣的事业。"神见添毫添足叵"："见"即现，"神见"，传神；"叵"，不可。编辑加工要努力体现原作的风貌，切不可画蛇添足，力争做到"画龙点睛"（点睛龙起），力避有损原作风貌（点腮破）。叶老自问："信手丹黄宁复可？"难道可以随心所欲地增删文字吗？不能。那样做，"难得心安，怎解眉间锁"。一个认真负责的编辑，字斟句酌，精益求精，加工之后依然唯恐有什么不妥。一部书稿还没处理妥当，"案头积稿又成垛"。用一句时尚的话说：苦并快乐着！

　　叶老的词作，用诗的语言，揭示了编辑加工的甘苦，阐述了编辑加工的追求、态度和方法，值得我们细细品味。

2007 年 9 月

由传统校对向现代校对的转变

——校对工作三十年回顾

从 1978 年到 2008 年，新时期出版事业走过了三十年。这三十年，是出版改革开放的三十年，也是出版事业繁荣发展的三十年。作为出版工作的重要组成部分的校对工作，在这三十年里，经历了由传统校对向现代校对的历史性转变。

这个历史性转变，有三个基本特征：其一，校对功能由以"校异同"为主向以"校是非"为主转变；其二，校对主体由专业化向多元化转变；其三，校对方法由人工校对向人机结合校对转变。

校对功能由以"校异同"为主向以"校是非"为主转变

所谓传统校对，是指铅字排版时代的校对。所谓现代校对是指电子排版时代的校对。这两个时代的历史分界，是 20 世纪 90 年代，分界的标志就是出版生产电子化。

传统校对始于 19 世纪末期。由于引进铅活字排版和机器印刷技术，我国出现了近代出版企业，校对工作逐渐从编辑工作中分离出来，成为图书出版生产的独立工序和专业。

新中国建立后，尤其是改革开放以来，我国出版事业发展迅猛，出版生产技术也不断地进步。但是，100 年来，出版生产力的基本特质没有发生根本性变化，仍然是"铅活字排版"。与"铅活字排版"相适应，校对工作的基本功能和基本方法，沿袭了百年之久。所以，我们将这 100 年称作"铅活字排版时代"，把这 100 年的校对工作称作"传统校对"。

在铅活字排版时代，作者交给出版社的是手写纸质书稿，编辑在书稿上加工定稿后，交印刷厂拣字排版，打出样张退回出版社，校对员将样张(通称"校样")同编辑发排书稿(统称"原稿")逐字逐句对照，依据原稿改正校样上的差错(即拣字排版错漏)，再退回印刷厂改版，如此反复三次(称作"三校")，直至校样同原稿完全一致，才打型浇版上机印刷。传统校对有两个对象：原稿和校样。基本任务是：保证排版与原稿完全相符，一无讹错，二无衍漏。与此基本任务相适应，校对的主要功能是"校异同"，主要方法是"对校"(折校、点校、读校)，基本理念是"对原稿负责"。

20世纪90年代，计算机(以下简称"电脑")技术进军出版领域，电脑排版制片逐渐取代铅活字排版和打型浇版。与此同时，电脑写作逐渐成为作者的创作方式，科技、教育界的作者，率先用磁盘做载体，一部几十万字的书稿，不再是一摞纸稿，而是一块磁盘。排版制片电子化，书稿介质磁盘化，改变了出版生产的程序：编辑在电脑上打开磁盘，通过电子打印机打出样稿，然后在样稿上加工修改，定稿后将磁盘和加工样稿一并送到排版车间。排版人员无须拣字排版，只须在电脑上打开磁盘，先依据编辑在样稿上的加工，修改磁盘书稿，再依据版式设计要求，进行版式转换。版式转换后打印的样张，就是"校样"。这个校样，除编辑修改的那部分文字外，跟磁盘书稿并无二致，传统意义的"原稿"不复存在了，它与校样"合二而一"了。排版方式和书稿介质的这种变化，对校对工作提出了挑战。

1998年9月，中国版协在昆明召开第三届全国校对理论研讨会，许多校对工作者不约而同地提出"现代校对的发展趋势"的论题。对于现代校对的发展趋势，当时出现两种截然相反的观点：一种观点认为：由于原稿和校样并存的状况将不复存在，"校异同"这一校对基本功能消失了，编校分流的客观条件变化了，因而主张撤销校对机构，回归"编校合一"。另一种观点认为：手写纸稿被磁盘书稿取代，传统校对的两个客体的差错并未消失，而是以是非形式集中到磁盘上了，取消校对环节意味着将这些差错保留在图书成品中，因而主张加强校对工作，将"校是非"提升为校对的主要功能，发挥补充和完善编辑工作的特殊作用。

仅仅过了两年时间，磁盘书稿迅速在出版界普及，2000年9月，中

147

国版协召开了"磁盘书稿校对专题研讨会"。又过了一年，2001 年 9 月，中国版协又召开了以"校对创新"为主题的"第四届全国校对理论研讨会"。两次研讨会总结了 20 世纪 90 年代以来校对创新实践经验，统一了对现代校对发展趋势的认识。

实践经验表明：书稿电子化后，并没有削弱校对的功能，而是提升了校对功能。传统校对的两个客体"合一"了，也将两个客体的差错"合一"到校样上了，两种差错都以是非形式隐藏在校样的字里行间，必须通过是非判断才能捕捉到这些差错，因而"校异同"的功能削弱了，但是校对的另一功能"校是非"提升了，校对对编辑工作的补充和完善的作用凸显了，从而成为现代校对的基本特征。

2004 年 10 月 12 日，中国出版工作者协会发布行业规范《图书校对工作基本规程》，在分析了现代校对功能的转变之后指出："现代校对工作不能只'对原稿负责'，而应成为'编辑工作的必要延续'，负起协助编辑'把一切差错消灭在图书出版之前'的责任，即在消灭录排差错的基础上'校是非'，发现并改正原稿可能存在的错漏，从而发挥'对编辑工作的补充和完善'的作用，校对工作者必须与时俱进，树立'对读者负责，对社会负责'的现代校对理念。"校对功能的提升，带来校对方法的创新和校对理念的改变，标志着传统校对向现代校对转变。

校对主体由专业化向多元化转变

出版现代化，除了生产技术现代化外，还有一个重大转变，即由计划经济向市场经济的转变。由于出版市场化，出版社之间展开了市场竞争，导致出书品种数量的急剧增加，图书出版周期的日益缩短。这种发展态势，对现代校对提出了挑战。应对这种挑战的最好办法，无疑是增加校对人员的数量，缩小编校人员的配备比例。在计划经济时代，出版社各类人员的配备，只考虑需要，不考虑投入，是不算经济账的。所以，传统的做法是：按照编 3 校 1 的比例配备专职校对。例如：在 20 世纪 60 年代，科学出版社有编辑 300 人，按 3：1 的比例配备校对员 99 人。这个配备比例是从需要出发的，即 1 名校对员担任 3 名编辑发排的书稿的校对任务。那时候，1 名编辑平均年发稿 3 种书，80 万字左右。按 3 个校次计算，1名校对员年校对任务为：3(编辑人数)×3(每人发稿品种数量)×300 000(每种书稿平均字数)×3(校次)＝8 100 000(校对总字数)。按照实际需要配备校对人员，无疑是科学的。但是，在市场经济条件下，出版社必须算经济账，做到投入小、收益大。因此，许多出版社不是增加校对人员，而是裁减校对人员。校对人员要少，校对周期要短，校对质量要高。正是这种矛盾，逼出适应校对现代化的新思路：校对主体多元化与专业化相结合，人校与机校相结合，集体交叉校对与责任校对相结合。这三个结合，突破了传统校对的格局，给校对工作带来了新的活力。

所谓校对主体多元化，即除专职校对外，作者、编辑也参与校对，同时还利用社会力量，作为社内专职校对力量不足的补充。为此，出版社在建立精干的专职校对队伍的同时，建立一支相对稳定的社外校对队伍。通过招聘、考试、择优的办法，将社会上退休和在职的知识分子(主要是教师、在校研究生、退休编辑)组织起来，进行校对专业技术培训，然后参与书刊校对工作。这支队伍人数众多，很快就成为校对工作的重要方面军。现在，多数出版社的一校、二校任务都是社外人员承担的。

社外校对的兴起，对校对管理提出了挑战：社外校对人员，人数众多、居住分散，许多人还是业余做校对工作的，怎样组织他们有序地参与校对？怎样对分散的校对活动进行有效的监控？校对活动社外循环质量怎样保证？"校对主体多元化与专业相结合"，就是在这种历史背景下产生的。

《图书校对工作基本规程》将"校对主体多元化与专业化相结合"作为校对工作的基本制度，并对这项基本制度作了如下阐释："所谓主体多元化，是指作者、编者和专职校对员共同参与校对，还有社外人员参与校对活动，从而形成校对主体群。作者校对属于自校，编辑校对属于半自校。他们共同的优势是：对书稿内容的把握，对相关知识的熟悉。共同的劣势是：因习惯线性阅读难以感知个体字符的差异，因思维定式而往往对差错'熟视无睹'。社外校对人员，技术、经验、心态和责任心一般不如社内专职校对员。因此，校对主体多元化必须与专业化相结合，并且以社内专职校对员为校对主体群的核心。所谓以社内专职校对员为核心，有三层意思：其一，出版社必须建立专业校对机构，对全社校对工作进行统一组织和全程监控；其二，出版社必须配备足够的专职校对员（编校人员配备的科学比例为 3：1，不应少于 5：1），并由专职校对员担任责任校对；其三，必须由中级以上职称的校对员或工作认真、经验丰富的其他校对员来做三校，把好终校关。"

校对方法由人工校对向人机结合校对转变

机校，指使用计算机校对软件在电脑上进行校对。人机结合校对，是在新技术条件下的创新，是校对方法的重大发展。

书稿电子化，为计算机校对创造了条件。1995 年，北京计算机学院和北京几家新技术公司，相继研制计算机校对软件。中国版协校对研究委员会组织校对专家，为研制单位提供语料（主要是常见错别字、多发性用词错误和书面材料语言文字出错规律），支持校对软件研制。1996 年，北京计算机学院的"工智通"校对软件、北京黑马飞腾科技公司的"黑马"校对软件相继研制成功。校对研究委员会又组织校对专家，采用"人校、机校比较法"，对校对软件进行技术鉴定，帮助研制单位完善校对软件。从 1998 年开始，校对研究委员会还同北京黑马飞腾科技公司合作，接连主办数期"计算机校对软件应用"培训班，推广计算机校对技术。在鉴定和推广过程中，我们认识了计算机校对的优势，也发现了计算机校对的局限性，因而提出"人校和机校结合"的思路，号召广大校对工作者探索"人校与机校结合"的模式。

为什么要提出"人机结合校对"呢？计算机校对软件是采用基于分词和词间接续关系的方法编制的，查检常见错别字、专名及成语错用同音别字，辨识力强，速度极快，效果相当好，是校对的得力工具。但是，计算机校对的本质，决定了只能处理可以形式化的东西，而汉文字的形式符号是有限的，自然语言更不可能彻底形式化，校对软件所采用的语言模型不可能同自然语言完全吻合，所以计算机校对软件查错能力是有限的。我们通过对多种计算机校对软件的技术鉴定，发现计算机校对误报、漏报一般都在 50％左右，对语法错误、逻辑错误、知识错误几乎无能为力。基于上述情况，我们认识到：人机结合，优势互补，是现代校对方法的发展方向。

所谓优势互补，是充分发挥机校的优势，同时用人工校对来弥补机校的局限。人机结合校对有多种结合模式，我们对各种结合模式进行比较分析，寻求人机结合校对的最佳模式，其标准就是：优质高效，又好又快。如下图所示：

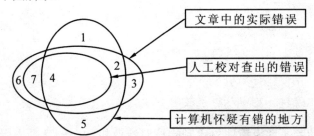

图中的 7 个区域，4 为人机重合部分，1、5 为机校误报部分，3、6、7 为机校漏报部分，2、3、6 为人校漏检部分，2、4、7 为人机结合校对灭错部分，人机结合得好，2、4、7 区域就扩大，3、6 区域就缩小，灭错率就高，留错率就小。

2000 年 9 月，在"磁盘书稿校对及计算机应用"专题研讨会上，北京出版社校对科介绍了他们创造的"二三连校"人机结合模式，赢得了大家的首肯。

"二三连校"人机结合模式是：人工一校—改版→计算机二校→人工三校—改版→通读检查→付印。《图书校对工作基本规程》对"二三连校"作了如下阐释："校对软件查错能力是有限的，不可能完全取代人工校对。正确的做法是人校与机校结合。人机结合校对需要找到优势互补的最佳结合模式。鉴于计算机校对误报率高，错漏多的一校样宜由人工校对，二校再用机校，机校后不改版，由人接着三校。三校的任务是：先对机校报错及改错建议逐一判断，然后通读检查一遍，发现并改正机器漏校。三校后再改版。这种'二三连校'模式，有利于人机优势互补，缩短校对周期。"

这三个转变，既是对传统校对的继承，又是现代校对的创新和发展。

2008 年 3 月脱稿

本文原载《中国编辑》2008 年第 3 期

151

论校对专业机构独立建制的必要性

出版社要不要设置独立建制的校对专业机构，一直是出版界争论不休的问题。主张不设置校对专业机构的，有两种不同的理由：一种理由是"编校合一"，认为校对工作可以由编辑来完成；另一种理由是"校对工作社会化"，认为校对工作可以交给社会。这两种理由源于两个共同的认识误区：其一是"校对是字对字，是简单劳动"；其二是"校对不创造财富"，视校对人才为负担。

《图书质量保障体系》早已明文规定：出版社"应配备足够的具有专业技术职称的专职校对人员"，"每出一种书，都要指定一名具有专业技术职称的专职校对人员为责任校对"，"终校必须由本社有中级以上专业技术职称的专职校对人员担任"。但是，相当数量的出版社并不按照这一行政法规办事。鉴于把撤销校对机构视为"改革"的势头还在发展，笔者认为有必要认真讨论"校对专业机构独立建制的必要性"。

编校能不能"合一"？校对可否完全"社会化"？关键在于"编校合一"和"校对社会化"是否符合校对活动的客观规律，能否保障图书的编校质量。

一、编校分离是出版近代化的产物，是历史的进步，在出版现代化条件下回归"编校合一"，是违背编校工作客观规律的，是历史的倒退。

从周、秦、汉至魏晋南北朝，编校一直是合二而一的。这种编校合一，是与当时的出版生产力水平相适应的。从孔子校理"六经"、刘向父子校理经传诸子诗赋，以及其后各朝各代的古籍校理，编校工作是不分的，而且主要的工作是校雠，即收集前人的著作，进行比勘订正，纠正古籍传抄的错漏，以恢复原著的本来面貌。其时的编校工作在性质上没有什么区别。隋唐以前的出版方式，是手抄，即将校订后的著作抄在竹简、木牍或缣帛上，书籍的流传依靠传抄，不能形成规模生产，因此那时的编校活动，基本上是学者个人行为。及至汉代，发明了造纸术，隋唐又发明了雕版印刷，使书籍生产批量复制成为可能。正是这种出版生产力的革命，促使编校走向分工。古籍经校勘而成定本之后，便进入雕版复制。雕版复制的工序是：先用毛笔将校定本誊写在纸上，叫做"写样"；再将写样与校定本对校，发现并改正誊写的错漏；然后才将写样反贴在木版上，雕刻复制成书。对写样的校对，成了编辑（校勘整理）后的独立工序。这是编校分工的雏形。到了宋代，发明了活版印刷术，出版生产力发生了重大革命。由于活字排版，容易发生错乱，所以必须经过多次校对才能付印。这样一来，排版后、印制前的校对就成了书籍出版的重要工序。宋版书上署有校对者的姓名，说明那时编校已经有了分工。编校的彻底分离而成为独立专业，则是近代的事。由于引进铅活字排版和机器印刷，出版生产力发生了革命性的变化，催生了我国的近代出版企业。为了与出版生产力大变革相适应，出版企业开始依据图书生产的客观需要，对企业人力资源实行优化组合，设置各种生产、销售部门，其中就包括分设编辑部和校对部，校对从此与编辑彻底分离，成为独立的出版工序和专业部门。我国最早的出版企业商务印书馆，在企业建立之初就曾设立中文校对部和西文校对部两个专业校对机构。此后的出版企业，都分别设置编辑部门和校对部门，作为相互衔接、各自独立、分工合作的两个独立工序。20世纪80年代以前的出版社，都设置了独立的校对部门，并且按照编校3：1的比例配备专业校对人员。1952年国家出版总署将校对人员的职务称谓定为"校对编辑"①，把校对部门视为

153

---

① 《关于公营出版社编辑机构及工作制度的规定》（出版总署1952年9月发布）："必须设立以总编辑为首的、包括若干编辑人员的编辑部。……编辑人员中应包括：编辑、文字编辑（从事语文修辞工作）、资料编辑（从事资料、数字和引证的核对工作）、美术编辑、技术编辑和校对编辑。"

特殊的编辑部门。这样定性是完全正确的，因为无论是从理论上还是从实践上分析，现代校对工作都是编辑工作的必要延续。

编校分离至今已经一百多年了。经过一百多年的实践，校对已经成为出版行业的独特专业，校对学也已成为出版学的重要分支。正是校对专业化，保证了图书的出版质量，促进了出版事业的健康发展。鲁迅曾经指出："校对和创作的责任是一样重大的。"把校对摆在与创作同等重要的地位，给图书出版过程的校对环节以明确的责任定位。

出版产业是一种内容产业，其产品是精神产品，精神产品的价值，不在于外在的包装（并不是说外在包装不重要），而在于其负载的内容，即图书的思想内容及其表现形式。而图书负载的内容，是通过文字、符号表达的。南朝学者刘勰说过："心既托声于言，言亦寄形于字。"思想要靠语言来表达，而语言要靠文字来记录。清代学者戴震说得更明白："经所以载道、所以明道者，词也；所以明词者，字也。学者由字以通其词，由词以通其道。"图书的思想内容及其表现形式，是通过文字、符号来表达的。因此，用字遣词乃至标点符号的准确无误，关系着思想内容的准确而完整的表达。校对环节的重要性，正在于它以猎错灭错为使命，将文字差错及其他差错消灭在图书出版之前。正因为如此，列宁强调指出："最重要的出版条件是：保证校对得很好。做不到这一点，根本用不着出版。"

二、校对有两大功能："校异同"；"校是非"。校对不是"简单劳动"，而是一门独特的学问。

校对有两大功能，一曰"校异同"，二曰"校是非"。所谓校异同，就是将校样同原稿对照，从发现两者异同入手，消灭排版的错漏。但是只校异同是不够的，因为原稿本身也可能存在错漏，存在这种差错的校样跟原稿并无二致，用"校异同"的方法发现不了，而必须通过是非辨识而做出正误判断。这种是非判断就是校对的第二大功能：校是非。典型调查分析表明：一校样上的差错率为 15/10000 左右。其中属于原稿里的差错率，一般都在 3/10000 左右。两种差错比较起来，排版的差错比较容易发现。因为原稿同校样有差异，只须将两者仔细对照，就可以把错漏抓出来。原稿的错误就不一样了，是作者写错了的，或者是编辑错改了的。作者写错了，编辑不以为是错，说明编辑认同了作者的错误；编辑错改了的，是编辑自以为改得对的。这种差错大多是"有心之误"，往往似是而非，隐藏在字里行间，是不容易捕捉的。认为"校对是字对字，是简单劳动"，显然是对校对工作只知其一、不知其二，从认识论上讲，是认识的片面性。其实，即使是"校异同"，也绝非"简单劳动"。现代学者蒋元卿在《校仇学史》一书中指出："校雠之事，常人每以为能两本勘比，记其异同，便自诩为能事，其实不然。""校雠一事，似易而实难，似粗而实精，不明校雠之法，固不能为功；然即有精密之方法，若不悉古书致误之由，则亦无所施其技。"这才是真知灼见。

编辑校对自己处理的书稿，属于"自校"，自校不可能不受到思维定式的影响，在编辑过程遗留下来的错误，在校对过程一般依然发现不了。不是他们工作不认真、不仔细，而是由于先入为主而陷入"思维误区"。因此，需要一种逆向思维来

1987年8月接待台湾著名作家琼瑶。

冲破主流思维的误区。专业校对人员是以猎错改错为职业的，其思维特征就是"多疑"，质疑—排疑贯穿于校对活动全过程。正是这种以猎错为出发点、以多疑为特征、以正误为目的的校对活动，使专业校对员能够突破编辑的"思维误区"，将隐藏在字里行间的错漏一一捕获。郭沫若校对自己的著作《青铜器时代》和《十批判书》，"校了多次终不免有错"，因而发出"深感校对之难"的慨叹。郭沫若是位百科全书式的大学者，他深感校对之难，当然不是他的学识不足。近代一位校雠学者指出："能分工然后能专门，能专门然后学识之标准能充分也。"不承认编校分工的必要性，不注意培养校对专门人才，正是当前"无错不成书"的一个重要原因。

三、编校工作的对象、任务、环境都不相同，因而思维、心理、方法也都不相同，编校合一违背校对工作的客观规律。

存在决定意识，是唯物论的基本观点。编校分离之后，成了两个不同的专业，处在出版生产流程的不同工序，工作对象、工作任务和工作环境都不相同。这种客观存在，就决定着编辑和校对的思维、心理、方法都有着质的区别。

编辑工作的对象是作者原创作品，是未定稿，其首要任务是从整体上对作品作出评价，从而决定取舍。因而其工作注重点在于宏观，其思维表现出"纵览总观"的特征。校对的工作对象是编辑发排文本，是已定稿，其首要任务是消灭排版错漏，保证编辑发排文本不错不漏、完整无缺地转换成印刷文本，因而工作注重点在于微观，其思维表现出"细察详辨"的特征。

校对的功能之一是校是非，即发现并改正编辑发排文本可能存在的错漏，通过补漏改错，使编辑发排文本趋于完善。纠正原稿错误，在性质上与编辑加工类似，但与编辑加工还是有区别的。编辑加工着眼于总体，例如篇章布局、思想观点的阐释以及表达形式；校对改错着眼于具体，例如字、词、标点符号、数字、量和单位的使用有无错误，版面格式是否符合规范。编辑加工和校对改错，都会关注修辞和造句，但两者的关注程度也是有差别的，用一句形象的话来说：编辑关注的是"好不好"，校对关注的是"错不错"。

由于编校工作的不同任务和环境，对编辑和校对的心理适应性要求也是不同的。编辑工作要求动静结合，即既能走得出去，调查研究，搜集信息，策划选题，物色作者；又能坐得下来，进行审读和加工。因此，对编辑心理素质的要求是：动如脱兔，静如处子。校对跟编辑不同，他们的工作对象是原稿和校样，工作方法是比照和通读，校对工作要求耐得寂寞，忍受枯燥，绝对不能"动如脱兔"，而要"心静如水"。这种特殊心理素质，需要专门的训练和长期的磨炼才能养成。

编辑审读和校对校读，都需要阅读，但两者的阅读方式有很大的差别。编辑阅读是"线性阅读"，即以句子为阅读单位，表现出"扫视"的特征；校对阅读是"点性阅读"，即以字、词、符为单位，表现出"切割"的特征。编辑阅读重在"得意"，即了解句意、文意；校对阅读重在"得形"，即细察字符的形体和字符间的联系，从而猎获字符错漏。编辑阅读的文本只有一个，即作者原创作品；校对阅读有两个文本，即原稿和校样，必须将两者进行比照，即使是通读检查，发现了疑点也要查对原稿。

我们不是说编辑不可以做校对工作，但是，他们在做校对工作的时候，必须进行角色转换，即改变编辑的思维、心理和阅读方式，按照校对工作的客观规律来做校对工作。要求编辑又做编辑工作，又做校对工作，经常进行角色转换，是很难做得好的。再说，这种"编校合一"，有悖现代管理理念。现代管理强调人力资源合理配置，人尽其才，优势互补。编校分工正是人力资源的一种合理配置。

四、将部分初校交给社会上的非专业校对人员，作为社内校对力量不足的补充，实践证明是可行的。但推行所谓校对社会化却是不可行的。

社会校对力量，有三种类型：其一是退休的专业校对人员；其二是利用业余时间做校对工作的知识分子；其三是校对公司。退休的专业校对人员，是最具实力的社外校对力量，但是，这类人才数量很少。把做校对作为业余收入的知识分子，具有较高的文化素养，经过校对专业训练掌握校对技能后，不失为一支重要社会校对力量。但是，他们都有本职工作，不可能全身心地投入校对，质量往往不是很高；他们居住分散，对他们的校对质量进行监控有相当的难度。校对公司的情况比较复杂，由于尚无资质认证的机制，其从业人员的文化程度普遍偏低，且流动性大，校对质量普遍偏低，校对质量普遍没有保证。相当低的校对报酬，对出版社具有吸引力；然而，过低的校对报酬，又必然是以低质量为代价的。目前通行的校对报酬是每千字不到 1 元，而真正做到"一字不略过"的校对，一个人一天工作 8 个小时，最多只能校 30 000 字，按每千字 1 元计算，也只能得到 30 元校对费，如果是校对公司的职工，还要上缴 30%～50% 的管理费，个人日收入只有 15 元到 20 元，月收入 450 元到 600 元。仅仅能维持基本生活费。要增加收入只要两个途径：一个是浏览式地快速校对，一个是加班加点一天干十几个小时。这两个途径的直接后果，都必然是降低校对质量。

157

鉴于上述原因，目前社会上的校对力量只能作为社内校对力量不足的补充，不能完全替代社内专业校对机构和专业校对人才。因此，出版社必须按照《图书质量保障体系》的要求，建立独立的专业校对机构，配备足够的专业校对人员，在利用社会力量的同时，由专业校对人员担任责任校对，把住至关重要的三校关和通读检查关。

清代校雠大家段玉裁写过一篇文章专论校书之难，提出校书之难难在"定其是非"的观点。清代另一位校雠大家顾广圻也著文论校书之难，提出校书之难难在"得其人"（原文为"所校必得人而后可"）。两位校雠大家都论校书之难，但关注点不同。段玉裁关注的是客体，分析客体的两类错讹（传抄错和原著错），得出"校书之难，非照本改字，不讹不漏，"而在"定其是非"的结论。顾广圻关注的是主体，分析主体与客体的矛盾，得出校书之难在于难"得其人"的结论。其实，段顾的两种结论是有内在联系的。校对活动就是校对主体与客体的矛盾运动，其主要表现在三个方面：校对客体存在错误的客观性和校对主体消灭错误的主动性的矛盾；校对客体存在错误的复杂性和校对主体知识的局限性的矛盾；校对客体出错原因的多样性和校对主体投入的有限性的矛盾。矛盾主要方面在校对主体，主体在矛盾运动中是起决定作用的，"所校必得人而后可"。培养造就校对人才的重要性和必要性正在如此。

校对有三种境界：一曰悟境，二曰法境，三曰通境。悟境，指对校对工作有了正确的认识，有了做好校对工作的志趣，因而自觉地敬业乐业。法境，指掌握了书面材料的出错规律，精通校对的方法和技术，因而在校对实践中运用自如。通境，指对校对工作融会贯通，具有博学通识，因而得心应手。我国出版界缺少的正是进入法境、通境的校对人才，而这样的人才必须经过长期培养磨炼才能造就。鲁迅十分重视校对专门人才的作用，不但作出"校对和创作的责任是一样重大"的论断，而且倡导"重金礼聘校对老手，决不偷工减料"。负责任的出版人，应该学习鲁迅，十分尊重校对人才，十分重视校对工作。

本文原载《中国出版》2007年第1期

出错书不如不出书

——兼论出版发展的出发点和落脚点

出"善本"不出"错本"

南宋诗人陆游有感于图书错误百出，激愤地发出这样的呼吁："错本散满天下，更误学者，不如不刻之为愈也。"陆游抨击的"错本"，是指错误很多的图书，用今天的标准来说，就是"编校质量不合格"的图书。与"错本"相对的是"善本"，即没有错误或错误极少的图书。

根据历年图书编校质量抽查数据推算，现代"错本"约占图书总数的五分之一。现在，每年出书超过 15 万种，如果按照陆游"出错书不如不出书"的观点办理，那么，每年就有 3 万多种书是"不如不出"的。出版的发展繁荣，不应该付出如此高昂的代价。

出版的发展繁荣基本表现有二：一是出书品种数量的不断增加，二是图书内在质量的不断提高。数量和质量，是对立的统一。没有数量就所谓质量，而没有质量数量则是泡沫，只有在不断提高质量的前提下不断增加数量，出版才能健康而持续地发展繁荣。

图书的内在质量，表现在两个方面：一个是图书内涵的文化价值；一个是语言文字表达的质量。这两个方面，相辅相成，缺一不可。《图书质量管理规定》将前者称作"内容质量"，将后者称作"编校质量"，并且明文规定：两项质量任何一项不合格的图书，即为不合格图书。

为什么将编校质量摆在内容质量同等重要的地位？这是因为语言文字的错误会直接影响图书内涵文化价值的实现。

关于语言文字表达与图书文化内涵的关系，南朝学者刘勰在《文心雕

159

龙·练字》中做了这样一个比喻：文字"乃言语之体貌，而文章之宅宇也"。这个比喻准确而贴切。言语只有声音而无形体，用文字记录下来，就成了有形、可读、可解、可传的文章，所以说文字是"言语之体貌，文章之宅宇"。清代校雠学家戴震说得更明白："经所以载道、所以明道者词也；所以明词者，字也。学者由字以通其词，由词以通其道。"①图书"载道"、"明道"的功能是通过字词来实现的。读者是"由字以通其词，由词以通其道"的。著书立说，首先要正确用字、用词，以求正确地表情达意。除了正确用字、用词外，还要讲究修辞，讲究语法，讲究逻辑。用刘勰的"立言"标准来说，必须做到"章无疵"、"句无玷"、"字不妄"②。语言文字出了错误，就不能准确地"载道"，最终影响读者"明道"。后唐明宗长兴三年，朝廷为校刻《九经》颁诏指出："亥豕有差，鱼鲁为弊③，苟一言致误，则大义全乖(乖舛，谬误)。"所以古代学者对"错本"深恶痛绝，认为"错本""诬古人(原著作者)，惑来者(后代读者)"④，主张"出错书不如不出书"。出"善本"不出"错本"，应该是出版人的历史使命和道德责任。

端正出发点和落脚点

160

造成"错本"泛滥的原因很多，其中一个重要原因是"急功近利"。在这方面是有历史教训的。明代出版曾经空前繁荣，书坊林立，但是，由于编校粗疏，以致图书错误百出。后人评价说："明人好刻古书而古书亡。"宋原放、李白坚在《中国出版史》中分析明代出版的功过时指出："书坊、书肆虽然是民间刻书的中坚力量，为文化积累作了不少贡献。但由于功利之求，使不少书坊、书肆主人唯利是图，偷工减料，校刊不善，

---

① 转引自蒋元卿《校雠学史》，205 页，上海，上海书店，1991。

② 摘引自〔南朝〕刘勰《文心雕龙·章句》，原文如下："夫人之立言，因字而生句，积句而成章，积章而成篇。篇之彪炳，章无疵也；章之明靡，句无玷也；句之清英，字不妄也。"

③ "亥豕有差，鱼鲁为弊"：指文字错讹。"亥豕有差"出自《吕氏春秋·察传》："子夏之晋，过卫，有读史者曰：'晋师三豕涉河。'子夏曰：'非也，是己亥也。夫三与己相近，豕与亥相似。'至晋问之，则曰晋师己亥涉河也。""鱼鲁为弊"出自《抱朴子·遐览》："书三写，鲁成鱼，虚成虎。"后人用"鱼鲁亥豕"比喻文字错讹。

④ 〔清〕段玉裁：《与诸同志论校书之难》。

使人不可尽信。""是急功近利，使坊间、书肆发达起来，造福文化；又是急功近利，使坊间书肆邪出正道，给文化事业造成一定后患。"[1]20 世纪上叶，在新文化运动的推动下，我国出版又一次发展繁荣，但是也同时出现过"错本"泛滥。鲁迅一针见血地指出："这些错误的出现，当然大抵是看准了社会的需要，匆匆地来投机。"两个时代，两次"错本"泛滥，问题都出在因急功近利而"邪出正道"。"殷鉴不远"[2]，我们不应该忘记历史教训。

何谓功利？功利即功效和利益。出版发展繁荣，当然要讲功利，问题在于：追求什么样的功利？在市场经济条件下，出版行为的功利有两个基本表现：一曰经济效益，一曰社会效益。出版社追求经济效益，要赢得一定的利润，是无可非议的，因为赢得一定的利润是出版社生存发展的条件。但是，出版社是文化产业，产品是作用于人的精神世界的，因而赢利有个基本前提，那就是保证社会效益，把社会效益摆在第一位。把社会效益摆在第一位，是我国出版历史的优良传统。从孔夫子编书开始，历代编校家都是以"传道授业"为使命的。宋代学者王安石说得好："所谓文者，务为有补于世而已矣。"[3]不但内容要好，还要精心编校，务求"善本"，使读者"可以读，可以解"。有益、有用，可读、可解，应该是图书质量的底线。

追求什么样的功利，取决于出版行为的出发点和落脚点，即为谁出书，为什么出书。

胡锦涛在阐述科学发展观时强调"以人为本"，指出"以人为本"是科学发展观的核心。"以人为本"的含义是什么？胡锦涛说，就是全心全意为人民服务，始终把实现好、维护好、发展好最广大人民的根本利益作为一切工作的出发点和落脚点。出版发展当然也要"以人为本"。出版发展的"以人为本"，就是"为人民服务、为社会主义服务"，始终把满足读者精神需求，促进经济社会发展，作为出版工作的出发点和落脚点。

161

---

[1] 宋原放、李白坚：《中国出版史》，70~71 页，北京，中国书籍出版社，1991.
[2] 出自《诗·大雅·荡》，全句为"殷鉴不远，在夏后之世"，意谓殷商借鉴不必远求，可求之于夏桀。
[3] 〔宋〕王安石：《上人书》。

急功近利之所以往往"邪出正道",正在于忘了"为人民服务、为社会主义服务"的根本方向,把赢利作为出版工作的出发点和落脚点,为了经济效益,不顾甚至不惜损害社会效益。由此可见,端正好出版工作的出发点和落脚点,是避免"邪出正道"、确保图书质量的关键所在。

对读者负责和对社会负责

近代学者叶德辉曾用两句话、八个字评价历代校雠家的功绩:"有功古人,津逮后学。""古人"指原著作者,通过校雠,改正错讹,当然"有功古人"。"津"作"渡口"或"桥梁"讲,"逮"义为"到、及","津逮后学"即提供"善本",将准确而完整的文化信息传递给当代和后代读者。"有功古人,津逮后学"是古代出版工作的出发点和落脚点,也应该是现代出版工作的出发点和落脚点,出版人心中要始终装着读者。

传播学告诉我们,传播有两种基本方式:直接传播,间接传播。直接传播即口传面授,传播者必须同接受者面对面。直接传播受到时间、空间的限制,其传播效果是十分有限的。间接传播是通过媒介实现传播的,具有超时空的优势,可以实现国际传播和代际传承,其传播效果广泛而久远,如果是"错本",其危害也是广泛而久远的。

图书是一种间接传播媒介。间接传播过程有三个环节:(1)创作者,即初期精神产品的创作者、译作者、古籍校勘者;(2)中介者,即将初期精神产品加工制作为成熟的精神产品的出版者;(3)接受者,即精神文化的消费者。在这三个环节中,中介者处在中心位置。他们根据接受者的精神需求,策划选题,物色作者,推动创作活动;然后,把创作者的初期精神产品进行审读、选汰、加工、编排、校对,最后通过印制赋予物质形态,成为成熟的精神产品,提供给接受者。

编辑和校对是传播中介的主要承担者。编辑以作者原创作品为对象,以审读加工为手段,改正原创作品中的差错,完善语言文字表达,提升原创作品的水平。编辑工作完成后,确保图书质量的责任由校对承担,他们以编辑的编定文本和校样为对象,通过反复校对检查,先消灭排版、改版的差错,再发现并协助编辑改正编定文本中的差错,从而将一切差错消灭在图书出版之前,为图书印制出版创造完备条件。因此,编辑活动、校对活动的出发点和落脚点，在很大程度上决定图书的质量。

编校界流传两句话：一曰"文责自（作者）负"，二曰"对原稿负责"。对这两句话如果不能正确理解，就可能成为编辑、校对逃避责任的托词。对于图书的质量，编辑责无旁贷，理应帮助作者纠谬补缺，提高作品水平。"对原稿负责"也不能说错了，但从道德责任讲，只"对原稿负责"是不够的，而应该对读者负责、对社会负责。作者、编辑、校对最终都要对读者负责、对社会负责。端正了出版行为的出发点和落脚点，心里始终装着读者，就不会满足于"文责自（作者）负"和"对原稿负责"，就会使出浑身解数来帮助作者提高原稿质量，把内容质量和编校质量双高的"善本"奉献给读者。"出错书不如不出书"，我们应该树立这样的责任观。

2008 年 6 月 27 日脱稿

本文原载《中国编辑》2008 年第 5 期

图书质量与校对灭错率

灭错率与留错率

现代校对学有两个重要概念：灭错率与留错率。

何谓灭错率？是指在对具体书稿的校对过程中，消灭的差错占实际差错总数的比率。灭错率通常用百分比表示。

何谓留错率？是指具体图书成品中存在的差错，占该书总字数的比率。留错率通常用万分比表示。新闻出版总署检查图书编校质量，采用万分比的"差错率"，实质上就是校对留错率。

灭错率和留错率，是相互关联的。灭错率越高，留错率就越低；反之，灭错率越低，留错率就越高。因此，校对灭错率是校对功能的本质表现，对图书质量有着直接的影响。

灭错率、留错率的高低，取决于主客观的多种因素。主观因素有三：1. 校对主体的学识水平；2. 校对主体的业务能力；3. 校对主体的工作状态。客观因素也有三：1. 校对客体的状况；2. 校对活动的外部环境；3. 校对工作的客观条件。

校对活动的过程，是校对主体与校对客体矛盾运动的过程。矛盾的主要方面是校对主体，因此，校对主体的学识、能力和工作状态，起着决定性作用。校对主体知识广博，经验丰富，技术娴熟，专心致志，一丝不苟，校对灭错率就高，留错率就低；反之，校对灭错率就低，留错率就高。

但是，客观因素对校对质量的影响，也不容忽视。校对客体状况好，原稿加工精细，卷面清晰，差错较少，排版或版式转换质量高，差错较少，校对灭错率就高，留错率就低；反之，校对灭错率就低，留错率就高。校对活动的外部环境和校对工作的客观条件，也影响着校对的灭错率。出版社重视校对工作，校对员得到尊重，校对机构健全、制度完善、管理严密，相关硬件标准高，校对灭错率就高，留错率就低；反之，校对灭错率就低，留错率就高。

因此，改善校对活动的外部环境，创造良好的校对工作条件，加强校对队伍建设，培养校对专业人才，健全校对工作制度，是提高校对灭错率、保障图书质量的治本之策。

三校一读与样书检查

"三校一读与样书检查"是校对工作必须坚持的基本制度。这是校对客体差错的复杂性和出错原因的多样性决定的。

校对客体的差错复杂，归纳起来有十个类型：文字差错，词语错误，语法和逻辑错误，数字使用错误，标点符号使用错误，量和单位使用错误，版面格式错误，事实性错误，知识性错误，政治性错误。这些错误都隐藏在校对客体的字里行间。校对客体有两个：一个是原稿，一个是校样。原稿即编辑发排文本，校样即排版（或版式转换）后打印的样张。传统的拣字排版过程中会出现错漏，现代电子书稿版式转换会发生错乱和内容丢失。编辑发排的文本（原稿）也可能存在错漏，一类是原作错漏而编辑忽略的，一类是原作错误而编辑认同的，还有一类是编辑改不误为误的。在校对过程中还可能发生错误，例如改版时可能发生的漏改错改，校对时可能出现的失检或妄改，制片时还可能发生内容丢失。这就是说，在图书生产过程的各个环节，都存在发生错误的可能性。所以，古往今来的校雠家和校对家无不慨叹："校书如扫落叶。"校对工作不可能毕其功于一役，必须投入必要的校对工作量，即进行多次校对。

正因为如此，新闻出版署颁发的《图书质量保障体系》，以出版行政法规形式明文规定："一般图书的专业校对应不低于三个校次，重点图书、工具书等，应相应增加校次。"要求一个校次的留错率达到合格标准，是不现实的。第一次校对（简称"一校"）的任务是什么？一校的任务是：

165

将校样与原稿比照，发现两者的异同，依据原稿改正校样上的"异"，使校样与原稿完全"同"。校样与原稿相"异"，是排版(电子书稿则是改版和版式转换)造成的，"改异使同"解决的只是排版差错。但是，改正了排版差错，并不能消灭全部差错，因为原稿本身还可能存在差错，这些差错复制在校样上，两者"同"而无"异"，用比照异同的方法是发现不了的。所以必须进行第二次校对（简称"二校"）、第三次校对（简称"三校"或"终校"）和终校后的通读检查(简称"一读")。中国出版工作者协会发布的行业规范《图书校对工作基本规程》，把"三校一读和样书检查"定为校对工作的基本制度，并且根据校对活动的客观规律，对三校一读的灭错率分别规定了具体指标：一校以消灭排版差错为主，灭错率为75%；二校仍以消灭排版差错为主，灭错率为一校留错的75%；三校重点转向发现并改正原稿差错，原则上要求消灭全部差错，最低标准为留错率不得超过1/10000；剩下的残留差错由终校后的通读检查来扫除。举例剖析：某书稿，400 000字，排版差错为15/10000(印刷行业排版差错允许率为15—20/10000)，原稿差错率为2/10000(据校对研究委员会调查，原稿差错率为2—4/10000)，总差错率为17/10000，据此推算，全书共有差错680处(指一处计一个错)。一校的"灭错率"为75%，即消灭差错510处，留错170处，留错率为4/10000。二校再消灭一校留错的75%，即消灭差错127.5处，留错42.5处，留错率为1.06/10000。再来个三校和通读检查，就有可能消灭全部差错，至少可以达到编校质量合格标准(留错率不超过1/10000)。为了防范万一，在图书印刷完成之后，先装订几本样书，由责任编辑、责任校对或质检人员通读检查一次，如发现重大错误或少数章节差错较多，可以重印部分印张，作为补救措施。

要求一个校次就使图书编校质量达到合格标准，是不可能做到的，因为这个要求不符合校对活动的客观规律。这里必然碰到"快"与"好"的矛盾：出版发展要求"多出书"、"快出书"，要实现"多"和"快"，就必然要求缩短校对周期，而如果以"减少校对次数"来实现"多"和"快"，其代价就是牺牲图书质量。这种做法显然违反"又好又快"的科学发展观，其结果必然是"欲速则不达"。所以，一方面必须坚持"三校一读与样书检查"制度，决不能"偷工减料"，一方面又必须加强校对队伍建设，培养校对专业人才，提高校对效率，缩短校对周期，从而"又好又快"地做好校对工作。

校对主体多元化与专业化相结合

现代校对的特点之一是主体多元化，即由作者、编辑、社外非专业校对人员、社内专业校对员组成校对主体群。作者校对属于"自校"，即校对自己创作的作品。编辑校对属于"半自校"，即校对自己审读加工过的书稿。作者"自校"和编辑"半自校"，共同的优势是对书稿内容的把握和对相关知识的熟悉，共同的劣势是因习惯"线性阅读"方式难以察觉个体字符的错漏，因思维定式而往往对差错"熟视无睹"。所以实行"编校合一"，即由责任编辑承担校对任务，校对质量往往没有保障。社外非专业校对人员，技术、经验、心态和责任心一般不如社内专业校对员，灭错率一般达不到《图书校对工作基本规程》的要求。所以，完全依靠社外校对，即使不折不扣地做到了"三校一读"，也很难保证编校质量合格。正因为如此，《图书质量保障体系》明确规定：出版社必须配备足够的专职校对员，终校、通读检查、责任校对都必须由专职校对员承担。据此，《图书校对工作基本规程》要求：出版社必须建立校对专业机构，统一组织全社图书的校对工作，必须配备足够的专职校对人员，充当校对主体群的核心力量。

专职校对员的配备，要从校对工作的实际需要出发。专职校对员的数量，是由两个因素决定的：其一是编辑的年发稿量，按字数计量；其二是校对实际工作日可能完成的校对量，也按字数计量。综合这两个因素，求出编辑、校对的科学配备比例。20 世纪 60 年代以前，一个编辑平均年发稿 3 部，80 万字。"三校一读"即进行 4 次校对，校对任务为320 万字。校对员一个工作日可以校对 2.5 万字。按此推算，一个校对员的月(当时一个月 26 个工作日)校对量为 65 万字，年校对量为 880 万字，大致可以完成三个编辑发排书稿的校对任务。因此，那时编辑、校对的配备比例为 3：1。如今是市场经济，人力资源的配备，除考虑实际工作需要外，还要考虑投入与产出的关系，不可能完全从工作需要出发。据此，《图书校对工作基本规程》提出：建立两支校对队伍，一支是精干的专职校对队伍，一支是稳定的社外校对队伍，以专职校对为核心，以社外校对为辅助。专职校对队伍精干到什么程度？《图书校对工作基本规程》提出按编 5 校 1 的配备比例。其根据是：按 5：1 比例配备校对员，大致可以保证由专职校对员把住至关重要的终校和通读检查关，一校、二校都交给社外校对人员承担。这样，既可以适当压缩经济投入，缩短校对周期，又可以保证校对质量。

专业校对是校对多元主体群的核心力量，他们的学识水平、业务能力和工作状态，对于校对灭错率具有决定性影响。因此，出版社必须十分重视专业校对队伍的建设，十分重视专业校对人才的培养。

集体交叉校对与责任校对相结合

实践反复证明：由一个人包校一部书稿，即使是校对老手包校，也难以确保校对质量，所以"三校一读"必须实行"集体交叉"。所谓集体交叉，即三个校次和终校后的通读检查必须由不同职级、不同专长的校对人员分别承担。

实行集体交叉校对，是有心理学依据的。校对活动是一种心理活动，是信息搜索、选择、更正的过程，能否有效地猎错正误，取决于校对者信息选择的认知图式。人们在具体的信息选择过程中，由于主客观的种种原因，会产生认知图式的定型效应，一旦形成较为固定的心理趋向，在信息选择过程中就会习惯地用已有的知识和经验去判断新的信息，往往做出错误的选择。出版物中的常见错别字，人们对某些词语习惯性的误用，以及某些成语被频频错用，正是认知错误造成的。还有，心理学认为：新异刺激会使人的大脑皮层产生优势兴奋中心，引起人的定向反射，从而确保信息处理者对作用于其大脑的信息做出准确的判断。如果实行一人包校，一个校次、一个校次地连续校对，新异刺激就会变成单向刺激，从而导致校对者精神疲惫、反应迟钝，直接影响校对的效率。所谓"熟视无睹"、"熟能生错"，其心理原因正在于此。

实行集体交叉校对，每个校次的校对者对校对的客体都是"第一次"，因而没有"先入为主"的思维定式，没有"熟视无睹"的思维死角，能够保持对客体的客观和理性，这对于发现并改正错误极为有利。集体交叉校对还有一个明显的优点：在分派校次任务时，因人制宜，扬长避短，形成不同文化素养、不同知识结构、不同业务专长、不同心理素质的优化组合，从而产生一种 $1+1>2$ 的结构效应。

但是，集体交叉校对也存在不足，主要是实行多人交叉校对，不同校次的校对者对差错的认定不会完全一致，大部头书稿分章集体交叉校对，还会造成版面格式处理的不统一。因此，在集体交叉校对的基础上，还必须实行责任校对制，由校对经验丰富的专职校对员担任责任校对，作为本书校对工作的总责任人。集体交叉校对与责任校对相结合，是提高灭错率的有效途径。

编校协作形成合力

编辑工作和校对工作，是相互衔接的两道工序。编辑发排文本的质量，直接影响着校对效率和质量。编辑加工精细，原稿留错就少；原稿卷面清晰，校对辨认就易。这样"一少一易"，自然为校对工作创造了良好条件。反之，就会为校对工作增加难度。正因为如此，《图书质量管理规定》将图书成品的差错率，作为检查图书编校工作质量的标准。从表象看，图书成品的差错率，就是校对的留错率，但从产生差错的深层原因分析，也是编辑加工质量的反映。所以，编辑作为校前工序，要认真做好加工，尽量不把差错留给后续校对工序。

但是，编辑加工再精细，仍然难以完全消灭差错，因而需要校对来做补救工作。校对的任务有三：一是消灭排版差错，保证原稿不错不漏、完整无缺地转换成为印刷文本；二是发现并协助编辑改正原稿可能存在的错漏，使之更加完善；三是保证版面格式符合设计要求，同时发现并弥补版式设计可能存在的缺陷。所以说，校对工作是编辑工作的必要延续，是对编辑工作的补充和完善。编校不能"合一"，但必须"合作"，编辑"清源"，校对"净后"，相互协作，形成合力，才能确保图书的编校质量。

综上所述，图书的编校质量取决于校对灭错率，校对灭错率又取决于主客观的多种因素。因此，只有坚持"又好又快"的方针，采取"综合治理"措施，充分发挥编辑加工和校对改错两个积极性，才能有效地提高灭错率，降低图书留错率，从而确保图书编校质量。

2008 年 6 月 5 日

169

说明

我为"编辑出版工作如何贯彻科学发展观研讨会"写了两篇文章:《出错书不如不出书——兼论出版发展的出发点和落脚点》、《图书质量与校对灭错率》。为什么要写这两篇文章?是有感而发。

我1994年退休后,就受命组建中国版协校对研究委员会,并担任这个委员会主任。十四年来,我一直跟书刊的差错打交道,参与历年图书编校质量检查,深感图书差错的严重性,也许是"杞人忧天",面对出版迅猛发展的大好形势,却常为"无错不成书"而忧虑。我们做了力所能及的工作,但是,收效甚微,专业校对队伍日益缩小,校对工作日益削弱,尽管七折八扣(例如:同一错字重复出现,每面只计1个差错,全书最多计4个差错;标点符号使用错误,每处只计0.1个差错),每年查书仍有1/3的图书差错率超过合格标准。忧虑难解,有感而发,于是写了《图书质量与校对灭错率》。交稿之后,又觉得这篇文章同研讨会的主题有点游离,便又写了《出错书不如不出书》。两篇文章切入的角度虽然不同,但论述的却是同一个主题:图书质量与校对工作的关系。

《图书质量与校对灭错率》一文,围绕现代校对学"灭错率"、"留错率"两个重要概念,阐述加强校对工作的意义。灭错率,是指校对员在校对过程中发现并改正的差错占实际差错总数的比率,用百分比表示。留错率,是指校对工作完成之后,付印清样上的差错占清样总字数的比率,用万分比表示。《图书质量管理规定》中的"编校质量差错率",实质上就是校对留错率。编辑工作的完成品是发排书稿,发排书稿中的残留差错和排版过程发生的新差错,都集中到了校样上。校样是校对工作的对象。编辑工作的疏漏,可以由后续的校对工序来弥补,而校对工作的失检就无可挽回地成了图书成品的差错。校对的留错率就是图书成品的差错率。正是从这个意义上,我们说,编校质量实质上就是校对质量,校对的灭错率决定着图书成品的差错率,决定着图书的编校质量。那么,怎样才能提高校对灭错率、降低留错率呢?文章分析了影响校对质量的三个主观因素和三个客观因素,并据此提出四条主张:1. 坚持三校一读;2. 坚持校对主体多元化与专业化相结合;3. 坚持集体交叉校对与责任校对相结合;4. 坚持编校协作形成合力。这四条主张,是我们校对理论研究的成果,是探索校对工作客观规律得出的结论。实践反复证明:坚持这样做的出版社，图书编校质量合格率就高。例如广西接力出版社，1997年以来，自治区新闻出版局检查他们出版的图书130余种，只查出一种书编校质量不合格。

相反的例子也有。京城有家出版社去年出版的两种教辅读物，经总署检查，差错率均超过2/10000。接到总署的处罚通知，出版社的领导责令校对员（该社早就撤销了校对科，只留一位校对员跑外校）检查。那位校对员给我打电话说，社里只准校一次，而且还是外校，出了问题我应该负责任吗？我告诉她，只校一次，留错率只有2/10000，校对者应当受表扬而不是受责罚。因为总署颁布的行政法规《图书质量保障体系》明文规定：必须坚持责任校对和三校一读制度，必须配备足够的具有专业技术职称的专职校对人员负责专业校对工作。"三校"即三个校次，"一读"即三校后再进行一次通读检查。中国版协发布的行业规范《图书校对工作基本规程》规定：一校的任务是消灭校样差错的75%，留错率大约为4/10000；改样后再进行二校，任务是消灭一校留错的75%，留错率仍在1/10000以上；再经过三校和通读检查，才能确保编校质量达到合格标准。所以，两种教辅读物编校质量不合格，真正应当检讨的是轻视校对工作的社领导。图书出版过程，是有客观规律的，硬要反客观规律而行事，图书质量是没有保障的。这里面是不是也有科学发展观。

《出错书不如不出书》一文，试图运用科学发展观来探讨出版发展与图书质量的关系。为了写这篇文章，我重读了胡锦涛总书记在十七大的报告，特别是他阐述科学发展观的那部分内容，反复读了多次。我领会，首先要求发展，发展是硬道理，是科学发展观的第一要义。但是，在谋求发展时，有个核心问题：为谁发展，发展的目的是什么。胡锦涛十分重视这个问题，他提出"科学发展观的核心是以人为本"，要求全党认真解决发展的出发点和落脚点，认真解决发展中好与快的辩证关系，提出与当年大跃进"多快好省"不同的战略思想：又好又快，把好摆在首位。由此我联想到出版发展，也存在出发点和落脚点以及好与快（其表现是"多出书"与"出好书"）的问题，处理不好会影响出版发展的持续和健康。当前我国出版发展过程中出现的问题，正是没有处理好出发点、落脚点和好与快的关系。我借用南宋诗人陆游"错本散满天下，更误学者，不如不刻之为愈也"的呼吁，用"出错书不如不出书"这句比较极端的话语做标题，阐述消灭差错、提高质量的重要意义。数量和质量历来是各种事业发展的一对矛盾，出版发展必须同时抓好数量增加与质量提升两件事。只有这样，才能保证我们出版持续而健康地向前发展。两篇文章的内容就是这些，很是浅薄。顺便说个笑话：据说我国一个出版代表团出访日本，向日本同行介绍我国图书质量考核标准，说是图书成品的差错率不得超过万分之一。日本同行听了大惑不解："图书怎么能够允许出错呢？"日本同行"图书怎么能够允许出错"的质疑，值得我国出版人深思！如果大家认为图书不应该出错，都践行"出错书不如不出书"，我的忧虑就多余了，这正是我翘首期待的。

2008 年 11 月 23 日

172

论现代校对管理

——在第五届全国校对理论研讨会上的总结发言

第五届全国校对理论研讨会就要结束了，照例要有个总结性发言。

我们的校对理论研讨会，有一个传统，每届都有一个主题，即从校对实践和校对发展的需要出发，提出若干理论研究课题，并确定其中的一个课题为主题，通过实践、研究、实验，将成果进行理论归纳，以指导校对的实践和发展。大家都记得，上届研讨会的主题是"校对创新"，创新的五个课题中，有一个"管理创新"，只是提出"管理滞后"的问题，没能展开理论探讨。三年过去了，校对管理成了本届研讨会的主题。

本届研讨会为什么确定现代校对管理为主题？因为建立现代管理理念，完善现代校对管理体系，是当代校对实践和发展的需要。

第一，当代校对主体日益多元化，社外校对力量已经成为校对的重要方面军，校对主体多元和校对活动社外循环，校对管理的滞后意味着校对质量的失控。

第二，当代编辑工作的重心，已向策划转移，加之出版周期日益缩短，编辑加工普遍粗放，造成原稿差错增多，校对环节补充和完善编辑工作的功能日益凸显，校对管理的放松，必然造成图书差错率增高。

第三，由于书稿电子化，传统校对的两个客体原稿和校样"合二而一"了，校样上的差错都以是非形式出现，编辑发排文本(原稿)的未定性更为突出，校是非成了校对的主要功能，需要适应新情况的新的管理理念和管理方式。

第四，由于图书市场竞争日益激烈，出版社的出书品种数量日益增多，校对工作量日益增大，如何快速、优质完成校对任务，成了校对管

173

理的新课题。

第五，由于校对质疑、编辑排疑成了校是非的主要方式，不可避免地带来编辑和校对之间的矛盾，需要通过有效的管理协调编校关系，营造编校和谐合作的氛围。

第六，校对工作的对象是物，而校对管理的对象是人，校对人的校是非活动，是一种学识性、文字性的再创造劳动，需要充分调动主观能动性。

总之，建立现代校对管理理念，完善现代校对管理体系，是现代校对理论与实践必须解决的问题，是校对质量保障的基础。

这里说的"校对管理"是广义，其基本内涵有四：校对队伍建设；校对制度完善；校对人才培养；校对管理现代化。令人可喜的是，三年来，许多校对科室对上述课题进行了有益的研究，他们研究的成果集中反映在本届研讨会的 120 篇论文中。广西壮族自治区的成功经验，更以高合格率、高优良率告诉人们：只要加强校对队伍建设，完善校对管理机制，"无错不成书"的顽疾是可以治愈的，图书质量百分之百的合格率也是可以办得到的。交流理论研究成果，推广广西校对管理的成功经验，正是本届研讨会的成功所在。

174

下面，我将本届研讨会关于校对管理研讨的主要成果，作简要的归纳和阐释。

一、关于校对队伍建设

人是生产力的决定因素，校对队伍建设是编校质量保障的基础。广东朱仲庆在《无"校"不成书》一文中，对出版生产的演变进行了动态分析，发现在出版生产力发展的不同历史阶段，出版活动的重心是动态变化的：在手抄和雕版时代，出版以古籍校理为主，出版生产的重心偏于"校"，"校"成了"治书之学"；到了近代、现代，由于铅活字排版和机器印刷，出版活动呈现古籍校理和新书出版并重态势；重心逐渐转向"编"，编辑工作成了出版生产的中心，校对则以"校异同"为基本功能，以保证编定稿准确而完整地转换为出版物为基本任务；当代的图书出版已进入电子和市场时代，编辑工作重心向策划转移，图书的编校质量在一定程度上取决于校对质量，"校是非"上升为主要功能，校对对编辑工作的补充和完善的职能日益凸显，出版生产呈现编校并重态势。作为图书质量保障最后防线的校对，日益显示其不可或缺、不可替代的重要作用，可以说是"无'校'不成书"。"编校并重"的态势，要求建立与之相适应的校对队伍。当前，要抓紧建设两支校对队伍：专业基干队伍，社外校对队伍。

第一支校对队伍是精干的专业基干队伍。

大家都记得，在第二、第三两届全国校对理论研讨会上，我们曾经先后向新闻出版署提出了《关于加强校对队伍建设的建议》和《关于加强校对工作实施〈图书质量保障体系〉的建议》。在那两个建议里，我们根据当时编校人员配备比例严重失调的状况，提出按科学比例(编3校1)配备专业校对人员。现在的问题是：按科学比例配备专职校对，势必增加出版社的资金投入，在多数出版社难以实行。撤销校对机构，实行"编校合一"，或者完全依靠社会校对力量，也是不可行的。因此，我们提出一个折中的建议，即建立精干的校对基干队伍。"基干"这个词是从"基干民兵"那里借过来的，"基干民兵"是民兵中骨干。在校对主体多元的情况下，大致按"编5校1"的比例配备专职校对，让他们充当校对主体群的骨干，承担三校、责任校对、终校后的文字技术整理和通读检查等重要工作。广西的图书编校质量，从1998年以来，合格率一直稳定在80％以上，正是得益于一支高素质的专业校对基干队伍。

关于校对队伍建设问题，出版界一直存在两种错误认识：一是"校对是字对字，是简单劳动"，另一是"校对不创造财富"。本届研讨会的不少论文，从理论和实践的结合上，批驳了这两种错误观点。广东叶思源在《校对工作的三种思维方式》一文中指出："校对工作是使用正确的校对方法对客体进行改造的过程，在这一过程中，思维作为能力和品质的体现，反映出校对主体相应的价值：校对主体的思维形式将决定出版物的社会文化价值和经济效益。"辽宁张燕在《定位于创造图书效益之中的校对》一文中指出："校对是创造出版物利润的潜在元素，其去非正误催生优质图书和塑造诚信形象的社会价值，是无法用金钱来计算的。"浙江人民出版社将编辑和校对都划为图书生产第一线，正确地界定了校对在出版生产中的作用。浙江省新闻出版局局长明确指出："校对是图书质量保障的最后防线，这条防线不能撤，撤了就等于放弃图书质量。"

第二支队伍是相对稳定的社外校对队伍。我们强调"相对稳定"，是

175

因为校对是专业性很强的工作，称职的校对人才需要相当时间的校对实践锻炼，只有一支训练有素的社外校对队伍，才能真正成为校对的辅助力量。北京出版社、广西师大出版社社外校对队伍建设的成功经验是值得推广的。他们的基本经验是：(1)公开招聘，择优录用，有意识地选用高学历、多学科的人才，建立一支高学历、适应本社出书需要的学科人才齐全的社外校对队伍；(2)实行上岗培训、经常进行业务考核，不断淘汰，不断纳新，逐渐建立一支相对稳定的社外校对队伍。

两支校对队伍，要以专业校对队伍为基本骨干。要以专业校对基干队伍建设，带动社外校对队伍建设。两支队伍，要明确分工，相互协作，共同保证校对质量。

二、关于完善校对制度

校对活动是校对主体与客体的矛盾运动过程，一方面客体存在讹误，一方面主体要改正讹误，两者互为条件，相互对立又相互依存。只有当客体的讹误得到改正，主体查错正误的目标得以实现，校对的矛盾运动才会结束。校对又是个群体活动，校对主体的多元性和校对过程的集体交叉性，不可避免地会产生校对主体之间的矛盾，如作者校对、编辑校对和校对员校对之间的矛盾，校对质疑与编辑排疑之间的矛盾，专业校对与社外校对之间的矛盾，各校次之间的矛盾。有些矛盾表现为思想认识的不一致，有些矛盾表现为对差错认定的不一致，有些矛盾表现为对责任认定的不一致，有些矛盾表现为因为相互尊重不够而产生思想隔阂或情感隔阂。解决好这些矛盾，协调好编辑与校对之间、专业校对与社外校对之间，各校次之间的关系，从而调动各个校对主体的积极性和主动性，形成合力，才能保证校对质量。

解决矛盾、协调关系的重要方法之一就是建立和完善校对管理制度。新闻出版署 1997 年颁布的《图书质量保障体系》明确规定，要建立"三校一读"和"责任校对"两项基本制度。《图书质量保障体系》颁布五年多来，我国的出版形势有了很大的发展，情况有了很大的变化，必须建立与之相适应的新的校对管理制度。

总结五年多来的校对管理经验，当前必须建立并完善下列四项基本制度：

（一）主体多元化与专业化相结合制度

当代校对主体多元化，作者、编辑参与校对，还有社外校对力量参与校对，加上专职校对员，从而形成校对主体群。在主体多元化的情况下，必须坚持以专业校对为核心。所谓以专业校对为核心，有三层意思：其一，必须配备专职校对员，并由专职校对员担任责任校对；其二，必须由具有中级以上职称的校对员或从事校对工作五年以上的校对员来做三校；其三，必须建立专业校对机构，对校对工作进行统一组织和全程监控。

1987 年 5 月在首都书市与工人出版社发行人员合影。

与这一制度密切相关，有个重新规范编校分工的问题。本届研讨会入选论文中，不少论文提及这个问题。湖催在《试论现代校对出版条件下校对通读中的几个原则》一文中提问："可不可以将校对通读的宗旨定在'清灭一切差错'呢？"他认为应当用这个标准作为校对工作的最高目标，因为"根据原稿对比和改正校样上的差错"（《中国大百科全书·新闻出版·校对》）的校对职责规定，已经与现代出版条件不相适应了。李道学在《现代校对职责的提升》一文中指出："传统校对以'校异同'为主，主要职责是依据原稿消灭排版的差错。现代校对以磁盘书稿为主要对象，无'原稿'可作依据，校样（也是原稿）上的差错都以是非形式出现，因此，校对的职责应是'协助编辑解决原稿中的错漏和不妥'。"张兴田、朱霞在《差错率的失效与错误的变异》一文中指出："传统校对质量监控体系实质上将差错分为软硬两个部分，要求校对'对原稿负责'实质上是对原稿中的差错不承担责任。因此，'差错率'对原稿中的错差（是非）失去监控力。"张振华在《校对质量责任量化管理初探》一文中，披露了一组统计数字：2002 年，浙江人民出版社校对发现的各类差错40 816处，差错率为11.21 /10000。其中，排版差错占 69.9％，差错率为 7.84 /10000；改样差错占 8％，差错率为 0.92 /10000；原稿错误占 22.1％，差错率为2.47 /10000。这组数字很有说服力，如果校对的职责只"对原稿负责"，"无错不成书"就是不可避免的。

广西人民、广西教育、广西科技和接力四家出版社，在编校工作制度中做出了有别于"对原稿负责"的新规定，要求"校对除对原稿负责外，还必须改正错别字、异体字和非规范简化字"。并且规定："鼓励校是非，校对员发现了原稿差错，应填写《校对质疑表》，由总编辑室转交责任编辑认定处理。《校对质疑表》由总编室存档，作为考察校对员业务能力的依据。"这些新规定，强化了校对纠谬改错的功能，提升了校对员的职责，也凸显了校对员在校对主体群中的核心作用。上述论证、数据和广西的实践经验，为重新规范编校职责分工提供了理论和实践的依据。这个问题我们准备明年召开专题研讨会进行深入研究。

有必要指出：有的论文提出"将校对职能提升为文字编辑"，实现"编校合一"或"校对工作编辑化"。我认为，将校是非等同于编辑加工是值得商榷的。校对就是校对，而不是文字编辑，两者的职责和工作方式、思维方式是不相同的，这是出版生产的客观需要，混淆了两者的个性区别，就会造成编校工序和职责的错位。至于校对员改行当编辑，那是另外一回事。校对的职责是"改错"，"校是非"也只限于"改错"，即通常说的清除"硬伤"，这与编辑加工不是同一概念，因为编辑加工要做的不仅仅是改错补漏，还要做篇章布局的调整、思想内容的提升和语言文字润色等。如果把校对定位为"文字加工"，实质上等于取消校对环节。

有许多论文都不这样为校对定位。例如：叶思源在《非常态空间的"再创造"》一文中认为，校对主体面对的是"处于'非常态空间'的校对客体"，"校对在'非常态空间'的活动被限定在一定程度上"，"不能'自由'

地延展"。王建国在《编校活动变化的性质是整合新型编校机制的基础》一文中，专门论述了"校是非"同"编辑加工的联系和区别"，提出"编辑加工主流思维"和"校对活动逆向思维"的概念，认为"主流思维的趋向性，不可能解决'思维死角'和'思维盲区'，而需要一种逆向思维来对主流思维进行覆盖，用非重复叠加的思维形式，来触及主流思维的'死角'，以此来解决编辑加工后书稿中仍然存在的差错"。孙旭明在《拾与补——浅谈校对的看家本领》一文中，将校对工作的内容界定为"拾与补"即拾遗与补漏。最好再加上"纠"即纠谬。又"拾"又"补"又"纠"，才称得上是对编辑工作的补充和完善。将校对工作定位在"非常态空间"的清除"硬伤"，定位在用"逆向思维"解决主流思维的"死角"、"盲区"，定位在对编辑工作的"拾与补"，是不是降低了校对的地位和作用？当然不是！编辑和校对，分别处在图书生产流程的上道工序和下道工序，各司其职，各负其责，是工作的分工、职责的分工，不存在地位和作用的差异。当前不少出版社的校对员遭受不公平待遇的问题，不是编校分工造成的，而是轻视校对工作的偏见造成的，要从提高认识、消除偏见入手来解决。如果出版社的领导班子像列宁、鲁迅那样重视校对工作，把校对看作"最重要的出版条件"，自然就会重视校对队伍建设，善待校对人才。

179

（二）集体交叉校对与责任校对相结合制度

集体交叉校对，是指由不同职级、不同专长的校对员分别负责不同校次的校对，一般不得采取"三校一读"由一人包揽的做法。集体交叉校对，可以避免一人包校的知识局限和因反复阅读而"熟能生错"的弊端，有利于最大限度地消灭差错。同时，集体交叉校对还是一种相互检查、相互监督的有效方式，后校次实际上是对前校次的质量检查。

集体交叉校对的主要形式有二：（1）校次交叉，即甲负责一校、乙负责二校、丙负责三校。（2）分章交叉，即一校时，甲校一、二章，乙校三、四章，丙校五、六章，二校、三校时交叉互换。大部头书稿，适用此形式。集体交叉校对的优点，就是每个校对者都是第一次接触校对对象，有利于保持客观和理性，从而提高校对质量。集体交叉校对也存在弊端，主要表现是校对者对差错认定的标准不会完全一致，分章交叉校对还可能造成版面格式的不统一。因此，在集体交叉校对的基础上，还必须实行责任校对制度，由责任校对对全书校对质量负总责。责任校对的具体职责是：承担终校或通读检查；做终校后的文字技术整理；最后核对付印清样(对片)；协助责任编辑处理校对质疑。集体交叉校对与责任校对相结合，有利于发挥集体交叉校对的优势，又可避免上述弊端，从而更有效地提高校对质量。

(三)三校一读对片制度

"三校"即三个校次，这是必须坚持的最低限度的校次。"一读"即终校改版后的通读检查。"三校一读"不是某个人拍脑袋规定下来的，而是校对主体与客体矛盾运动的客观规律决定的，不这样做就保证不了质量。早在西汉刘向提出"校雠"概念时，就实际上提出了校次问题：先通过"雠"发现诸本差异，再通过"校"断定诸本是非，书竹后再"刊"(抄在竹简上再校，发现错讹即削竹改正，此谓之"刊")，订正后再书帛(誊写在缣帛上)，谓之"帛书"。隋唐官方组织翻译佛经，在誊抄过程中实行"初校、再校、三校"，最后由主持译经人详阅。宋太宗诏重校"三史"，明令规定"三覆校正"，最后由皇帝"御览"。清代编纂《四库全书》，设分校官、复校官和总校官，实行三级校对，成书后又由总纂之一的陆锡熊"详阅全书"。这不是历史的巧合，是因为"校书如扫落叶"，不能"毕其功于一役"，必须经过多次校对方保准确无误。校对活动过程，是校对主体与校对客体矛盾运动的过程。由于校对客体差错的复杂性和出错原因的多样性，决定必须投入一定的校对量(多校次)，"三校一读"是最低限度的必要的校对投入。有些出版社"一校付印"，这样做校对质量是毫无保证的。有些出版社将"作者校"、"编辑校"和"校对员校"称作"三校"，这是对校次的误解。作者校对是"自校"，编辑校对是"半自校"，不能顶替校次，"三校一读"制度中的三个校次，都应当由经过专业训练的校对人员来完成。电脑校对如果使用得当(如前面推荐的"二三连校")，可以顶替一个校次，一般应当在人工一校之后进行，电脑校后还应由人工再校，因为电脑校对误报率高，必须由人工对其报错一一进行是非判断。人机结合应当成为校对工作必须坚持的制度。

对片是当代校对制度的创新，它是电脑排版制片新工艺的产物。电脑制片，由于制式不同或操作不当，有可能发生文字错乱或内容丢失。所以，制成胶片后，必须将胶片与付印清样对照，完全无误方可付印。

180

(四)社外校对管理制度

现在,多数出版社专业校对力量不足,一半以上的校对任务依靠外校,外校的质量在一定程度上关系着图书的质量。因此,加强外校管理已经成为出版社校对管理的重要内容。

"外校"指除了本社专职校对员之外的承担校对任务的人员。外校队伍成员构成比较复杂,有退休的专业校对和编辑,有在职或退休的教师,还有在校大学生以及待业、下岗人员。前两类人员文化素质较高,比较适合做校对工作。待业及下岗人员中,也有部分文化素质较高的,适合做校对工作。在校大学生学习任务重,一般比较浮躁,要严格选择聘用。中等文化程度的人,一般不大适合做校对工作。

外校管理的主要内容有如下四点:

1. 公开向社会招聘,通过严格考察,选用合适人才,建立素质较高、学科门类适合本社出书需要、相对稳定的社外校对队伍。北京出版社选用外校人才掌握如下四个条件:(1)具有大专以上学历;(2)有一定的语言文字功底;(3)心理素质较好,能坐得住;(4)做事认真,责任心强。广西师大出版社依托师大雄厚的师资力量,根据本社出书的范围,有意识地选用具有各种学科专长的教师,形成一支学科门类齐全的外校队伍。

2. 通过各种形式对外校人员进行校对专业培训,帮助他们熟练地掌握校对方法和操作技术,掌握书稿及校样的出错规律,掌握汉语语言文字使用规范,掌握书刊版面格式的基本知识。

3. 实行统一组织外校和对外校全程监控的制度。外校要归口校对科室统一安排,责任编辑自己安排外校的做法不可取,因为质量没有保证。

4. 实行计件管理与质量管理相结合的管理制度,采取按量计酬的办法,但必须同时规定质量指标,没有达到质量指标的要扣减酬金,质量高于指标的要增加报酬。外校人员一般只能承担一校、二校任务,三校和通读检查必须由符合条件的专职校对人员承担,把住至关重要的"终校"和"通读检查"关。

三、关于校对人才培养

校对是出版行业里的特殊专业,校对人才是出版专业中的特殊人才。

181

特殊专业需要特殊人才，特殊人才需要特殊素质。那么，校对人才的特殊素质内涵是什么？本届未见有创见的论文，有待于今后深入研究。

清代校雠家段玉裁在《与诸同志论校书之难》一文中提出："校勘学家应具二种学识，一曰常识，二曰特识。常识者，即前所谓校勘学识，无工作界域之区别，一切校书家俱用之，如'误文例'与'误文疑似例'之认识，以及校勘方法与规律之演习皆属之。特识者，从事工作时特殊对象之鉴别……不必一切校勘家皆用之也。"段玉裁的这番精彩议论，对我们认识校对人才的特殊素质是有启示的。

从事校对工作，首先必须具备校对专业的"常识"，例如校对的基本理论，校对的基本方法、操作技术和校对符号，出版物出错类型和出错原因，汉语语言文字规范及汉文字使用出错规律。这些"常识"是校对人才必须具备的基本功。一般出版社出书是有学科专业分工的，不同出版社的校对员的工作对象是不尽相同的，正如段玉裁所说的需要具备"对特殊对象之鉴别"能力，因而还需要掌握相关学科领域"特殊"的学识。"常识"和"特识"两种学识的有机结合，是现代校对人才素质的全面体现。

关于校对人才的培养，广西有了比较成熟的经验，他们已经在会上作了比较全面的介绍。我认为，广西培养校对人才的基本经验可以归纳为如
182 下四条：其一，建立并稳定校对队伍。广西的 8 家出版社，都建立了专业校对机构，都按编 4 校 1 的比例配备专职校对人员，都建立了相当严密的校对工作制度。其二，注意培养高级校对人才。全区有 9 名校对员被评为副编审，已占全区校对员总数的 17％，这个比率在全国各省、直辖市、自治区是最高的。其三，开展经常性的专业培训。全区校对科长已全部参加"全国出版社校对科长岗位培训"，校对员也已全部轮训。有些出版社还经常举办编校理论实务和语言文字讲座。其四，开展经常性的校对理论研究。从 1995 年以来，全区校对专业论文已经超过百篇，先后入选第二、第三、第四届"全国校对理论研讨会"的论文达 40 篇，收入中国版协校对研究委员会选编的论文集《校对的学问》的 28 篇，在中央及地方专业报刊上发表的 25 篇，收入自治区版协选编的论文集的 83 篇。在广西版协的组织下，29 位校对员还集体撰写了我国第一部现代校对学著作《图书校对学》。8 年来的校对理论研究，不但硕果累累，更造就了一批具有专业学术造诣的校对专门人才。广西培养校对人才的经验，是值得全国学习的。

四、关于校对管理现代化

校对管理现代化是个全新课题，本届入选的论文中有不少颇有见地的论文。这些论文探讨的内容，集中在三个问题上：（1）校对管理人本化；（2）建立内部竞争机制；（3）校对管理数字化。

吴惠娟在《浅谈校对组织文化与校对绩效》一文中，提出"校对组织文化"概念，认为"现代校对管理应构建以组织文化为中心的新型管理模式"。"组织文化"的基本内容是：着重组织精神的培养，但不排斥一定条件下的精神定量分析；着重依靠职工工作贡献的热情，但不完全否认规章制度的作用；着重形成上下级之间的和谐合作气氛，但不取消上下级的划分；提倡宽容的管理，但对违反组织价值的行为也严加追究。据此，她给出"校对组织文化"如下定义："校对经过管理与活动的联系与互动，形成共同创造、继承、借鉴的不断更新的假设、信念、价值观念、规范、道德准则等意识形态的有机统一整体。"她还将这种新型校对管理模式作了具体描述：以人为本的管理思想，刚柔结合的管理手段，科学性与艺术性并举的管理方法。

文诺在《论专职校对队伍的"科学—人本管理"》一文中，主张推行"科学—人本管理"模式。文诺认为，人类管理模式演变至今共经历了三种模式：经验管理模式，科学管理模式，人本管理模式。

经验管理模式是一种以管理者为中心的管理模式，管理者几乎是凭主观臆断来经营企业，企业的兴衰成败系于领导者一身。科学管理模式把人假设成"经济人"，而"经济人"利大大干，利小小干，无利不干，因此强调制度化、标准化管理，以规章制度、物质刺激和惩罚来制约员工的行为。人本管理模式认为，人不是单纯追求经济收入，还追求人与人的和谐、友善，追求受人尊敬和自身能力的社会实现，因此主张关心职工，满足职工的精神需要，提高职工的业务素质，培养主人翁意识，激发人的主动性、积极性，从而不断为企业注入活力。文诺在论文中主张推行"科学—人本管理"模式，即取"科学管理"及"人本管理"之长，建立现代校对管理体系，其内容包括合理的分配制度，完备的培训体系，成就激励机制，营造人与人之间沟通、和谐的企业氛围。

刘海推崇美国女管理学家玛丽·帕克·福莱特的管理理念，即管理是"通过其他人来完成工作的艺术"。她在论文中提出"人性化管理"模式，使管理成为校对主体内驱力的催化剂，激发主体意识的觉醒，从而使全体校对人员认真负责，视图书质量为生命，以纠错为己任，并从中获得胜任感和成就感。她认为，现在出版行业对校对人员的总体待遇，无论是物质方面的分配还是精神方面的尊重，都与他们的付出不相匹配，这种不公平待遇显然有违人性管理理念。人性的尊严是校对人员发挥创造力的基础，没有这一基础，单纯强调量化奖罚，在校对功能向以"校是非"为主转移的当代，其作用是十分有限的。

赵虹在《浅谈校对心理素质的培养》一文中指出："校对的过程是一个心理过程，校对者在履行职责时，展现的不光是渊博的学识和扎实的文化功底，同时也是思维、记忆以及意志、情绪等心理素质的体现。"

何秀兰在《校对的兴趣——敬岗乐业的动因》一文中，引用丁肇中"兴趣比天才更重要"的观点。她认为，"作为职业校对员，必须具有广博的学识，深厚的文字功底，精湛的校对技艺，而要达到这些要求，就要通过兴趣的力量，将个人的潜能最大限度地调动起来。""校对职业兴趣的产生和发展，大体要经历有趣—乐趣—志趣三个阶段。'有趣'往往短暂易逝，非常不稳定。经过一定时期的积淀，兴趣逐渐稳定，就进入'乐趣'阶段。当乐趣与社会责任感、人生理想结合起来，乐趣便变成'志趣'。志趣具有社会性、自觉性和方向性，有了志趣，校对工作就变成自觉性、方向性的职业取向。"培养校对职业志趣，应当是校对管理的重要任务。

一直以来，校对数据管理是人工操作，填写各种报表，进行统计分析，不但费时费力，而且容易出错，难以查询。当代校对主体多元化，校对对象电子化，由于出书品种数量剧增校对任务成十倍地增长，校对管理数据化是亟待研究的课题。在这方面，浙江走在全国的前面，该省科技出版社校对科长顾均、人民出版社校对科长张振华相继编制成功"校对管理系统"软件，该省教育出版社则利用微软办公软件编制数据库界面，实现了数据管理无纸化。顾均等人的创造性成果，使数据登记、制表、计算、统计、查询、保存变得十分简单、便捷。

2003 年 9 月 22 日

问诊"无错不成书"
——答《中国新闻出版报》记者问

"无错不成书"已经成为文化公害，已经成为困扰我国出版业的一个顽症。原因何在？对策是什么？记者带着这个问题走访中国出版工作者协会，问诊该会校对研究委员会主任周奇先生。

记者：先生多年来，一直在关注图书编校质量问题，现在社会上用"无错不成书"来评价图书出版，您能不能谈谈您的看法？

周奇："无错不成书"只是一个比喻，说明广大读者对图书质量十分不满，我们应该十分重视并正确对待读者的批评。现在出版的图书，确实存在严重的编校质量问题。上世纪90年代，新闻出版署组织过多次图书编校质量检查，图书合格率只有1／3左右。进入21世纪，图书编校质量有了明显提高，但许多图书仍然存在严重差错，总署近几年查书，仍有1／3的图书是不合格品。去年6月，总署对58种教辅读物的编校质量进行专项检查，结果：合格品41种，合格率为70.7%，仍有29.3%的图书编校质量不合格。

记者：那么，为什么会造成这种局面？

周奇：原因是多方面的，有外部的原因，也有内部的原因，我想着重谈谈内部原因。

记者：您说的内部原因指的是什么？

周奇：指的是图书出版生产者。具有说，又有两个层面，一个是出版单位的经营管理者，一个是图书编校工作者。

我个人认为，经营思想上急功近利，漠视图书质量，是造成"无错不

185

成书"的主要原因。

20世纪30年代，鲁迅曾经这样批评出版商轻视图书质量："这些错误的出现，当然大抵是看准了社会的需要，匆匆地来投机。"鲁迅的批评，可谓一针见血。现代图书的"无错不成书"，在一定程度上也是"看准了社会的需要，匆匆地来投机"造成的。

有些出版社推行"广种薄收"，不顾本社的编校人员的承受能力，一味增加出书品种数量。在上个世纪五六十年代，一个编辑一年一般编发3种书稿，不超过100万字，因而有精力精心设计和精细加工。如今不少编辑一年要编发十几种书稿，几百万字甚至上千万字，而且背负着"创利指标"的沉重负担，一面做编辑工作，一面还要忙着做推销、做校对、管印制，谓之"编、印、发一条龙"，根本没有精力审读加工，导致审读加工粗放，甚至不加工就发排。许多书稿达不到齐、清、定的要求，存在这样那样的错误，就一点也不奇怪了。

急功近利经营思想的另一个突出表现是，一些出版社，为了赶市场，快出书，减少审读和校对次数，甚至将三审合一，三校合一。这种出书方式，"无错不成书"就是必然的了。

记者：那么，这个问题怎么才能解决？

周奇：要想彻底解决"无错不成书"的问题，首先必须转变出版经营思想，要真正对读者负责、对社会负责，把社会效益放在第一位，追求优质高效，而不是以牺牲图书质量来换取经济效益。

鲁迅当年曾为《三闲书屋校印书籍》拟过这样的广告词："本书屋……虚心绍介诚实译作，重金礼聘校对老手，宁可折本关门，决不偷工减料，所以对于读者，虽无什么奖金，但也决不欺骗的。"（《鲁迅全集》第11卷第494页，人民文学出版社，1981）以鲁迅的这种对读者极端负责的精神，来做出版工作，"无错不成书"的问题应该是可以解决的。

记者：从一些资料看到，出版社出书缺乏分工，什么书都出，也可能是造成"无错不成书"的原因。

周奇：你说得很对。出版社出什么书，有个前提条件：具备出版相应图书的专业编辑人才。现在，出版界不大考虑出书的主观条件，更多的是考虑市场需求，什么书好卖就出什么书。这个问题应当引起出版社经营管理者注意。

据说全国 500 多家出版社，七成以上出版教辅读物，而且文、史、哲、数、理、化以及古文、英语无所不出。不懂英语的编校英语辅导读物，不通数理的编校数理辅导读物，在当今出版界并不稀奇。其他如辞书、少儿读物、财经图书，也是许多出版社追逐的对象。全国 500 多家出版社中，少儿读物专业出版社只有 30 几家，而 2005 年总署抽查少儿读物 723 册，涉及的出版社竟多达 186 家。许多根本没有辞书编辑人才的出版社，也一窝蜂地抢着出辞书，以致闹出许多笑话。有的辞书，体例混乱，甚至缺少"前言""凡例""索引"这些辞书体例不可或缺的基本成分。有的辞书，条目编写不规范，罕见辞书文体，多见长篇大论。有的辞书，抄袭剽窃，原文照抄，甚至将他书的错误内容和错别字也原封照搬。

记者：如今是市场经济，坚持出版专业分工恐怕很难做到。

周奇：出版什么书，关键在于是否具备出这种书的编辑人才，这是最简单不过的道理。我长期从事社科读物编辑工作，审读加工社科书稿，比较有把握，因为具备这方面的基本知识，能够对书稿作出评价，能够进行加工修改。让我去处理科技读物书稿，我就一点把握也没有。我国的出版社，原本是有明确专业分工的，因为出版社成立之初，就是国家有关部门或群众团体为了出版相关专业图书的需要，或为了满足特殊读者群体需求的，而且大多冠以专业的社名。地方专业出版社很多是地方人民出版社原来的专业编辑室。为出版专业图书而成立的出版社，都设置了相关专业的编辑部门，配备了相应的专业编辑人才，这无疑为出好专业图书提供了组织保证。现在，不讲出书分工了，能编好的图书不编或少编，而硬要插足那些自己外行而编不好的图书，其图书质量自然难有保证。

我认为，出版社还是应当坚持专业分工，在各自的专业领域做大做强，形成各自的优势和品牌，不编自己不熟悉、编不好的图书。这样做，才有可能保证出书的质量。

记者：请您再谈谈另一个层面的问题。

周奇：另一个层面，指的是编辑和校对。编辑和校对是图书生产的直接责任人，他们的功力、态度、作风，直接影响图书的质量。现在有一种怪现象，"无错不成书"原本是读者对出版者的批评，现在竟然成了某些编辑推卸责任的托词。"出书难免出错，无错不成书嘛！"如此这般，也就心安理得了。

出版社是内容产业，它生产的图书，是一种特殊的消费对象——精神消费对象。图书与生活消费对象的本质区别在于：图书是思想文化信息载体，通过传播思想文化信息，作用于人的精神世界，发挥着启迪思想、陶冶情操、增长知识、塑造灵魂的作用。图书在消费过程中，由于其超时空的特质，具有重复使用、世代传承的作用。

图书里的思想文化信息，是通过文字、符号表达的。科学的思想文化内容，需要通过正确的文字符号来准确地表达。用字用词的错误，即使是一字一词甚至一个符号的错误，都可能影响图书的传播文化和传承文化的功能。

古代学者把没有错误或错误很少的书称作"善本"，把错误较多的书称作"错本"。出善本不出错本，是古代编校家的道德追求，表现了对后人负责的崇高品德。现代的许多大学问家、大编辑家，也继承了古代学者对读者、对后代高度负责的传统。鲁迅当年做出版工作，非常重视校对工作，不但身体力行，亲自做校对工作，"虽自觉渐渐瘦弱，也以为快乐"，而且导倡"重金礼聘校对老手，宁可折本关门，决不偷工减料"。钱锺书的名著《管锥编》初版出版后，发现有 500 多处差错，其中不少就是一字之误。钱先生在再版时认真改正了差错，还特地写了《再版识语》，诚恳地说："初版字句颇患讹夺，非尽排印校对之咎，亦原稿失检所致也。"接着，钱先生不禁慨叹："亦知校书如扫落叶，庶免传讹而滋蔓草尔。"钱先生的坦诚自责，表现了对读者、对后人高度负责精神。

如果当今的编辑们都像他们那样，一丝不苟，认真负责，编校质量问题应该是可以彻底解决的。

记者：您说的编辑校对的功力直接影响图书质量，具体内容是什么？

周奇：我说的功力，主要指语言文字修养。我刚才说过，图书里的思想文化信息，是通过文字表达的。清代学者戴震说过一段很精辟的话，他说："经所以载道、所以明道者，词也；所以明词者字也。学者由字以通其词，由词以通其道。"记得 1951 年人民日报发表过一篇毛主席亲自修改过的社论，题为《正确使用祖国语言文字，为语言的纯洁和健康而斗争》。社论强调指出：必须使报纸和出版物都能用正确的语言来表现思想，使思想为群众所正确地掌握，才能产生正确的物质力量。上世纪 80 年代，中共中央在《关于社会主义精神文明建设若干重要问题的决议》中又进一步要求："新闻媒体和出版物要为全社会正确使用祖国语言文字做出榜样。"这就要求新闻出版工作者尤其是为出版物语言文字把关的编辑、校对具备比较扎实的语言文字功底，在编校工作中正确地使用祖国语言文字。照我的理解，所谓正确使用祖国语言文字，至少应当包含如下五个方面的内容：(1)正确用字，不写错字和别字；(2)正确用词，准确表情达意；(3)正确造句，符合现代汉语语法规则；(4)正确使用数字、量和单位，符合国家的规范和标准；(5)正确使用标点符号，符合国家标点符号用法标准。如果不能做到上述五条，其编校质量恐怕难以保证。现代出版物中的错误可以分为两大类：一类是"无心之误"，是工作疏忽造成的。只须端正工作作风，认真负责，一丝不苟，这类错误不难消灭。另一类是"有心之误"，作者写错了，而编辑、校对不以为是错的，或者作者写的原本是对的，而编辑、校对错改了。这类错误的存在，说明了编辑、校对语言文字功力的不足。正因为如此，出版界有识之士，倡导编辑校对加强语言文字学习，建立语言文字的相对优势。

记者：据我了解，现在编辑加工粗放，是造成图书质量下降的一个重要原因。

189

周奇：确实如此。当前，我国出版界出现一种倾向：重策划，轻加工，编辑加工普遍粗放。苏州大学出版社总编辑吴培华将这种倾向称之为"编辑职责后移"。改正原稿中的各种差错，本是编辑的基本职责，现在由于重策划、轻加工，编辑加工粗放，甚至放弃加工，导致编辑发排的书稿错误百出。把本应由编辑负责处理的原稿差错推给了校对，校对环节不得不花大气力改正原稿差错，甚至替代编辑做文字加工，势必影响校对工作的质量。据我们的调查统计，原稿平均差错率超过 2 /10000，差错严重的甚至超过 10 /10000。

妥善解决"编辑职责后移"问题，是解决"无错不成书"的治本对策。因此，第一，要适当减少编辑发稿的品种数量，使他们有充裕的时间和精力来做好审查加工；第二，要对编辑发排文本的留错率规定一个下限标准(例如差错率不得超过 1 /10000)。

当前造成"无错不成书"还有一个重要原因：出版界比较普遍地轻视

校对工作，其主要表现是校对队伍弱化。图书质量保障体系有两道防线——编辑和校对。如今编辑加工普遍粗放，意味着第一道防线"弃守"，校对队伍又普遍弱化，导致第二道防线濒临"失守"。一方面"编辑职责后移"，一方面又"校对队伍弱化"，这种怪异而矛盾的现象竟然同时出现，这是许多图书编校质量不合格的症结所在。

校对在图书出版生产流程中，处在编辑工作完成之后、印制开机之前的关键环节，编辑工作的疏漏，可以由校对环节弥补，而校对工作的失检，则无可挽回地成了图书成品中的差错。正因为校对地位如此重要，列宁才把做好校对工作视为"最重要的出版条件"，认为不能"保证校对得很好"就"根本用不着出版"。正因为校对作用如此重大，鲁迅才把校对摆在创作的等同地位，认为"校对和创作的责任是一样重大的"。

但是，当今我国许多出版社的决策者，却不是这样看待校对工作的，他们认为"校对是简单劳动"，"校对不创造财富"，把设置校对机构、配备专职校对人员视为经济负担，把撤销校对机构当作"改革"举措。在这种错误认识的指导下，当然不可能做好校对工作。

因此，端正对校对地位和作用的认识，恢复校对机构独立建制，加强校对队伍建设，培养和造就校对人才，完善校对管理制度，是解决"无错不成书"的一个治本之策。尤其是在编辑加工粗放问题一时难以解决的情况下，加强校对工作就显得更为重要。

记者：您是专门研究校对工作的，请您再谈谈怎样加强校对工作的问题。

周奇：我在前面说了，现在，书稿加工普遍粗放，根本不加工就发排的书稿也不在少数，原稿差错普遍增多，校对环节更显得举足轻重。实事求是地说，所谓编校质量在很大程度上取决于校对质量。历次查书发现的差错，如果"校对得很好"，大部分是可以消灭的。因此，出版社建立独立的校对专业机构，配备足够的专职校对人员，是保证图书编校质量的治本之策。

校对工作专业化，校对机构独立承担校对任务，是图书出版工作客观规律决定的。现代校对是古代校雠演变而来的，演变的动力是出版生产力。隋唐以前的编校合一，是与当时落后的出版生产力相适合的。隋唐以后，由于先后发明了雕版印刷和活字印刷，图书批量复制成为可能。

正是这种出版生产力的革命性的变化，促使编辑、校对走向分工。编校的彻底分离，则是出版生产近代化的产物。由于铅活字排版和机器印刷，催生了我国的出版企业，促成出版生产集约化，编辑工作和校对工作从此成了出版生产的两道工序，从而产生了编辑专业和校对专业。从商务印书馆设置校对部至今，我国近现代校对已有100多年历史了。经过100多年的实践，现代校对已经积累了相当成熟的经验，形成了一整套有效的方法和制度，造就了一大批现代校对人才。

记者：现在不少出版社推行"编校合一"，而您一直在反对"编校合一"，为什么？

周奇：无论从理论上还是从实践上分析，在出版生产现代化条件下，回归"编校合一"，都是违背出版生产客观规律的，都是不可取的。

编辑和校对，工作的对象不同，任务不同，工作的出发点、注重点乃至思维方式、工作方法都不相同。编辑工作以作者原创作品为对象，首先必须从整体对作品作出评价，从而决定取舍，或者提出修改意见，其工作注重点在于宏观，其思维方式表现出"纵览总观"的特征。校对工作以编辑发排文本(通称原稿)和依据原稿排版打印的样张(通称校样)为对象，其任务是猎错补漏：首先将校样与原稿对照，发现并改正排版错漏；然后通过通读检查，发现原稿可能存在的错误，向编辑质疑并提出改错建议。因此，校对工作的注重点在于微观，即字里行间的个体错漏，其思维表现出"细辨详察"的特征。因为如此，编辑和校对的工作方法有很大的不同。以阅读为例：编辑阅读是"线性阅读"，即以句子为阅读单位，表现出"扫视"的特征；校对阅读是"点性阅读"，即以字、词、词组为阅读单位，表现出"切割"的特征。校对工作的对校法、本校法、他校法、理校法、人机结合校对、核红、对红、文字技术整理以及一套校对操作技术，都是编辑不熟悉、不掌握的。如果实行编校合一，势必要求编辑进行角色转换，即在校对过程按照校对的思维方式、阅读方式、操作技术进行工作。这样要求编辑是不现实的。而且，这样做，也有悖现代管理理念。还有，编辑校对在性质上属于自校，即自己校对自己编发的书稿，很难摆脱思维定式的消极影响，在审读加工时没有发现的错误，在校对过程一般依然发现不了。所以，我认为实行"编校合一"不是明智之举。

记者：那么，校对可以不可以实行社会化呢？

周奇：在社会上物色校对人才，建立相对稳定的社外校对队伍，作为本社校对力量的补充，实践证明是可行的。但是，利用社会力量校对必须与本社专业校对力量相结合，本社的校对专业机构，应当充当全社校对工作的组织者和校对质量的监控者，本社的专职校对人员，应该充当校对的骨干和核心。实践反复证明：完全依靠社外校对力量，让校对运作完全在社外循环，校对质量是没有保障的。因此，我们主张建立两支校对队伍，一支是专职的校对基干队伍，一支是稳定的社外校对队伍。

广西科技出版社一位负责质检的副编审，在中国版协校对研究委员会的支持下，用问卷的方式，对科技出版社校对管理形态进行调查研究。他将校对管理形态分为体制形态(校对机构设置)、技术形态(校对技术程序)、分配形态(校对员报酬和奖励)和绩效形态(校对成果)，对13家科技出版社进行调查。调查结果总积分排在前三名的是中山大学出版社、上海科技出版社、天津科技出版社和石油大学出版社(并列第三名)。这4家出版社绩效高的主要原因是：保持校对科室的独立建制，坚持"三校一读"与"集体交叉校对"制度，在分配上实行超产奖励和年终奖励的双奖激励机制。这个调查以事实证明校对专业化的必要性。

曾在第五届、第六届全国校对理论研讨会上获得好评的广西接力出版社、东北财经大学出版社和中国美术出版总社的成功经验，都证明坚持校对机构独立建制、加强校对队伍建设的必要性。广西接力出版社的领导班子，一贯重视校对工作，设置了专业校对机构，按照编4校1的比例配备专职校对人员，近几年又将校对人员任职学历由大专提高到大本，同时建立了严密的校对工作制度。从1997年以来，自治区新闻出版局进行了18次图书质量检查，总共检查了该社149种图书，不合格的只有1种，总合格率高达99.4%。东北财经大学出版社为了节省投资，一度将专职校对人员裁减一半，结果，不但校对环节成了图书出版的瓶颈，而且图书质量迅速下滑。出版社领导班子果断恢复原有的校对编制，编校人员配备比例达到3.5∶1。同时，增设校后质检机构，抽调3名编辑从事专职质检。从此，图书生产流程通畅了，图书质量也迅速提高。在2004、2005两年省局图书质量检查中，该社被抽查的图书质量全部合格。中国美术出版总社，曾经撤销校对科，推行编校合一，导致图书质量下降。出版社领导班子吸取教训，重新聚集校对人才，组建专业校对机构，而且将校对机构由科级升格为处级，与编辑室平行，独立承担全社图书校对任务。这一明智举措立竿见影，图书质量大幅度提高。

记者：主张"编校合一"和"校对社会化"的一个重要"理由"，是"校对不创造财富"。您对这个问题怎么看？

周奇：中国版协主席于友先在第六届全国校对理论研讨会上的讲话中，已经回答了这个问题。他说："现代企业提倡诚信。诚信的核心内容就是确保产品质量，对消费者负责。在一定意义上说，产品的质量就是企业的生命。我们出版企业是内容产业，我们生产的是精神产品，是作用于人的精神世界的，具有启迪思想、陶冶情操、增长知识、塑造灵魂的作用。因此，图书生产更应强调质量。不讲质量、对读者不负责任的出版社，不可能生产优质的精神产品，不可能赢得读者的信赖，当然不可能赢得市场，也就无从谈起什么'创造利润'了。校对是图书质量保障体系的主体之一，同编辑一样，也是出版社利润的创造者。'校对不创造利润'的观点显然是错误的。"

关于校对创造不创造财富，东北财经大学出版社领导班子算过一笔账，很有说服力。2004、2005 两年，该社因增加专职校检人员和兑现校对奖金，生产成本增加了 718 000 元。但有了四大收获：第一，图书编校质量合格率达到 100%，为读者提供了合格图书；第二，增强了全社员工的责任意识，提高了全社员工的职业素质；第三，维护了本社的声誉，树立了本社的品牌；第四，利润稳中有升，更重要的是赢得了企业发展的未来空间。他们认为：无论从现实效益还是从长远效益看，增加这样的投入都是很合算的。

为了彻底改变当前校对队伍弱化的状况，我借贵报的版面提出如下四条建议：

一、加强出版社领导班子的质量意识，把校对理论与实务作为社长、总编培训的内容，提高他们对现代校对及加强校对工作意义的认识。

二、把恢复校对专业独立建制，配备足够的校对人员，作为出版社办社的必备条件和年检内容。

三、实施《图书校对工作基本规程》，坚持图书校对工作基本制度，充分实现校对的基本功能。

193

　　四、修订《出版专业技术职务试行条例》，增设校对专业高级技术职务(包括副高和正高)，为吸引高学历、高素质人才从事校对工作，为高级校对人才的成长，为校对队伍的稳定和发展，创造必要的条件。

　　本文发表时未用"答记者问"形式，更名为《问诊"无错不成书"六问》

校对的职责、能力与自我修养
——在全国出版社校对科长岗位培训班上讲课稿

一、校对的岗位职责

新闻出版署发布的《图书质量保障体系》，把图书的质量保障分为前期、中期、后期三大环节：前期指选题策划，其质量表现为选题的优化；中期分为前后两个阶段，前阶段的工作是对书稿的审读和加工，以及图书的装帧设计，后阶段的工作是录排制片过程中的校对；后期指印刷装订。

前期及中期前阶段质量保障的主体是编辑。编辑主体活动，按照社会和读者的需求，设计选题，物色作者，然后以作者创作的书稿为客体，以审读、加工为手段，来实现选题设计要求，从而保障图书的内在质量。所以，编辑活动是图书内在质量保障的基础性工作。

书稿发排后，意味着编辑工作的结束，中期后阶段工作，校对接替编辑进入角色，成为图书内在质量保障的主体。由于校对环节处在编辑后、印制前的图书内在质量保障的最后防线，校对主体的作用就举足轻重了。编辑工作如果存在疏漏(几乎是不可避免的)，可以在校对环节得以弥补和完善，而校对工作如果出现疏漏，就无可挽回地成为图书中的差错，前期、中期的图书质量保障工作因而功亏一篑。

后期的质量保障，属于图书外在质量保障，由出版技术部门和印刷厂承担。

前期、中期保障的是图书的内在质量，后期保障的是图书的外在质量。内在质量是图书价值的主要体现，所以，编辑和校对在图书质量保障体系中，地位重要，责任重大。编辑在加工过程中"清源"，最大限度

195

地清除书稿中的差错；校对在校对过程中"净后"，消灭录排过程中出现的差错，同时消灭书稿中的残留差错，对编辑工作进行补充和完善；"清源"与"净后"两道防线，共同构筑图书内在质量保障体系。

校对的职责，可以用一句话来概括：将一切差错消灭在图书出版之前。

具体说，在校对过程中，必须防范如下十个方面的差错：(1)文字错误；(2)词语错误；(3)语法及逻辑错误；(4)标点符号用法错误；(5)数字用法错误；(6)量和单位用法错误；(7)版面格式错误；(8)事实性错误；(9)知识性错误；(10)政治性错误。这十个方面的错误，可以归纳为三大类：1～6 属于语言文字类；7 属于版面格式类；8～10 属于思想内容类。这三大类错误，出现频率高的是第一类，即语言文字错误，其中又以字、词错误数量最多，通常要占全部差错的 80％以上，因而，防范字、词错误是校对工作的重点，也是校对工作者的主要职责。

图书出版过程中的发生差错，有两个"源"：一是录排的失误；另一是作者或编辑的疏漏。录排的失误，造成校样上的差错，即校样与原稿局部不符；作者或编辑的疏漏，则造成原稿上的差错。校对过程中，不但要比照原稿，改正校样上的差错，使之与原稿完全相符；还要发现并协助编辑改正原稿的残留差错。这就是"将一切差错消灭在图书出版物之前"的含意。

从工作性质来分析，编辑是图书内在质量保障的第一责任人，其责任是改正书稿中的各种差错，在书稿发排时达到"齐、清、定"的标准。正因为如此，长时期来，出版界将校对的职责界定为"对原稿负责"，即排除录排造成的"与原稿不符"的差错。要求编辑"齐、清、定"无疑是正确的，但要求校对只"对原稿负责"，却是认识上的误区导致责任制度上的偏差。因为，即使"齐、清、定"的书稿，也不可避免地存在着或多或少的差错，校对过程只对原稿负责，即使百分之百分地排除录排差错，依然不能保证图书内在质量。所以，对校对的功能、作用和校对工作者的职责，必须重新认识，重新界定。

我国古代校雠的传统功能有二：一曰校异同，二曰校是非。清代校雠大家段玉裁这样诠释校雠的两大功能："照本改字，不讹不漏，谓之校异同；信其是处则从之，信其非处则改之，谓之校是非。"为什么要并提

196

两种功能呢？段玉裁说得很明白："不先正底本(校异同，改正传抄、传刻的差错——摘引者注，下同)，则多诬古人(诬枉作者)：而不断是非(校是非，改正原著的错误)，则误今人(贻误读者)。""正底本"的目的，是恢复原著的真貌，表现了对作者负责(不诬古人)；而"断是非"的目的，是改正原著中的错误，表现了对读者负责(不误今人)。古代校雠既对作者负责、又对读者负责的优良传统，是现代校对应当继承和发扬的。校异同与校是非相结合，对作者负责与对读者负责相结合，才是现代校对功能的完整内涵。出版过程存在的价值，不仅在于准确、完整地转移作者的劳动成果，而且在于在作者劳动的基础上进行再创造，这种再创造的重要表现就是发现并弥补作者劳动成果本身的不足，从而达到"善本"(这是古代校雠家的终极追求)的要求。鲁迅曾经指出："校对和创作的责任是一样重大的。"把校对摆在与创作等同的地位，给出版过程的校对环节以明确的责任定位。校对工作者应当站在这样的高度，来理解自己的职业责任。

现在，纸介质书稿正在被电子介质书稿取代。书稿电子化，使得原稿与校样分开的情况不复存在，电子打印稿既是原稿又是校样，传统校对的两个客体(原稿和校样)"合二而一"了，校异同因而失去比照物，传统的校对基本功能校异同正在削弱，降为校对的次要功能，而以通读为校对方式的校是非则上升为校对的主要功能，依凭原稿校异同改变为依靠校对主体的学识和判断力校是非。在这种新的态势下，重新认识、重新界定校对功能就显得更为重要了。校对工作者应当看清形势，尽快提高自身素质，以适应全面履行校对的职责。

197

二、校对人才必须具备的能力

要全面承担既校异同、又校是非的校对职责，校对工作者必须具备相应的能力。

能力是什么？能力是人的主体性的外在表现。人能够从事认识和改造世界的主体活动，是以能力为前提条件的，人的主体活动的程度和范围，都直接取决于主体能力的性质和水平。通俗地说，能力就是完成主体活动所必须具备的本领和力量。

能力由两种因素构成：一般能力＋特殊能力。在心理学上用 G＋S 表示。G(一般能力)，从事任何活动都必须具备的能力，这种能力由观察力、记忆力、想象力、思维能力、操作能力等五个基本要素组成；S (特殊能力)，从事具体职业必须具备的能力，如教师的能力，医生的能力，编辑的能力。我们现在讨论的，是从事出版校对职业必须具备的特殊能力。

关于职业校对的特殊能力，中外名人学者都有议论。列宁主张校对人才应当"有学识，精通文字"。鲁迅认为："校对员一面要通晓排版格式，一面要多识字。"现代校雠学者程千帆、徐有富在《校雠广义·校勘编》一书中指出："校勘主要是纠正书面语言的错误，所以成就突出者，大抵得力于语言学知识的丰富精深。"英国 19 世纪著名作家狄更斯则认为，校对人才要"表观出他们的本能的智力，高度的修养，好的记忆力和明晰的理解力"，"并不仅仅靠眼睛尖锐，还需要忍耐与训练"。上述议论，大致勾勒出了校对人才的能力结构框架。

具体说，现代校对人才除了必须具备一般能力外，还必须具备从事校对职业的如下特殊能力：

198

1. 认识现代汉语通用文字，掌握现代汉字规范，从而能够敏锐地辨识错别字；

2. 掌握汉语拼音规则、汉语语法规则以及数字、标点符号、量和单位用法的国家标准；

3. 具备比较丰富的知识积累；

4. 熟练地掌握字、词及文史知识工具书的检索方法，能够比较快捷地查难释疑；

5. 熟练地掌握各种校对方法和电脑校对操作技术；

6. 掌握图书版面格式知识，对版面格式错误有较强的识别能力；

7. 掌握英语，并熟悉国际流行的其他外文文种字母；

8. 具备良好的心理素质，耐得寂寞，情绪稳定，注意集中，能自我调整心理状态，克服心理障碍。

这八条里，要特别强调三种基本功：语言文字基本功，校对操作基本功，心理自控基本功。这三种基本功，是校对职业特殊能力结构的主要内容。一个校对员的校对工作水平，在很大程度上取决于这三种基本功。

三、校对人才的自我修养

校对主体的工作对象，涉及政治、经济、科技、文化的各个领域，因而校对人才应当是耦合性人才，其自我修养的特点是：内容的广博性，方法的实践性。具体说，要加强如下六个方面的修养：

（一）政治修养

政治是经济的集中表现。它产生于一定的经济基础，又反过来为一定的经济基础服务，给予经济的发展以巨大的影响。出版是上层建筑的组成部分，是一定的经济基础决定的，也是为经济基础服务的。任何社会制度的国家

1987年和老伴在家里与君子兰合影。

199

的出版工作，都是以维护统治阶级利益为前提的，世界上没有什么绝对的出版自由。我国是社会主义国家，我们的出版事业是中国共产党领导的社会主义事业组成部分，其根本方针是为人民服务、为社会主义服务。坚持出版工作的根本方针，是编辑审读书稿的基本准则，也是校对校是非的基本准则。

书稿中可能存在的政治性错误，主要有下述三个方面：1. 政治观点错误；2. 思想倾向错误；3. 政策性错误。政治性错误是比文字性、知识性错误危害更大的错误，在审读、校对过程中稍有疏忽，就有可能酿成大错，损害国家和人民的利益。因此，编校人员都要讲政治，加强政治修养。政治修养包括政治理论修养和政策法规修养，要在校对工作中防范政治性错误，就必须学习政治理论，学习政策法规，全面提高政治思想水平。

实践性是政治修养的根本特点，就是说，不但要学习政治理论著作，学习党的方针政策，学习法律法规，而且要身体力行，用马克思主义的

主场、观点、方法，用党的方针政策和国家法律法规，指导自己的工作、学习和生活，做到学、用、行三结合，才能真正提高自己的政治素养，真正提高自己的政治是非辨别力。

（二）道德修养

中国有句古话："太上有立德，其次有立功，其次有立言。"圣人之所以为圣人，首先是有德，其次是立功，再次才是立言。爱因斯坦也说过类似的话，他说："第一流的人物对于时代和历史的进程的意义，在其道德品质方面，也许比单纯才智成就方面还要大。"这些充满人生哲理的话，告诉我们一个基本道理：无论是从事何种职业的人，首先要做一个有道德的人，其次才是"立功、立言"。我们应当站在"做人"这样的高度，来对待自身的道德修养。道德修养也要强调实践性，就是说要通过对道德规范的认识和体验，使自己形成稳定的内心信念，锤炼自己的道德品质，提高自己的精神境界。

道德的一个重要方面是职业道德。校对工作者的职业道德，要着重解决一个问题，即校对工作最终对谁负责的问题。

校对工作是图书质量保障的最后防线，校对工作的质量最终决定着图书的内在质量，所以，极端负责应该是校对职业道德的核心。讲到极端负责，必然涉及"校对工作对谁负责"这样一个根本性问题。有两种答案：一曰"对原稿负责"；二曰"对读者负责，对社会负责"。从道德责任的要求来讲，"对原稿负责"显然是不够的。校对工作的对象是原稿，但校对工作者的服务对象却是读者、是社会，校对工作的终极目的是为读者、为社会提供"善本"，这就是校对职业的道德责任。所以，校对工作不能停留在"对原稿负责"的要求上，而必须努力做到将一切差错消灭在图书出版之前，为读者提供"善本"。对读者负责，对社会负责，是校对职业道德的最高境界，这种道德责任的建立，对做好校对工作十分重要。为此，要求校对工作者：敬业爱岗，耐得寂寞，一丝不苟，精益求精，恪尽职守，极端负责。

（三）语言文字修养

语言文字是从事校对工作必须具备的基本功。语言文字基本功的内容，包括多识字，懂语法，还要养成好的文风。但校对的第一任务，是消灭校样和原稿上的错别字，因此，识别错别字应当是校对工作者基本功中的基本功。正因为如此，列宁强调校对员要"精通文字"，鲁迅强调校对员"要多识字"。多识字，是校对工作的职业需要，也应当成为校对工作者的职业优势。

我国现行识字教育，以小学到大学，现代语文教科书里，总共只有4274个字，因而相当数量的青年作者、青年编辑，识字量偏少，文字基本功先天不足。这样一来，原稿上错别字多就成为相当普遍的现象。校对工作者只有多认识字，才能担当改正原稿错别字的任务。那么，校对工作者应当认识多少汉字呢？国家颁布的《现代汉语通用字表》，列出单字7 000个，这是国家法定的规范汉字，校对工作者理应认识这7 000个字。当然，其中有些字使用频率很低，为了提高识字的质量，校对工作者的识字量可以低于这个数目。新华通讯社曾经统计过1988年全年通稿用字量，数目是6 001个。这个统计表明，撰写、编辑、校对新华社的通稿，必须认识6 000个汉字。这6 000个汉字，应当是校对员识字量的要求。校对员的识字，主要依靠在校对实践中不断积累，这就要求在校对工作中，不要放过任何一个不认识的字，遇到自己不认识的字，就去查字典，务求掌握它，日积月累，逐渐形成识字多的优势。

党中央曾在《关于建设社会主义精神文明若干重要问题的决议》中，要求"出版物要为全社会正确使用祖国语言文字做出榜样"。所谓正确使用祖国语言文字，照我的理解，包含如下五项内容：1. 正确用字，不用错字和别字；2. 正确用词，准确地表情达意；3. 正确造句，符合汉语语法规则；4. 正确使用专用名词、数字、量和单位、标点符号，符合国家制定的规范和标准；5. 正确使用简化字，不使用不规范的"简化字"和国家明令淘汰的异体字和旧字形。党中央的这个决议，对出版工作提出了更高的要求。因此，编辑和校对，都应当加强自身的语言文字修养。

（四）知识修养

前面说过，校对工作的对象之一是原稿，校对工作的功能之一是发现并改正原稿上的错误。本讲第一节就分析了，原稿上的错误有十个方面，其中之一就是知识性错误。原稿上存在知识性错误是不奇怪的。鲁迅早就剖析过："专门家的话是多悖的。……悖在倚专家之名，来论他所专门以外的事。"即使是专门家的著作，由于作者知识的局限性，也难免存在知识性错误。所以，发现并改正原稿上的知识性错误，是校对工作

201

的重要任务之一。校对工作的对象，是各种各样的书稿，涉及的知识领域很广，所以，称职的校对员，应当是知识广博的杂家。

知识是个无边无际的海洋，不仅广阔，而且不断更新。古人说："学然后知不足"，"书到用时方恨少"。说的就是这个道理。17世纪法国有位大学者叫笛卡尔，是解析几何的创始人。他不仅是数学家，还是哲学家、物理学家、生物学家，但是，他却经常感叹自己无知。有一次，有人问他："你的学问那样渊博，竟然感叹自己无知，岂不是天大的笑话！"笛卡尔说："不然，对于这个问题，哲学家芝诺早已作过解释。他用一个圆圈作比喻，圆圈内表示已经掌握的知识，圆圈外沿表示未知的世界。他说：'知识掌握得越多，好比圆圈越大，而圆圈越大，圆周自然也越长，这样，你的未知世界不是更大了吗！'"这个故事蕴含着多么深刻的哲理啊！学习是为了掌握知识，而掌握知识之后，又扩大了未知世界，促使你进一步学习，更加深入地认识未知世界，如此下去，你的知识自然越积累越多。

清代校雠大家孙庆增在《藏书纪要·校雠》中说："非博好古，勤于看书，而又安闲者不能动笔校雠书籍。"他提出校雠书籍必须具备三个条件：博学，勤读，耐得寂寞。现代校对工作者也应当具备这三个条件。博学的途径是什么？勤读书，广涉猎，重积累。要尽量多读些书，知识的涉猎面要广些，并且坚持长期积累。校对员要养成一个习惯：多闻阙疑。多闻，就是力求见多识广，厚积薄发；阙疑，就是碰到疑难不要轻易下判断，而把它留下来，然后多方寻求释疑答案。我以为，在校对实践中"多闻阙疑"，勤读书，广涉猎，重积累，是校对工作者知识修养的主要方法。

(五)情商修养

"情商"是从国外引进的一个名词，它是相对于"智商"的概念，其内涵有五：1. 自我觉察能力；2. 情绪管理能力；3. 自我激励能力；4. 冲动控制能力；5. 人际关系技巧。由上述内涵可知，情商偏重于自我管理和待人接物，与智商不同，属于生活智慧。

情商修养的内容有五项：自知，自控，自励，知人，待人。这五项内容，是相互关联、相辅相成的。只有有了自知之明，才能自控、自励；只有有了知人之明，才能处理好人际关系。自知与知人，是相互联系的，无自知之明很难有知人之明；反之亦然，无知人之明源于无自知之明。所以，我认为，情商修养的核心是：自知，知人。

情商修养对于人生事业的成败，作用十分重要。印度作家泰戈尔说过："任何领域的成功者、领导者都有与众不同之处，那便是他们有较高的情商。"情商是感性与理性的调节器，是生命力量的源泉。

校对工作是编辑工作的延续，是对编辑工作的补充和完善。从工作关系来讲，校对的职责是挑错，往往处在同责任编辑的对立地位。因此，能否正确处理与责任编辑的关系，是对校对工作者情商修养的考验。处理编校关系的关键，就是上面说的"自知，知人"。要严于律己，宽以待人；坦诚相见，得理让人；相互学习，取长补短。尤其是，对责任编辑要有更多的理解，在发稿量日增的情况下，编辑工作出现疏漏是难免的，要真心实意地帮助责任编辑补疏堵漏，对差错的认定发生了矛盾时，要虚心听取编辑的意见，如果自己的判断确实是正确的，则要寻找根据说服对方。

(六)心理素质修养

校对工作的特殊性，对校对工作者的心理素质提出了特殊要求：要有良好的心态。校对良好心态的特征，可以归纳为"三心"：耐心，静心，适心。

何谓耐心？就是耐得寂寞，不烦不躁，工作有韧性。校对工作的对象，是校样和原稿；校对的基本方法，是比照原稿校核校样；校对工作的环境，是屋子、桌子、椅子；而且日复一日，年复一年，寂寞，枯燥，乏味。因此，要求从事校对工作的人，要耐得寂寞，心态平和，否则是做不好校对工作的。

何谓静心？校对工作的任务是查错改错，要求注意力高度集中，所以要心静如水。近代校勘家叶德辉认为，校勘之功有八善，而"习静养心，除烦断欲，独居无俚(俚者，俗也。无俚，即除却俗念)，万虑俱消，一善也"。通俗地的说，就是要排除杂念，专心致志。静不下心来，心猿意马，是做不好校对工作的。

何谓适心？适心是一种乐业的内心体验。因为热爱校对工作，全心全意去查错改错，以发现差错为乐事，就不会感到寂寞、枯燥、乏味，这样，校对工作就不再是被动的负担，而是主动的创造，不再是痛苦，

203

而是一种享受。这是校对心理修养的最高境界。

韬奋出版奖获得者徐柏容写过一篇题为《论校对》的文章，说校对有三种境界：第一是悟境；第二是法境；第三是通境。悟境，指的是对校对工作有了正确的认识，有了做好校对工作的志向，也就是说，悟出了道理，真正地敬业乐业。法境，指的是掌握了校对的规律和方法，从而工作起来得心应手。通境，指的是对校对工作融会贯通，运用自如。通境是校对的最高境界，是校对工作者自我修养的最高目标。悟境、法境、通境，是相互联系、逐步提升的，只有进入悟境、法境，才能达到通境。校对人员的自我修养，既要有高远的目标，又要从敬业乐业起步，脚踏实地，只有一步一个脚印地不断努力，才能攀登到风光无限的险峰。

四、继承和发扬我国校对的优良传统

汉文字校对源远流长，历代校对家为了传承文化，殚精竭虑，精益求精，不但为我们留下了丰富的文化典籍，而且为我们留下了优良的校对传统，这些优良传统和文化典籍一样，都是我们民族十分宝贵的精神遗产。现代校对工作者，应当继承和发扬我国校对的优良传统。

我国校对的优良传统，可以概括为三句话：既对作者负责，又对读者负责；严肃校异同，认真校是非；以苦为乐，苦中求乐。

(一)既对作者负责，又对读者负责

清代学者朱一新，考察了我国历代校雠家的校雠成果，得出这样的结论："大抵为此学者，于己甚劳，而为人则甚忠。"关于"为人则甚忠"的内涵，近代学者叶德辉作了明确的解释，他在论述校雠的作用时指出，校雠"有功古人，津逮后学"。"古人"指的是原书的作者，或者改正了传抄、传刻的错讹，或者改正了原书的错讹，都是有功于作者的，所以说"有功古人"。津，在这里作"渡口"或"桥梁"讲，逮，在这里作"到、及"讲，"津逮后学"即将正确的、有用的知识传给读者，传给后人。如果校对质量高，就为后世留下了"善本"。如果校对质量差，就为后世留下"错本"，以致贻遗后学，那就会既"诬古人"，又"惑来者"。所以，校对工作的出发点与归宿，只能是：既对作者负责，又对读者负责，把两者正确地结合起来。

（二）严肃校异同，认真校是非

"校异同"是保证原稿的面貌、质量和价值，不因排版失误而受到损害。这是校对的首要职责，任何时候都不能动摇。"校异同"是校对的基本功，其特点是：比照原稿，一一校核，严肃精细，一丝不苟，从而保证不讹不漏。"校异同"要求校对者不参己见，字字句句对原稿负责。

"校是非"的目的，是发现并改正原稿上的错漏，使图书内容更臻完善。如果说"校异同"是"保值"，那么"校是非"就是"增值"。正是从这个意义上，我们说"校对是对编辑工作的补充和完善"。同"校异同"相比，"校是非"的难度大得多，所以清代校雠大家段玉裁说，校书之难在于"定其是非"。史学家陈垣也说："最高妙者此法，最危险者亦此法。"因为"最高妙"，要求校对者具有真才实学；因为"最危险"，要求校对者认真谨慎。

必须强调指出，校是非必须遵循两条基本原则：（一）只改错，不加工。加工是编辑的工作，校对的任务是查错改错，两者的职责是不同的。（二）改必有据，切忌妄改。主张校是非的清代校雠大家段玉裁也强调慎改，他说："识不到则或指瑜为瑕，而疵颣(lei，类，缺点，毛病)更甚。"清代另一校雠大家顾广圻甚至提出"不校校之"的原则。何谓"不校校之"？顾广圻解释说："毋改易其本来，不校之谓也；能知其是非得失之所以然，校之之谓也。"怎样理解"毋改易其本来"呢？《文苑英华辨证》提出两条原则：一是"别有依据不可妄改"；另一是"义可两存不可遽改"。只有确实错了且有据可依的，"能知其是非得失之所以然"，才动笔改正。近代校勘大家孙诒让提出："一字不略过，一字不轻改。"既不放过一字之错，又不轻改一字，改正一字一符，均须慎重。这是校对工作者应取的正确态度。

（三）以苦为乐，苦中求乐

苦和乐是一对矛盾，是可以相互转化的。北齐学者邢子才说："日思误书，更是一适。"适，即快适感，"日思误书"会产生快适感。近代学者叶德辉这样形容校书的乐趣："奇文独赏，疑窦忽开。"这种快适，这种乐趣，恐怕只有校书人才能体会。一位校对员说："校对主体产生的这种感受就是美学所称的'美感'。它是从心底漾起的一种不可抑制的愉悦欢快的情绪，是精神上的极大满足。校对主体的这种美感虽然表现为愉悦和满足，但不同于生理上的快感，也不同于实用上的满足感，它类似于事业上的成就感。他不仅创造出合格的劳动产品，以此来满足人们的精神需求，也是对自我本质力量和自我创造才能的一种发现和肯定。"

苦转化为乐是有条件的，校对主体必须敬业乐业。如果校对主体具有强烈的社会责任感，以确保图书质量为己任，因而全身心地投入，就会把苦和寂忘得一干二净，而沉浸在"日思误书"的乐趣之中，并从中发现自我的力量和价值。如果校对主体把校对工作视作沉重的负担，斤斤计较地位、待遇、得失，那么感受到的就只有苦和寂了。

上述三个优良传统，一个是工作出发点，一个是工作作风，一个是工作态度。把这三个优良传统发扬光大，对于发展我国的出版校对事业，对于校对人才的成长，都是大有益处的。

1998 年 4 月

附　录
图书校对工作基本规程

中国出版工作者协会
（2004 年 10 月 12 日）

前　　言

我国出版事业迅猛发展，需要制订校对工作规程，作为规范校对工作的基本准则，以保障校对工作的有序化和校对质量的优化。《图书校对工作基本规程》是校对理论与校对实践相结合的产物，是校对工作客观规律的反映，是现代校对实践经验的总结。

本《规程》包含七项内容：校对的地位和作用；校对的功能；校对的基本方法；现代校对的其他方法；校对工作的基本制度；书稿及校样差错的基本类型；校对管理。

本《规程》对校对工作提出的规范要求，着眼于全国，着眼于宏观，各地版协校对工作委员会和各出版社校对科室，可以据此制订适合本地本社实际的"实施细则"或"具体规程"。

1.　校对的地位和作用

1.1　校对是最重要的出版条件。古代校雠学将"校勘"的目的界定为：改正书面材料上的错误。多出善本，不出错本，是我国出版工作的优良传统。做好校对工作，是出善本、不出错本的基本条件，这是既对作者负责、又对读者负责，功在当代、利及后人的事。

1.2　图书是一种思想文化信息载体，其作用在于将负载的信息传递给读者，并作为文化遗产积累传承。实现文化传播和文化积累，最重要

207

的条件是"保真"，即准确无误，完整无缺；失真的、残缺的信息是没有传播和积累价值的。图书是通过文字符号传递和贮存信息的，信息的"保真"，有赖于字、词乃至标点符号使用的准确无误。真理与谬误之间，有时只是一字一点之差。

1.3　图书出版过程存在的价值，在于以作者的原创作品为对象，在作者劳动成果的基础上进行再创造，这种再创造贯穿于图书编校工作的全过程。在校对过程，再创造的表现有二：其一，消灭书稿在录排过程出现的错漏，保证作者劳动成果不错、不漏地转换成印刷文本；其二，发现书稿本身可能存在的错漏，弥补作者创作和编辑加工的疏漏。校对是编辑工作的重要组成部分，是特殊的编辑工作，是学识性、文字性的创造性劳动。"校对是简单劳动"的观点是错误的。校对在图书出版生产流程中，处在编辑后、印制前的关键环节，是图书质量保障体系的最后防线。

1.4　综上所述，关于校对工作在出版工作中的地位和作用，可以作如下界定：校对工作是图书出版生产流程中的独立工序，其作用是将文字差错和其他差错消灭在图书出版之前，从而保证图书的传播和积累价值，因而是最重要的出版条件。编辑工作和校对工作，相互衔接又相互独立，共同构筑图书质量保障体系。

2. 校对的功能

2.1　校对的基本功能有二：校异同；校是非。这是校对的性质决定的。"校对"是个集合概念，包含着"校"（校是非）和"对"（校异同）的双重含义，应当全面地认识和实现校对的功能。

"校异同"的要旨在"异同"，是指将校样跟原稿逐字逐句比照，通过查找两者异同的方法，发现并改正录排错漏。其功能是：保证原稿不错、不漏地转换成印刷文本。

"校是非"的要旨在"是非"，是指通过对原稿内在矛盾的是非判断，发现并改正原稿可能存在的错漏。其功能是：弥补编辑工作的疏漏，使书稿趋于完善。

校对的两个基本功能，同样重要，不可偏废。不校异同，则不能保证作者的劳动成果准确而完整地转换；而不校是非，则不能发现和弥补作者创作和编辑加工的疏漏。偏废校异同或者偏废校是非，后果是一样的，都会造成谬误流传，损害作者，贻误读者。

2.2　传统校对以校异同为主要功能。传统校对有两个客体：一个是加工定稿后的编辑发排文本，通称"原稿"；一个是依据原稿排字拼版打印的样张，通称"校样"。校对的首要任务是：将校样与原稿逐字逐句比照，检查两者的异同，发现了"异"，即校样上与原稿不同之处，原则上依据原稿改正校样。这样做的目的是：消灭排字拼版过程的错漏，保证排版与原稿完全一致。在此基础上，再进行通读检查，发现原稿可能存在的错漏，然后以质疑形式向编辑提出。

现在，客观形势发生了变化，多数作者交给编辑的不再是手写书稿，而是一块磁盘，磁盘打印稿将传统的原稿与校样合二而一了，也将录排差错与写作差错合二而一了。编辑在磁盘打印稿上加工，排版人员根据编辑的加工修改磁盘稿，再按照版式设计要求进行版式转换，打印出来就是校样。这个校样除编辑加工修改部分以外，与磁盘稿并无二致。因此，校样上可能存在 5 类差错：(1)作者录入差错；(2)作者写作差错；(3)编辑错改；(4)排版人员修改磁盘稿时的漏改、错改；(5)版式转换过程可能发生的内容丢失和错乱。这 5 类差错除第 4 类、第 5 类差错可以用核红、对校方法发现外，均以是非形式隐藏在校样的字里行间。校对主体实际上是进行"无原稿校对"操作，通过是非判断发现差错。"校是非"上升为校对的主要功能。

2.3　现代校对的校是非，有 5 个方面的任务：(1)发现并改正常见错别字；(2)发现并改正违反语言文字、标点符号、数字、量和单位等使用的国家规范标准的错误；(3)发现并改正违反语法规则和逻辑规律的错误；(4)发现并改正事实性、知识性和政治性错误；(5)做好版面格式规范统一的工作。总之，凡是非录排造成的、用机械比照发现不了的差错，都属于"校是非"的范畴。

2.4　图书质量保障体系有两个主体：编辑和校对。编辑清源，校对净后，共同构筑图书质量保障体系。上述"校是非"任务(1)(2)(5)是校对员的职责。(3)(4)两类错误，本应在编辑加工过程中予以消灭，因而不应让校对员承担责任。但要建立激励机制，鼓励校对员发现这两类错误，并以质疑形式向责任编辑提出改正建议，以求达到消灭一切差错的目的。

2.5　要树立现代校对工作的理念。现代校对工作不能只"对原稿负责"，而应成为"编辑工作的必要延续"，负起协助编辑"把一切差错消灭在图书出版之前"的责任，即在消灭录排差错的基础上"校是非"，发现并改正原稿可能存在的错漏，从而发挥"对编辑工作的补充和完善"的作用。校对工作者必须与时俱进，树立"对读者负责，对社会负责"的现代校对理念。

3. 校对的基本方法

校对基本方法有 4 种：对校法；本校法；他校法；理校法。这四种方法是古籍校雠的基本方法，完全适用于现代图书校对工作，因而也是现代校对的基本方法。

3.1　对校法　对校法的特点是："照本改字，不讹不漏。"对校的客体有两个——原稿和校样，采用比照原稿核对校样的方法，通过查找异同而发现差错。现代校对的折校、点校、读校等技术，都属于对校法。发现了校样上与原稿相异之处，原则上依据原稿改正校样。

3.2　本校法　本校法的特点是："定本子之是非。"现代校对的"本子"即原稿。本校的客体只有一个——改正录排错漏后的校样，采用通读检查的方法，通过文中内在矛盾发现问题，然后进行是非判断而发现原稿的差错。发现了原稿的差错，用铅笔在校样上标注，提出改正差错的建议，同时填写《校对质疑表》，向编辑质疑。校是非不同于文字加工，只管改错、补漏、删重，而不做文字润色。

3.3　他校法　他校法的特点是："以他书校本书。""他书"指其他的书。"改必有据"是校对改错的重要原则。在通读检查中发现了问题，又难以判断是非时，就得去查检相关的权威工具书或权威著作，找到判断是非、改正错误的可靠依据。

3.4　理校法　理校法的特点是：推理判断。在发现疑问又找不到可靠根据时，即应进行推理判断，包括分析字词含义、进行逻辑推理等。

上述四种基本校对方法，在实践中应当综合运用，以求得到相辅相成之效果，最大限度地消灭差错。

4. 现代校对的其他方法

现代校对实践还有其他校对方法，主要有：人机结合校对；过红与核红；文字技术整理。这些校对新方法和校对的四种基本方法一起，构成现代校对方法系统，必须综合运用。

4.1 人机结合校对 校对软件查检常见错别字及成语、专名中的错别字辨识率高，速度快，是校对的得力工具。但是，计算机校对的本质决定了它只能处理可以形式化的问题，而文字的形式符号是一个十分有限的形式系统，自然语言更不可能彻底形式化，所以校对软件查错能力是有限的，不可能完全取代人工校对。正确的做法是人校与机校结合。人机结合校对需要找到优势互补的最佳结合模式。鉴于计算机校对误报率高，错漏多的一校样宜由人工校对，二校再用机校，机校后不改版，由人接着三校。三校的任务是：先对机校报错及改错建议逐一判断，然后通读检查一遍，发现并改正机器漏校。三校后再改版。这种"二三连校"模式，有利于人机优势互补、缩短校对周期。也可以在编辑加工之前，先实行机校，将机校的报错与改错建议作为加工时的参考；三校之后再用机校，清扫残留差错；然后，由人工通读检查。这种"清源净后"的人机结合模式，也可收到人机优势互补之效果。

4.2 过红与核红 二校样应一式三份，一份(通称正样)由校对人员校对，另两份(通称副样)分送作者和责任编辑校对。"过红"即将作者和编辑在"副样"上所作修改的字符，誊录到校对员校过的正样上。如果正样改动少而副样改动多，也可将正样誊录到副样上。誊录时，要注意副样上的修改是否合理，若有疑义则应提请责任编辑解决。如果副样上增删较大，导致版面变动，则要精心调整版面，有的还要增加校次。过红由责任校对或责任编辑负责。

核红即核对上校次纠错的字符是否改正，有无错改。核红的技术要领是：第一步，核对上校次改动的字符，至少反复核对两次；第二步，如果发现应改而未改的字符，除了重新改正外，还要搜检上下左右相邻字符有无错改，以避免邻行、邻位错改；第三步，比对红样(上校次校改样)与校样(改后打印样)四周字符有无胀缩，如有胀缩，就要对相关行及其上下行逐字细查，找出胀缩原因，改正可能存在的错误。二校、三校

211

和通读检查，均应先核红后校对。

4.3 文字技术整理简称"整理"，是现代校对的必要程序。其作用有三：(1)弥补版式设计的疏漏；(2)改正排版造成的技术性错误；(3)防范多人交叉校对产生的文字处理和版面格式的不统一。

文字技术整理是一项细致的技术性工作。整理的内容有如下10项：(1)核对封面和书名页，使书名、著译者或主编者姓名、出版单位名称、出版日期等完全一致；(2)根据正文标题核对目录上的标题和书眉上的篇名、章名，检查文字是否一致，页码是否相同；(3)检查正文各级标题的字体、字号、占行和位置是否符合设计要求，同级标题字体、字号、占行和位置是否一致，书眉双页、单页上的标题是否符合规范；(4)检查插图的形象与文字说明是否相符；(5)检查图表、公式与正文是否衔接，图表、公式的编序形式是否正确，序码(应连续)有无缺失或重复；(6)检查表格和公式的格式是否规范，表格转页、跨页和公式转行是否符合规范，公式的变形是否正确；(7)检查正文注码与注文注码是否相符，参见、互见页码是否准确；(8)检查前言(序)、后记(跋)、内容提要等指示性文字，与正文内容是否相符；(9)如系全集、文集、套书，要检查是否成龙配套，版式、体例是否一致；(10)解决相互关联的其他问题。整理工作必须十分认真，一丝不苟。每个校次校后均应做整理工作，终校后应由责任校对进行全面整理。

5. 校对工作的基本制度

校对活动是校对主体与客体矛盾运动的过程，一方面客体存在讹误，一方面主体要改正讹误，两者相互对立又相互依存。只有当客体的讹误得到改正，主体查错正误的目标得以实现，校对活动的矛盾运动才会终止。校对又是群体活动，校对主体的多元性和校对过程的集体交叉性，不可避免地会产生校对主体之间的矛盾，只有解决好矛盾，协调好关系，才能形成合力，使校对活动健康开展，从而保证校对工作的质量。而要解决矛盾，协调关系，形成合力，就必须建立和完善校对工作制度。

校对工作的基本制度有如下4项：

5.1 三校一读及样书检查 "三校"即三个校次。"一读"即终校改版

212

后的通读检查。由于校对客体差错的复杂性和出错原因的多样性，"校书如扫落叶"，校对活动不可能"毕其功于一役"，必须投入必要的校对工作量(即校次)。"三校一读"是《图书质量保障体系》规定的必须坚持的最低限度的校次；重要书稿和校对难度大的书稿，如经典著作、文件、辞书、古籍、学术著作、教科书及教辅读物等，还应相应增加校次。作者校对、编辑校对不能顶替校次，交给他们校对的校样是"副样"，"正样"仍由校对人员校对，三个校次都必须由经过专业训练的校对人员来完成。计算机校对如果使用得当，可以顶替一个校次。三校改版后打出的校样，不能算作付印清样，还必须进行一次通读检查，通读检查后改版打出的校样，才能算作付印清样。

为了保证校对的质量，凡遇到如下情况之一的校样，校对者有权提出增加1～2个校次：(1)初校样的差错率超过15/10000的；(2)编辑发排的书稿没有齐、清、定，而在校样上修改的页码超过1/3的；(3)终校样的差错超过3/10000的。增加校次的决定权属于专业校对机构。

样书检查，指图书成批装订前先装订几本样书分由责任编辑、责任校对检查，经检查确认无误后，方能成批装订出厂。

5.2 校对主体多元化与专业化相结合 现代校对的特征之一，是校对主体多元化与专业化相结合。所谓主体多元化，是指作者、编者和专职校对员共同参与校对，还有社外人员参与校对活动，从而形成校对主体群。作者校对属于自校，编辑校对属于半自校。他们共同的优势是：对书稿内容的把握，对相关知识的熟悉。共同的劣势是：因习惯线性阅读难以感知个体字符的差异，因思维定式而往往对差错"熟视无睹"。社外校对人员，技术、经验、心态和责任心一般不如社内专职校对员。因此，校对主体多元化必须与专业化相结合，并且以社内专职校对员为校对主体群的核心。所谓以社内专职校对员为核心，有三层意思：其一，出版社必须建立专业校对机构，对全社校对工作进行统一组织和全程监控；其二，出版社必须配备足够的专职校对员(编校人员配备的科学比例为3∶1，不应少于5∶1)，并由专职校对员担任责任校对；其三，必须由中级以上职称的校对员或工作认真、经验丰富的其他校对员来做三校，把好终校关。

5.3 集体交叉校对与责任校对相结合 现代校对的特征之二，是集

213

体交叉校对与责任校对相结合。集体交叉校对，是指由不同职级、不同专长的校对者分别负责不同校次的校对，一般不得采取一人包校的做法。集体交叉校对，可以避免一人包校的知识局限，和反复校读导致对差错"熟视无睹"，有利于最大限度地消灭差错。同时，集体交叉校对还是一种相互检查、相互监督的有效方式。但是，集体交叉校对也存在不足，主要是校对者对差错的认定不会完全一致，大部头书稿分章集体交叉校对，还会造成版面格式处理的不统一。因此，在集体交叉校对的基础上，还必须实行责任校对制。责任校对是本书校对工作的总责任人和总协调员，参与本书校对全过程，承担终校或通读检查(通读检查也可以由责任编辑承担)以及文字技术整理，协助责任编辑解决校对质疑，并最后核对付印清样。责任校对应在书名页上署名，以示对本书的校对质量负责。

5.4　校对质疑与编辑排疑相结合　校对质疑编辑排疑，是现代校是非的基本形式。校对员的校是非，不同于编辑的文字加工，两者有质的区别。校是非的任务是改错，即通常说的清除硬伤，不做篇章布局调整、思想内容提升和文字润色的工作。对于明显的错字、别字、多字、漏字、错简字、错繁字、互倒、异体字、旧字形、非规范的异形词，专名错误，不符合国家规范标准的标点符号用法、数字用法、量和单位名称及符号书写，不符合设计要求和规范的版面格式，校对员应当予以改正，但改后须经责任编辑过目认定。发现了语法错误、逻辑错误以及事实性、知识性、政治性错误，校对员无权修改，只能用灰色铅笔标注表示质疑，并且提出修改建议，填写"校对质疑表"，连同校样由责任校对送给责任编辑排疑。责任编辑应当认真地对待校对质疑，虚心采纳正确的修改建议。对于认定的修改建议，用色笔圈画表示照此修改；对于不拟采纳的修改建议，则打×表示删去(不要用色笔涂抹，保留校对质疑笔迹，以备需要时查检)。要建立激励机制，鼓励校对员质疑，校对员质疑经责任编辑认定后，应当给与质疑者适当的奖励，其质疑表应当存入个人业务档案，作为考察校对员业务水平、晋升专业职称的依据。

6. 书稿及校样差错的基本类型

校对以猎错改错为基本职责，校对工作者对原稿和校样上可能存在的差错类型心中要有数，这样才能更加自觉地猎错改错。

原稿和校样上存在着各种差错，归纳起来主要有如下 10 种类型：

6.1 文字差错 包括错别字、多字、漏字、错简、错繁、互倒、异体字、旧字形等，出现频率最高的是错别字。错别字是错字和别字的合称。像字但不是字叫做错字；是字但用在此处不当的字叫做别字。通常说的错别字，主要是指别字。

文字差错还有一种类型，即外文字母使用错误和汉语拼音错误。常见的错误有：各文种字母混用；大小写、正斜体不符合规范；汉语拼音违反《汉语拼音正词法基本规则》及声调标注错误。

6.2 词语差错 常见的词语差错有：(1)错用词语；(2)褒贬不分；(3)异形词选用不符合规范；(4)生造词；(5)错用成语。

6.3 语法错误 包括词法错误和句法错误。

常见的词法错误有：(1)名词、动词、形容词使用不当；(2)数量表达混乱；(3)指代不明；(4)副词、介词、连词使用不当。

常见的句法错误有：(1)搭配不当；(2)成分多余或残缺；(3)语序不当；(4)句式杂糅；(5)歧义；(6)不合事理。

6.4 数字使用差错 《出版物上数字用法的规定》(GB/T 15835-1995)是判断数字使用正误的国家标准，但对不同类型的图书有不同的要求：(1)《出版物上数字用法的规定》不适用于文学作品和重排古籍；(2)使用阿拉伯数字，要求"得体"和"局部统一"；(3)科技图书必须严格遵循《出版物上数字用法的规定》的标准。

6.5 标点符号使用差错 《标点符号用法》(GB/T 15834-1995)是判断标点符号使用正误的国家标准。标点符号有两大类：点号(7 个)和标点(9 个)。常见的标点符号使用差错，主要是点号错用：(1)该句断的不用句号；(2)句子内部该停顿的地方没用逗号，不该停顿的地方误用逗号；(3)非并列词语之间误用顿号，没有停顿的并列词语之间误用顿号，不同层次的停顿使用顿号造成结构层次混淆；(4)滥用分号，如并列词语之间误用分号，非并列关系的单重复句内分句间误用分号，不在第一层的并列分句之间误用分号，应该用句号断开的两个独立的句子误用分号；(5)有疑问词但并非疑问句误用问号；(6)有惊叹词但并非惊叹句误用叹号；(7)整句引文误将句号置于引号外，非整句引文误将句号置于引号

215

内。(8)表示约数的两个数字误用阿拉伯数字或两个汉字数字之间误用顿号。

6.6　量和单位使用差错　除古籍和文学读物外，所有出版物特别是教科书和科技图书，在使用量和单位的名称、符号、书写规则时，都应符合国家技术监督局1993年发布的国家标准《量和单位》(GB3100～3102-93)的规定。常见的量和单位使用错误有：(1)量名称不规范；(2)量符号不规范；(3)单位名称书写错误；(4)单位中文符号的书写和使用不准确；(5)单位国际符号书写和使用错误；(6)SI词头符号的书写和使用不正确；(7)组合单位中文符号和国际符号混合构成的错误；(8)使用非法定单位或已废弃的单位名称；(9)图表中在特定单位表示量的数值时未采用标准化表示方式；(10)数理公式和数学符号的书写或使用不正确。

6.7　版面格式错误　常见的版面格式错误有：(1)规格体例不统一；(2)相关项目不一致；(3)文图、文表不衔接，不配套；(4)各种附件与正文排版格式不规范。

6.8　事实性错误　常见的错误有：事实有误；年代有误；数据有误。

6.9　知识性错误　要注意防范一般知识性错误，更要特别注意防范伪科学和反科学。

6.10　政治性错误　要注意防范政治立场、政治观点、政治倾向错误以及导向性、政策性错误。

7. 校对管理

7.1　校对人才培养　校对是出版行业里的特殊专业，需要具备特殊素质的特殊人才。现代校对人才必须具备如下基本素质：(1)熟悉语言文字的各种规范，掌握语言文字的出错规律，对语言文字使用错误有较强的辨识力；(2)通晓图书版面格式知识，能敏锐地发现版面格式错误；(3)熟练地掌握各种校对方法，并且善于综合运用；(4)具备比较广博的知识积累，不同学科图书的校对人才还必须掌握相关学科的基本知识；(5)能够熟练地使用工具书；(6)具备良好的心理素质，耐得寂寞，注意集中，自觉地控制情绪，保持良好的心态。

应当提高专职校对员从业准入学历，从事校对职业的学历为大学本科。对校对人员应进行系统的岗位培训，坚持持证上岗制度。按照终身教育的要求，对校对从业人员实行定期轮训的制度。校对专业技术职务，应纳入编辑系列，注重培养副编审、编审级的高级校对人才。

7.2　人本化管理　管理者要以人为本，尊重人才，善待人才，满足校对人员的精神需求，提高他们的思想、道德、文化和业务素质，培养社会责任意识，激发积极性、主动性和创造性。要营造人与人之间沟通、和谐、合作的氛围，使管理成为一种文化、一种凝合剂，一种驱动力。校对工作适合量化管理，不但工作任务可以量化，工作质量也可以量化。但是，在实施量化管理时，要同时建立激励机制，在校对功能向"校是非"为主转移的当代，单纯的量化奖惩的作用是有限的。校是非是一种心理过程，不仅是个人文化和技能功底的展现，还是个人职业道德和心理素质的展现。校对管理要培养人的职业志趣，激发人的成就感，为人的自我发展、为高级校对人才的成长创造条件。

7.3　量化管理　包括校对任务量化和校对质量量化两个方面。

校对任务量化管理，通称定额管理，即给校对人员规定校对工作量定额。校对工作量定额以字数为单位，日定额即每人一个工作日应当完成的校对字数，月定额即每人一个月实际工作日内应当完成的校对字数。当月月定额与实际完成校对字数之差，即当月的超额或缺额。超额部分按超额劳动另付报酬。缺额部分应在下月补齐。校对工作是脑体并用的劳动，过度的身心疲劳会影响校对质量，因此，非特殊情况不宜加班加点校对，平时也应对超额劳动进行必要的限制。按照平均先进的原则，一个工作日的校对定额以 20 000 字为宜，每月按 20 个工作日计算，月定额以 400 000 字为宜。这个定额是一般标准，不同类型的书稿，校对定额应当有所差别，这个差别可用系数方法求出，增减幅度以日定额最低 15 000 字、最高 25 000 字为宜。核红、过红与文字技术整理的工作量可折算校对字数。二校、三校前的核红，过红与文字技术整理，均按校样总字数的 20% 折算工作量。机校及其整理工作，按校样总字数的 30% 折算工作量。样书检查按图书总字数的 30% 折算工作量。

质量量化管理，即将校对质量进行量化，对不同校次规定"灭错率"或"留错率"。灭错率按百分比计算，即以差错总数为分母，以发现并改正的差错为分子，乘以 100 /100，得出百分比。留错率即漏改的差错占校对总字数的比率，按万分比计算，以校对总字数为分母，以校后遗留差错为分子，乘以 10000 /10000，得出万分比。通常要求：一校灭错率为 75％；二校灭错率为一校留错的 75％；三校原则上要消灭全部残存差错，最低标准为留错率不超过 1 /10000，超过此限的为不合格。

在实施校对管理时，既要计算校对完成量(定额)，又要检查校对质量指标。如果质量没有达到规定的量化指标，就应扣减相应校对完成字数作为惩罚；如果校对质量高于规定的量化指标，则应增加相应校对完成字数作为奖励。校对人员发现了原稿的错误，应视错误的性质给予物质奖励。校对字数计算方法，依据《图书质量管理规定》的附件《图书编校质量差错率的计算方法》的相关规定。

7.4　校对档案管理　校对的档案是出版档案的组成部分，一种图书的校对工作完成之后，应将校对档案及时整理归档。校对档案的内容包括：(1)校对登记表；(2)校对质疑表；(3)样书质量检查记录；(4)重印书质量检查记录；(5)送审图书质量检查记录。

7.5　外校管理　外校即由社外人员承担部分校对任务。在社内专职校对人员不足的情况下，适当使用社外校对力量，作为社内校对力量的补充，实践证明是可行的。但是，外校活动在社外循环，如果放任自流，质量是毫无保证的。所以，必须加强外校管理，将社外校对活动置于统一的、有效的监控之下。外校管理的主要内容如下：(1)严格考核选用合适人才，建立素质较高、适合本社出书学科门类需要、相对稳定的社外校对队伍；(2)对社外校对人员定期进行业务培训和业务考核，不适合继续做校对工作的要及时淘汰；(3)外校人员一般只能承担一校、二校，只有少数退休的专业校对人员，或经过考核确能胜任者，方可委以三校；(4)由专业校对机构统一组织外校，统一实施外校全程监控；(5)外校管理也应以人为本，尊重外校人员，激发他们的积极性、主动性和创造性；(6)实行计件付酬和质量量化检查相结合的管理制度，外校按千字为单位计酬，报酬应根据书稿类型及校对难易度而定，一般每千字校对报酬1～5元。没有达到质量指标者扣减相应计件报酬，校对质量高于规定指标，或排除了重大错误，应当提高报酬标准，或给予物质奖励。